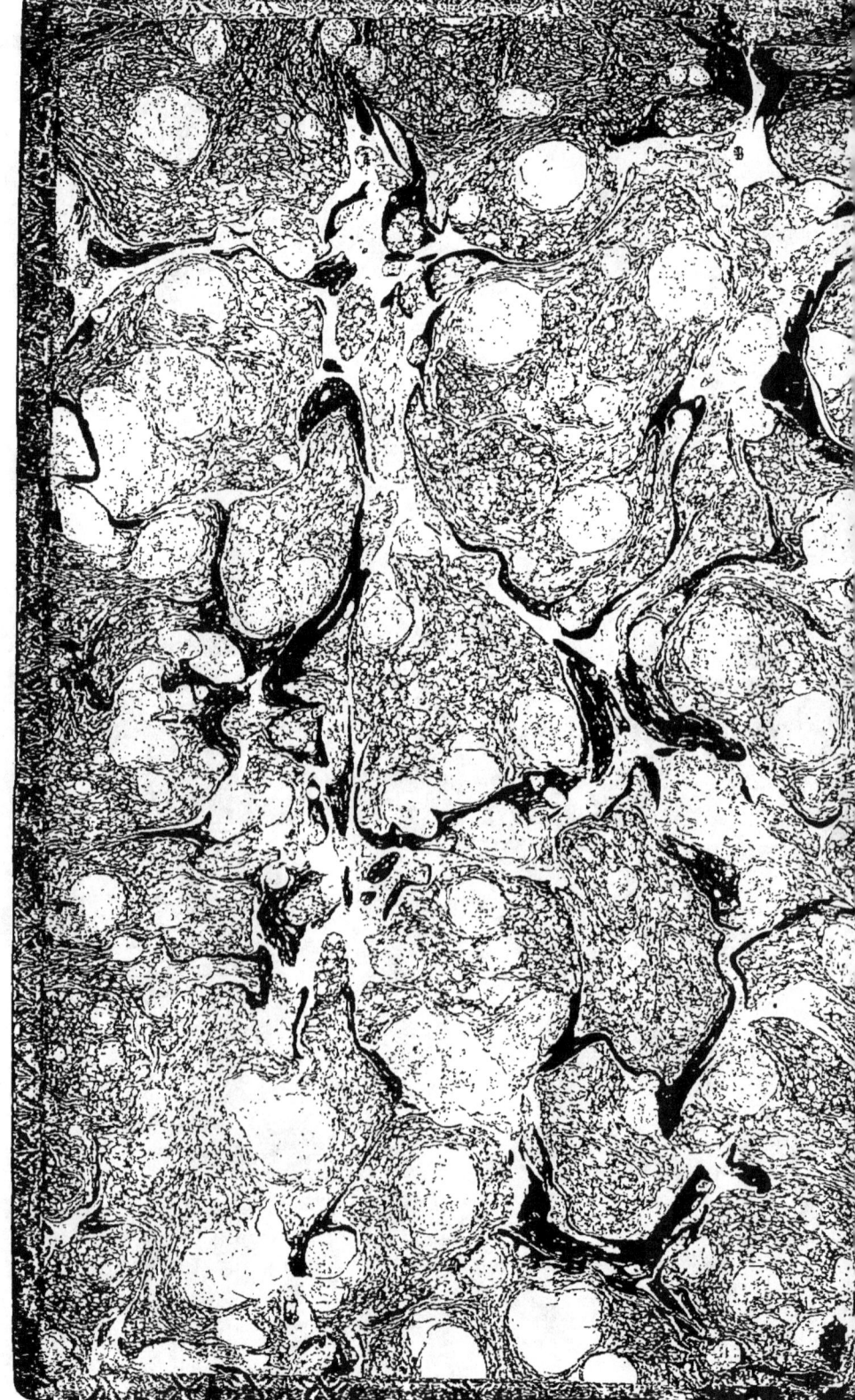

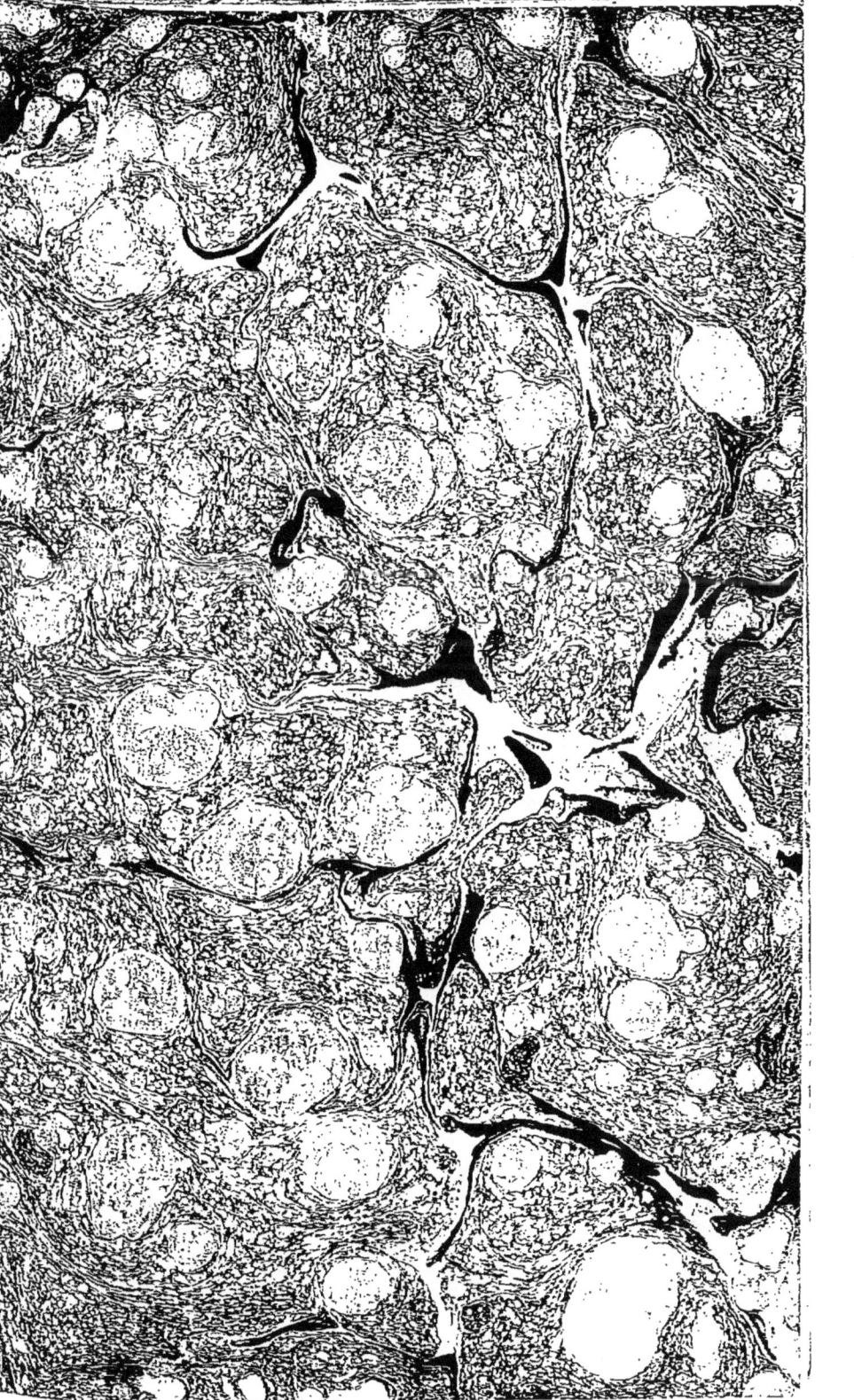

R. 2992.
B.b. 13.

Ⓒ

22268

ANNALES

DE L'ÉDUCATION,

RÉDIGÉES PAR F. GUIZOT,

PROFESSEUR D'HISTOIRE A L'ACADÉMIE DE PARIS.

TOME CINQUIÈME.

PARIS,
LE NORMANT, IMPRIMEUR-LIBRAIRE,
RUE DE SEINE, N°. 8, PRÈS LE PONT DES ARTS.
1813.

ANNALES

DE L'ÉDUCATION

PUBLIÉES PAR F. GUIZOT,

Professeur de l'histoire à l'Académie de Paris.

TOME CINQUIÈME.

PARIS,
LE NORMANT, IMPRIMEUR-LIBRAIRE,
RUE DE SEINE, Nº 8, PRÈS LA RUE DE TARANNE.

1813.

ANNALES
DE L'ÉDUCATION.

MM. les Souscripteurs sont prévenus que leur abonnement est expiré.

DU BUT ET DE LA MARCHE
DES ANNALES DE L'ÉDUCATION.

Quand le bien a commencé, a-t-on dit, *il suffit qu'il dure pour devenir meilleur.* Les rédacteurs des *Annales de l'Éducation* n'ont rien à désirer, si leurs lecteurs trouvent que ce mot peut s'y appliquer. En commençant, ils ont tâché de les rendre bonnes : elles durent; ils espèrent qu'elles deviendront meilleures. Deux ans de durée et des morceaux de différens genres ont pu faire connoître au public leurs principes et leur manière. Plus ils se sont occupés d'éducation, plus la réflexion a confirmé leurs principes. Ils n'ont cherché, ils ne chercheront jamais que ce qui est vrai; ils sont convaincus que la vérité seule est utile. Quant à la manière de la présenter, il est nécessaire de s'entendre. On parle beaucoup de modération, de milieu à prendre. La modération ne consiste point à altérer, à dénaturer ce qui est vrai, et en fait de vérité, il n'y a point de milieu; mais ce que les hommes, et en particulier les écrivains, prennent pour la vérité, en est souvent bien loin. La moindre vérité se compose d'un si grand nombre d'élémens, qu'il est à peu près impossible de se flatter qu'on les a tous connus et tous compris dans la forme sous laquelle on l'énonce. L'esprit de l'homme est si foible et son expérience si bornée, qu'il manque toujours à ses idées quelques-uns des faits, quelques-unes des réflexions qui devroient concourir à leur formation. On n'a besoin, pour s'en convaincre, que de concevoir tout ce qu'il faudroit connoître pour avoir le droit d'affirmer. Cela ne change rien à la nature de la vérité; cela n'empêche pas que nous ne soyons faits pour la chercher, et capables de la découvrir; cela s'oppose seulement à ce que nous prétendions prévoir et régler définitivement le mode de son application. L'énoncé d'une vérité quelconque, en morale comme en législation, doit donc laisser à ceux qui sont chargés de la mettre en œuvre, une grande latitude, un large vide, où ils puissent la modifier et la faire agir, selon les circonstances dans lesquelles ils se trouvent placés. C'est là ce que négligent la plupart de ceux qui donnent des préceptes. La force d'une vérité les frappe tellement, qu'ils prennent cette force pour la leur, et croient tenir toute la vérité quand ils montrent une de ses faces. C'est là ce qui les rend souvent impérieux et exclusifs. Plus d'étendue d'esprit et moins de préoccupation les sauveroient de cet écueil. Les rédacteurs des *Annales de l'Éducation* se sont constamment appliqués à l'éviter. Indiquer le but vers lequel l'éducation doit tendre, et les principes fondamentaux qui doivent présider à sa marche, quelle que soit la route qu'elle suive pour y arriver, voilà tout ce qu'ils ont entrepris, parce que c'est là tout ce qu'ils croient possible. Ils voudroient éclairer leurs lecteurs, et ne prétendent point les diriger; c'est à leur raison qu'ils s'adressent, et c'est par elle seule qu'ils essaient d'exercer sur leur conduite une influence qui cesseroit, à leur avis, d'être salutaire, si elle vouloit s'étendre plus loin, c'est-à-dire dominer de plus près.

Telle est l'intention des articles généraux, destinés à prouver et à développer les principes de l'éducation; quelques-uns de ces articles se bornent à une discussion philosophique, d'autres, comme le *Journal adressé par une femme à son mari sur l'éducation de ses deux filles*, font suivre l'application de ces principes dans un cas particulier et à des caractères donnés. Ces mêmes principes se trouvent rattachés à l'histoire de la raison humaine, dans l'examen des opinions qu'ont eues à ce sujet les hommes distingués de divers pays et de différens siècles qui s'en sont occupés spécialement ou par occasion. On a déjà rappelé et discuté celles de Rabelais, de Montaigne, de Kant. On présentera et l'on discutera de la même manière celles de Fénélon, de Locke, de Rousseau, de Pestalozzi et de plusieurs autres.

L'*Education physique* a été traitée, dans son ensemble, par un homme capable de le concevoir. L'ouvrage qu'il nous a communiqué dans ses lettres touche à sa fin; il aura conduit l'enfant jusqu'à l'âge où il devient homme, et envisagé, sous le point de vue le plus général, les grands changemens qui s'opèrent dans son être physique pendant ce période de la vie. Il reprendra ensuite successivement les diverses maladies de l'enfance, leur caractère, les circonstances qui les accompagnent, et indiquera les principaux remèdes qu'on y peut appliquer.

Des *Lettres sur l'étude de la physique et de la chimie*, et sur celle de *l'histoire naturelle*, sont destinées à donner aux parens des notions exactes sur l'état de ces sciences, sur les objets dont elles s'occupent, sur les grands résultats auxquels elles sont parvenues, et sur la manière de les étudier. Les sciences naturelles ont aujourd'hui une utilité si étendue et inspirent un intérêt si général, qu'elles font une partie essentielle de toute bonne éducation. Ces *Lettres* sont écrites par des hommes très-versés dans les sciences qui en sont l'objet; leur nom seul, s'il nous étoit permis de le faire connoître ici, inspireroit une entière confiance.

Un *Essai sur l'Education nationale dans les Etats-Unis d'Amérique*, ouvrage d'un homme à qui le gouvernement américain l'a demandé, pour l'adopter presque complètement, nous a paru très-propre à faire connoître l'esprit qui doit présider à ces grandes institutions, bases des lumières et de la moralité des peuples.

Des *Contes* et des *Voyages*, qui ont pour but de faire bien comprendre aux enfans la nature de leurs devoirs et de les instruire en amusant leur jeune imagination, ne sauroient être déplacés dans un recueil qui s'adresse surtout aux parens. Ils les aideront à réussir dans l'application de leurs principes, en leur fournissant de nouveaux moyens de développer dans leurs enfans de bons sentimens et des idées morales justes et puissantes. Chaque numéro renfermera, comme nous l'avons fait jusqu'ici, un morceau de ce genre.

Enfin, les *Annales de l'Education* rendront un compte exact des ouvrages qui paroîtront sur ce sujet, et dont les parens pourront se servir. Cette partie de notre littérature est aujourd'hui bien riche et bien pauvre. On publie beaucoup de livres d'éducation, mais fort peu valent la peine qu'on en parle. La multitude des annonces qu'on rencontre a pu faire croire à quelques personnes que nous avions quelquefois négligé de les tenir au courant de publications intéressantes. Nous croyons pouvoir leur assurer qu'elles sont dans l'erreur; rien n'est si aisé que d'indiquer un livre; mais si le livre est mauvais ou inutile, à quoi bon l'indiquer? Ne vaut-il pas mieux employer le temps et la place à développer des idées importantes et fécondes? Cette considération seule nous a déterminés à passer sous silence un grand nombre de livres élémentaires, d'abrégés, de méthodes, qui nous ont paru sans utilité comme sans intérêt. Du reste, pour régler à l'avenir les annonces de ce genre, nous donnerons, de trois mois en trois mois, une revue des ouvrages nouveaux que les parens pourront consulter ou employer avec fruit.

Tel est le plan, telle sera la marche des *Annales de l'Éducation*: les rendre aussi complètes et aussi variées qu'il sera possible en ne perdant jamais de vue l'utilité, tel est le but des rédacteurs; atteindre à ce but est leur unique désir.

F. G.

JOURNAL

ADRESSÉ PAR UNE FEMME A SON MARI, SUR L'ÉDUCATION DE SES DEUX FILLES.

Numéro XXIV.

J'ESPÈRE que vous serez content de moi, mon ami; vous m'avez quelquefois reproché l'espèce de répugnance avec laquelle je m'approche, même pour les examiner, des idées qui me paroissent tout-à-fait nouvelles. En effet, soit timidité d'imagination, soit constance de caractère, peut-être tous les deux, j'ai un éloignement naturel pour toute espèce de changement; peut-être s'y joint-il encore le sentiment d'une ignorance assez éclairée seulement pour se connoître, et qui craint toujours de se voir emportée par une nouvelle idée hors de la sphère des idées et des faits dont il lui est permis de juger. Quoique je combatte cette disposition que je sais être déraisonnable, j'y avois un peu cédé à l'égard de la méthode de M. Pestalozzi (1) : l'insuffisance

---

(1) On sait que M. Pestalozzi est le fondateur et le directeur d'une maison d'éducation établie à Yverdun (canton de Vaud) sur des principes entièrement différens

DE L'EDUCATION.

des données que nous avons eues jusqu'ici pour la bien connoître, sembloit favoriser mon indolence et ma timidité; et puis m'enfoncer dans l'étude des généralités d'une méthode, d'un système, moi dont une observation journalière est l'unique science, et qui, du chemin que je suis, ne connois jamais bien certainement que le pas que je fais! J'en étois d'autant plus effrayée que, dès la première tentative pour m'instruire, je croyois me voir exposée à l'enthousiasme de quelques-uns des partisans de cette méthode que j'avois rencontrés en passant. L'enthousiasme est impétueux et impérieux; sûr de vous entraîner, il dédaigne de vous éclairer; et souvent, sans vous séduire, il vous empêche du moins de vous reconnoître. Une sorte d'instinct de conservation me tenoit donc comme éloignée du danger, fermant machinalement les yeux et les oreilles. Il a pourtant bien fallu les ouvrir : on m'a apporté un ouvrage qui, m'a-t-on dit, devoit dissiper tous les doutes, éclaircir toutes les obscurités dont je m'étois servie jusqu'alors pour repousser l'instruction qu'on avoit voulu me donner. Il

---

de ceux qui dirigent nos maisons d'éducation ordinaires. La méthode de M. Pestalozzi qui, de même que toutes les choses inusitées, compte beaucoup de détracteurs et beaucoup de partisans, fait journellement de grands progrès en Allemagne et dans le reste de l'Europe : elle est adoptée dans plusieurs établissemens d'éducation en Russie, en Suède, en Espagne, en Italie; elle l'est même en Amérique. Nous avons aussi de ces établissemens dans quelques provinces de France.

n'y avoit plus à reculer. Obligée de lire, j'ai lu, et je crois à présent que j'ai bien fait.

Ce n'est pas que l'ouvrage de M. Julien, qui est celui dont je vous parle (1), remplisse parfaitement ce qu'on m'avoit promis. Les notions qu'il renferme ne sont ni toujours bien précises, ni toujours complètes. Le tableau qu'il nous donne de l'institut d'Yverdun ne porte pas toujours assez ce caractère d'observation personnelle, où se reconnoît la vérité, et sur lequel se fonde la confiance. M. Julien ne sait pas l'allemand; la plupart des maîtres de l'institut d'Yverdun parlent difficilement le français; ce qui fait que les élèves le parlent peu, quoique l'étude du français fasse partie de leur éducation. Le voyage d'un Français à l'institut est donc un voyage en terre étrangère, où il faut croire sur parole ce que nous disent les naturels du pays, sans avoir pu entrer soi-même dans les mœurs, dans les habitudes, dans les entretiens familiers. M. Julien paroît avoir questionné avec le plus grand scrupule; tout me donne lieu de croire qu'on lui a répondu avec une parfaite bonne foi; mais un homme, obligé de questionner sur tout ce qu'il veut savoir, dépend, pour son instruction, du genre et du nombre des questions qu'il aura su faire : on ne lui apprend rien des choses sur lesquelles il ne

---

(1) Esprit de la Méthode d'éducation de Pestalozzi, suivie et pratiquée dans l'institut d'éducation d'Yverdun en Suisse, par M. M. A. Julien. Prix 10 fr. et 15 fr. Deux volumes in-8°. Milan, 1812.

sait rien, car il ne se sera pas avisé d'en rien demander; et, même sur les choses qu'il sait, il partira toujours de ses propres idées, moyen sûr de ne point arriver à celles des autres.

Ainsi, pour vous donner un exemple de la manière dont M. Julien a jugé quelquefois les principes dont il nous a rendu compte, il dit qu'un des principes de l'institut : c'est que « tout ce qui » rend l'enfant heureux ou malheureux, tout ce » qu'il doit regarder comme une peine pour avoir » mal fait, ou comme une récompense pour avoir » bien fait, doit être une suite naturelle, un effet im- » médiat de ses actions. L'éducation imite la marche » de la Providence, qui fait que, dans l'ordre na- » turel des choses, l'homme est puni de ses propres » fautes, ou recueille les fruits de sa bonne » conduite » (1). J'ignore où M. Julien a aperçu dans notre monde cette marche de la Providence qui attache à toute faute une punition naturelle et nécessaire. J'ai bien vu les voleurs conduits naturellement aux galères et les tapageurs en prison; mais c'est parce qu'il est naturel que les hommes, réunis en société, conviennent du châtiment à infliger à ceux d'entr'eux qui voleront ou insulteront les autres, et qu'il suit nécessairement des conventions faites qu'elles doivent être exécutées; mais je ne sache pas que, depuis long-temps, la Providence ait employé d'autres moyens pour manifester visiblement sa justice. Il peut se faire de

---

(1) Tom. I, pag. 256.

même qu'il soit établi dans une maison d'éducation; que la férule sera le châtiment d'une leçon mal dite; et que l'enfant qui aura manqué à la sienne recevra sur-le-champ la férule : voilà une *suite naturelle*, *un effet immédiat* que je conçois parfaitement, quoique j'en aimasse beaucoup mieux un autre ; mais si vous attendez que, sans le concours de la volonté du maître ou des lois reçues dans l'établissement, l'enfant paresseux reçoive des circonstances environnantes le châtiment naturel de sa paresse, cet *effet immédiat* pourra bien avoir lieu après que l'éducation sera finie. Rien ne me persuadera donc qu'un pareil principe soit la loi fondamentale d'un établissement d'éducation ; puisqu'un établissement fondé sur cette loi, c'est-à-dire dénué de tout moyen de faire exécuter ses lois, ne pourroit absolument subsister; mais Rousseau avoit dit : « Il ne faut jamais infliger aux enfans le châti-
» ment comme châtiment ; il doit toujours leur
» arriver comme une suite naturelle de leur mau-
» vaise action » ; et probablement, à ce principe qu'il apportoit avec lui, M. Julien, mal compris et mal instruit, aura cru pouvoir rattacher des faits et des principes qui lui étoient absolument étrangers.

D'un autre côté, borné à converser avec des maîtres dont il n'a pu connoître que superficiellement le caractère et les tournures d'esprit, hors d'état par conséquent de démêler le plus ou le moins de passion avec lequel ils seront disposés à se livrer à des idées au milieu desquelles ils passent leur vie, de déterminer à quel point d'exaltation peut les

DE L'ÉDUCATION.

porter cet amour du bien, si capable de nous faire illusion sur les moyens de l'accomplir, M. Julien a dû se trouver nécessairement exposé à prendre quelquefois avec eux des espérances pour des résultats, à recevoir comme absolus des principes qui ne l'étoient peut-être que dans la tête de ceux qui les exprimoient, sans pouvoir tenir compte de ces déviations, ou plutôt de ces modifications que commande la pratique et qu'en même temps elle empêche d'apercevoir, parce que les faits dont elle vous occupe, vous font perdre de vue les idées dont elle vous éloigne.

M. Julien qui semble avoir entrevu les uns et les autres, mais sans s'être douté de la divergence qui les éloignoit, s'est donc laissé aller à des contradictions qui auroient dû lui faire sentir peut-être la nécessité de mieux approfondir ce qu'il ne pouvoit assez bien expliquer. Ainsi il nous dit que selon la méthode de l'institut, « l'enfant ne doit être heu- » reux que par le pur sentiment d'avoir fait le » bien; que la satisfaction d'avoir exactement rem- » pli ses devoirs, l'élan de sa bonne volonté, l'em- » ploi de ses forces doivent l'élever par lui-même » et *sans aucun autre ressort*, au sentiment de la » dignité de sa nature, et aux vraies jouissances » de l'esprit et de l'âme (1); et il ajoute que *l'en-* » *fant ne cherche point à se comparer à d'autres;* » *qu'il sent en lui-même s'il a bien ou mal fait d'après* » *ce qu'il est, d'après sa propre nature.* » Vous vous

_____
(1) Tom. I, page 257.

en tiendriez peut-être là, un peu embarrassé seulement de concevoir par quels moyens la méthode aura pu conduire les enfans à ce degré de perfection morale, dernier période de la raison et de la vertu chez les hommes; mais dans une note subséquente, M. Julien nous apprend, « que la marche » de la méthode est de *rendre les enfans attentifs* » *à la conduite et aux progrès de leurs camarades*, » en faisant toujours observer qu'un enfant, sans » avoir les mêmes talens naturels que d'autres, » peut souvent faire aussi bien, suivant ses forces » et ses moyens, travailler avec autant d'assiduité, » *mériter les mêmes éloges* ». (1). Voilà donc *la comparaison* avec d'autres enfans employée comme motif de zèle; voilà qu'on a usé d'un *ressort étranger*, les éloges; car il faut bien que l'enfant en ait reçu ou vu recevoir pour savoir ce que c'est et quel prix on doit mettre à les mériter. Ici, je ne me reconnois plus, et je serois tentée de supposer encore une question mal posée, une réponse mal comprise, si je ne voyois dans un autre ouvrage relatif à la méthode de M. Pestalozzi (2), qu'en effet le prin-

---

(1) Tom. 1, pag. 258—259.
(2) Rapport sur l'institut de M. Pestalozzi à Yverdun, présenté à S. Ex. le Landamman, et lu à la haute diète des dix-neuf cantons de la Suisse. — Fribourg, 1810. En 1809, M. Pestalozzi, sans autre objet que d'obtenir un témoignage de la satisfaction de son pays, ayant provoqué l'attention de la diète sur l'institut d'Yverdun, on envoya sur les lieux trois commissaires chargés de l'examen de la méthode. Le résultat de leur visite fait l'objet

cipe professé à l'institut, du moins par quelques maîtres, c'est que les distinctions et les récompenses destinées à exciter l'émulation, sont *une horreur aux yeux de la méthode* (1); mais on ajoute que cette austérité n'est que dans la théorie de l'institut, « puisqu'il fait paroître au besoin les » meilleurs élèves, confie les autres à leur surveil- » lance, porte leurs noms sur des tableaux publics. » L'institut et M. Julien se trouvent ainsi expliqués; mais cette explication étoit nécessaire.

Bien souvent, en lisant l'ouvrage de M. Julien, sera-t-on obligé d'en chercher de pareilles; trop souvent sera-t-on obligé de se prémunir, ou plutôt sera-t-on disposé à se prévenir contre un ton général d'approbation, pour ne pas dire d'admiration, qu'il ne restreint pas même à son sujet, et qui ne se dément que lorsque M. Julien parle des pensions de Paris, et de l'éducation des femmes, qu'il nous représente comme *dégradées, corrompues, dénaturées, par leur existence au sein de la société*. Enfin on trouvera que ce penchant à la déclamation conduit trop facilement M. Julien à se contenter de mots sans idées; ainsi cette phrase: « S'il n'y a point

---

de ce rapport, dicté, à ce qu'il nous a paru, par un esprit de sagesse et d'impartialité, quoique les auteurs n'aient peut-être pas assez pénétré, du moins quant à la partie morale de l'éducation, dans le fond et l'esprit de la méthode de M. Pestalozzi. Il porte, au reste, partout, le caractère de la plus haute considération pour le fondateur de l'institut.

(1) Pag. 169.

» de souillure intérieure, la propreté extérieure » sera plus facilement conservée (1) », pourroit embarrasser beaucoup ceux qui seroient tentés de chercher quel rapport il peut y avoir entre une conscience nette et un habit brossé. Si nous retombons ensuite sur celle-ci : « Le cœur seul, avec un esprit » médiocre ou peu cultivé, conservera plus dans » les ouvrages mêmes purement manuels de l'hom- » me, ce caractère primitif, noble et élevé qui » appartient à l'humanité, qu'un esprit supérieur, » dénué de l'appui des sentimens du cœur, et d'une » sorte d'inspiration morale » (2), ne serons-nous pas induits à nous demander comment le cœur et la moralité du plus honnête cordonnier pourroient se faire reconnoître dans le caractère *primitif, noble et élevé* d'une paire de souliers ?

Voilà sans doute bien des objections à faire, mon ami, contre l'ouvrage qu'on m'avoit si fort recommandé ; en voilà plus qu'il n'en faut peut-être pour que vous me demandiez pourquoi je suis si satisfaite de l'avoir lu. Je le suis, parce qu'au milieu de ce vague d'idées, de ces notions insuffisantes et souvent mal digérées, je découvre l'amour de la vérité, un désir sincère de la connoître et de la communiquer, prouvé par les difficultés mêmes qu'a essayé de surmonter M. Julien, par deux mois d'une application assidue employés à les combattre : je le suis aussi, parce que le petit nombre

---

(1) Tom. I, pag. 242.
(2) *Ib.* pag. 255.

DE L'ÉDUCATION.

de faits, de détails positifs, trop clair semés dans l'ouvrage de M. Julien, portent du moins ce caractère de réalité, d'ensemble qui les appuie l'un par l'autre, et qui sert de guide à travers la route quelquefois obscure et embarrassée que nous sommes obligés de parcourir. Enfin, après avoir lu cet ouvrage, aidée peut-être de la faculté de deviner que me donne mon expérience sur le sujet dont il s'agit, je crois pouvoir me former une idée juste de l'entreprise de M. Pestalozzi, et cette idée m'est douce à concevoir, parce que, sans me donner le sentiment de la perfection, ni me représenter un système tout à fait arrivé à sa maturité, elle me paroît se rattacher à tout ce que je conçois de bon, de raisonnable, d'utile. Non-seulement mes méfiances sont dissipées, mes craintes écartées, mais au lieu d'un éloignement irréfléchi, je me sens une affection que je crois fondée. N'est-ce pas une riche conquête que j'ai faite?

Je ne puis vous dire le plaisir que j'ai éprouvé, lorsque mes notions ont commencé à s'éclaircir, et que voyant disparoître ces fantômes d'abstractions parmi lesquels je me croyois condamnée à me jeter, je me suis retrouvée au milieu de mes idées familières, de ces principes simples auxquels me ramènent sans cesse le bon sens et une expérience de tous les jours. Il y a cependant deux points de vue différens à considérer dans la méthode de M. Pestalozzi et le système suivi à l'institut d'Yverdun: l'un est le mode d'éducation; je veux dire ce qui s'applique à former le caractère de l'enfant;

ses sentimens, ses principes, sa raison ; l'autre, le mode d'instruction, c'est-à-dire ce qui applique son intelligence de la manière la plus avantageuse aux différentes connoissances qu'il est obligé d'acquérir. C'est au mode d'instruction que s'attache plus particulièrement ce qu'on peut appeler la méthode de M. Pestalozzi; excellente dans les principes, je ne sais si dans quelques détails d'application, elle ne pourroit pas être sujette à d'assez fortes objections. Je vous communiquerai, mon ami, celles qui se présenteront à moi, avec le doute que je dois conserver sur des choses souvent au-dessus de ma portée ; vous me direz si j'ai tort ou raison. Quant au mode d'éducation, proprement dit, je ne sais pas si c'est une *méthode* que de suivre pas à pas les indications de la nature, de la raison, de l'expérience, si le nom de *méthode* peut s'appliquer à la simplicité des moyens, pour ainsi dire naturels et insensibles, par lesquels M. Pestalozzi a transporté et su faire agir avec énergie, dans une maison composée de plus de cent enfans, les ressorts qui dirigent l'éducation d'une famille bien gouvernée et tendrement chérie. C'est de cela que je veux vous parler d'abord ; et peut-être pour le bien comprendre, faut-il voir comment il y est arrivé.

Né dans une condition médiocre, privé de son père à l'âge de quatre ou cinq ans, élevé d'abord par sa mère dans un isolement presque entier, livré ensuite à des études qui ne lui apprenoient rien sur le monde où il étoit destiné à vivre, M. Pestalozzi s'y trouva jeté sans expérience et sans préjugés, capable par son esprit de bien voir les choses, et forcé par sa position d'apprendre à les bien connoître. « Les privations et le besoin, dit-il lui-même (1), contribuent plus que tout autre cause à donner à l'homme la connoissance des rapports essentiels des choses, à développer en lui la rectitude du jugement »; et une entreprise de bienfaisance qui n'eut pas tout le succès qu'elle méritoit, en épuisant la médiocre fortune de M. Pestalozzi, le mit bientôt dans l'état le plus propre à acquérir cette sorte d'expérience, profitable surtout à ceux pour qui elle n'est pas venue trop tôt et n'arrive pas trop tard. Tout à fait étranger aux besoins de l'aisance, demeuré par son isolement dans une ignorance absolue de ceux de la vanité, et peut-être même de ceux qu'imposent les convenances, M. Pestalozzi reçut du malheur tout ce qu'il fournit de lumières à l'ame qui lui reste supérieure, et un désir toujours croissant d'écarter des autres les maux qu'il apprenoit à mieux connoître. Il avoit été frappé de cet excès de misère dont le pauvre est toujours si près, et il en avoit vu la source la plus constante dans le défaut d'énergie, de réflexion, de lumières propres à sa situation; résultat inévitable du défaut d'éducation dans les classes inférieures : il avoit vu que, selon les expressions de l'un de ses collaborateurs actuels instruit comme

---

(1) Voyez une lettre de M. Pestalozzi, insérée dans l'ouvrage de M. Julien, tom. 1, p. 29.

lui à l'école du malheur (1); *personne n'aide, et personne ne peut aider sur la terre l'homme qui ne peut pas s'aider lui-même.* Il concevoit la possibilité, il étoit dévoré du besoin de donner pour ainsi dire la vie et la raison à ces machines ineptes dont on a laissé les ressorts se rouiller et se dégrader dans l'ignorance et le malheur; de faire sortir de l'engourdissement ce principe de force et de lumière qui se trouve dans tout homme en qui on prendra la peine de le chercher dès l'enfance. L'éducation des pauvres devint le rêve de son imagination. L'ardeur d'une infatigable persévérance lui fit trouver les moyens de tenter quelques essais; mais ces moyens étoient insuffisans, et M. Pestalozzi n'avoit pas beaucoup en lui-même de quoi s'en procurer d'étrangers : livré à ses propres idées, il ne connoissoit pas la manière de les rattacher à celles des autres; une grande difficulté à se faire comprendre, suite du peu d'habitude qu'il avoit de converser avec les hommes, étoit peut-être augmentée encore par la nature même de ses idées, parfaitement justes dans leur principe, mais encore informes relative-

---

(1) M. Buss. *Voyez* pag. 136 de l'*Exposé de la méthode de M. Pestalozzi*, par M. Dan. Alex. Chavannes; chez Paschoud, 1809. — Cet ouvrage d'un partisan zélé de M. Pestalozzi, ne porte cependant aucun caractère d'exagération. Il est le premier qui ait fait connoître la méthode en France, mais sans en donner une idée assez nette pour qu'on pût être en état de former par soi-même un jugement à cet égard.

ment à l'application, qui avoit besoin d'être déterminée par tous les détails de la pratique. Cependant l'action continue d'une volonté ferme demeure rarement sans effet: M. Pestalozzi finit par attirer l'attention, et fut choisi, en 1798, par le directoire helvétique, pour l'exécution des projets de bienfaisance formés en faveur du canton d'Underwald, ruiné par les malheurs de la guerre. On le chargea de diriger l'établissement formé à Stanz pour la première éducation des enfans mendians, orphelins et abandonnés, en grand nombre dans ce canton.

Là, pour la première fois, M. Pestalozzi se trouva entièrement le maître de suivre, d'éprouver, d'éclaircir des idées conçues par la seule force de la réflexion. Rien ne le gênoit pour remonter aux premiers principes de l'éducation; ce n'étoit pas des systèmes déjà suivis qu'il avoit fait l'objet de son examen; il ne pouvoit donc être déterminé dans sa marche, ni par la nécessité de les suivre, ni par le désir de les combattre ou de s'en écarter. Les hommes qui se livrent à l'éducation, y arrivent ordinairement prévenus pour ou contre certaines formes d'éducation et d'instruction, parce que ce sont ces formes surtout qu'ils se sont occupés d'étudier pour apprendre à les appliquer. M. Pestalozzi n'avoit considéré que le sujet et l'objet de l'éducation, c'est-à-dire l'homme et le but auquel il faut le faire parvenir. C'est hors de lui qu'on a trop souvent cherché les matériaux et les moyens de l'éducation; c'étoit en lui que M. Pestalozzi pensoit devoir les trouver. C'étoit, selon lui, dans les sentimens, dans les facultés, dans la nature même de l'être qu'il s'agissoit de développer, que devoient exister les germes de son développement; mais les découvrir dans l'homme enfant ces germes si délicats, déterminer leur nature avant d'avoir pu reconnoître leurs effets, préparer dans la culture qu'on donne à leur foiblesse, la forme qu'ils doivent avoir au moment de leur force, voilà ce qui ne peut être que l'effet d'une étude journalière et individuelle, ce que l'homme le plus fort, le plus réfléchi n'apprendra qu'en voyant, qu'en faisant : les premiers pas de toute éducation sont assujétis à l'ignorance du maître autant qu'à celle du disciple ; mais qu'on se représente un père chargé tout à coup d'une nombreuse famille, entrant dans la carrière de l'éducation, sans en rien connoître que le but, forcé d'essayer et de mesurer chaque pas, obligé quelquefois par les circonstances d'avancer sans être parfaitement sûr de sa direction, mais toujours attentif à reprendre, dès qu'il le peut, celle que lui prescrit la raison ; telle étoit la situation de M. Pestalozzi. *Je ne savois pas précisément ce que je faisois*, dit-il, *mais je savois ce que je voulois* (1).

Réduit par la modicité des fonds qui lui avoient été accordés, à se passer de tout secours, il trouvoit dans cet isolement même un moyen de se livrer plus entièrement à ses vues. Parmi les hommes

---

(1) *Exposé de la méthode* ; pag. 102.

qu'il connoissoit, aucun n'eût été capable de s'y prêter. « Plus ils étoient instruits et formés par la » culture, dit-il, moins ils étoient en état de m'en- » tendre et de saisir, même en théorie, les prin- » cipes auxquels je cherchois à remontrer (1). » Quant aux hommes sans instruction, ils ne pou- voient lui être utiles. « Je ne m'étois pas formé, » poursuit-il, des règles de conduite assez sûres » pour diriger celui qui auroit voulu s'associer à » mes travaux; et le modèle par lequel j'aurois » pu rendre mes idées sensibles, et faire connoître » ma marche, n'existoit pas. Il me falloit le créer et » le créer seul. » Il falloit que, sous sa main, l'ar- gile eût déjà commencé à prendre sa forme, pour donner l'idée de ce modèle qu'il avoit conçu; « et » ce n'étoit, dit-il encore, ni par la roideur d'une » discipline sévère, ni par des réglemens et des pré- » ceptes, que je voulois lui en donner une, mais » en m'élevant à un principe plus noble, en agissant » sur les dispositions intérieures de mes élèves »(2). Cependant, comment arriver à ces dispositions intérieures? comment en faire sortir ce qu'elles pouvoient avoir de bon et d'actif, enseveli déjà sous de si funestes habitudes? Ce n'eût été rien que les travaux de l'éducation ordinaire, ce n'eût été rien que la conduite de cinquante enfans peut-être, élevés dans la rectitude des ha- bitudes et des principes de la maison paternelle;

---

(1) *Esprit de la méthode*, tom. I, pag. 30.
(2) *Ibid.* pag. 40.

mais une foule d'enfans de tout âge, vagabonds, mendians, corrompus par les habitudes de la misère et de l'oisiveté, étrangers à toute idée d'obéissance, révoltés contre la moindre apparence de travail, c'étoit cela dont, avant d'en faire des hommes, il falloit commencer par refaire des enfans tels que les donne la nature. Soutenus, aigris encore par des parens prévenus qui les donnoient avec répugnance, et les enlevoient sur le moindre prétexte, ils n'offroient aucun moyen d'autorité à celui qui, pour les retenir, ne vouloit ni ne pouvoit employer la contrainte.

Il n'y a pas d'homme qu'un pareil tableau vu en masse n'eût entièrement découragé : il n'y a pas de règle générale qui n'eût échouée contre l'effort d'un pareil désordre. Mais, mon ami, je n'ai jamais vu d'écheveau si embrouillé dont ne vînt à bout celui qui a la patience de le démêler brin à brin. Ce fut brin à brin que M. Pestalozzi procéda à la conduite de son entreprise, en agissant sans cesse et avec une attention infatigable sur chacun de ses élèves, sur chacun des penchans, des sentimens qu'il pouvoit saisir. Seul, comme je vous l'ai dit, et sans autre secours, même domestique, qu'une seule femme chargée des soins de la maison, lui-même étoit obligé de se charger de tous ceux qui concernoient les élèves. Au milieu de cette troupe d'enfans, pour qui la malpropreté étoit presque devenue un besoin et quelquefois une infirmité, il n'étoit pas de détails assez dégoûtans pour le rebuter; il couchoit au milieu d'eux, mangeoit avec eux, soignoit leurs maladies. Toujours là, toujours prêt à leur procurer ou les plaisirs, ou les soulagemens qui se trouvoient en son pouvoir, le seul être sur lequel ils pussent reposer leur confiance et toujours empressé à y répondre, il devoit finir par l'obtenir. Il se gardoit de manquer l'occasion d'en tirer parti. « Ce qui » détermine l'enfant à vouloir, dit-il, ce ne sont » pas les préceptes, c'est cette sollicitude conti- » nuelle qui l'environne de soins, et qui sans » cesse fait éclore en lui de nouveaux sentimens, » de nouvelles facultés (1). » Parvenu, à force d'affection, à vaincre l'insensibilité de ses élèves, *comme le soleil du printemps réchauffe la terre durcie par le froid de l'hiver* (2), devenu le père, la providence visible de ce petit monde, arrivé par la seule confiance qu'il inspiroit et le besoin qu'on avoit de lui, à ce point d'autorité qui, aux yeux du coupable même, rend le châtiment légitime et la pensée de la révolte impossible, M. Pestalozzi n'eut bientôt plus qu'à appliquer ses idées; et ce qu'elles pouvoient avoir encore d'incertain, d'in- complet, n'en rendoit l'application que plus natu- relle et plus efficace, en le préservant tout à fait de cette forme pédagogique qui fait de l'enfant une machine, et quelquefois du maître, le manœuvre qui la fait mouvoir. L'éducation de M. Pestalozzi étoit un cours d'expériences où il sembloit que le

(1) *Esprit de la méthode*, tom. I, pag. 34.
(2) *Ibid.* pag. 30.

maître et l'élève marchassent d'un pas égal, s'aidant réciproquement de leurs progrès et de leurs découvertes. « J'étois moi-même, dit-il, institu- » teur et disciple. Il régnoit une telle simplicité » dans nos rapports mutuels, qu'il n'y avoit pas de » maître ordinaire qui n'eût dédaigné de se plier à » nos procédés. » (1) Cependant les succès en étoient tels, qu'ils passoient même les espérances de M. Pestalozzi, lorsque des circonstances étrangères vinrent dissoudre l'établissement. D'autres circonstances ont conduit M. Pestalozzi à porter ses vues d'éducation, étendues et perfectionnées, des classes inférieures aux classes aisées de la société, mais sans rien changer à la base; quel que soit l'état pour lequel on veut former l'homme, c'est toujours sur l'homme qu'il faut agir, sur l'homme composé des mêmes matériaux, offrant les mêmes mobiles; quelle que puisse être la direction qu'on veut leur imprimer, celui qui les a une fois reconnus ne peut plus songer à se servir d'autre chose; et en vous exposant, mon ami, dans ma première lettre, l'idée que je me suis faite de la marche d'éducation suivie par M. Pestalozzi, je n'aurai point à distinguer les principes qui le dirigeoient à Stanz, des principes adoptés aujourd'hui par l'institut d'Yverdun.

P. M. G.

---

(1) *Esprit de la méthode*, tom. **I**, pag. 61.

VII.ᵉ LETTRE AU RÉDACTEUR.

DE L'EXERCICE DE LA PAROLE.

(Continuation.)

Nous avons indiqué, en parlant du chant, les obstacles qui naissoient des organes nécessaires à la formation des sons simples, et des moyens d'y remédier. La poitrine peut offrir des dispositions tout à fait contraires à l'émission des sons articulés, et se trouver même sujette à une aphonie incurable. Nous avons pourtant songé aux moyens de la fortifier par la nourriture, le climat, les courses et le chant. L'exercice de la parole, employé à propos, ne peut aussi que lui donner de la force. Les enfans sont plus exposés que les adultes aux inflammations du gosier; mais une voix exercée contribuera à les rendre moins susceptibles d'être lésés par l'impression de l'air et à agrandir le passage. La cavité du nez éprouve plusieurs maladies, et la membrane pituitaire qui la couvre s'enflamme par des rhumes. Les enfans nés avec certaines dispositions qui font sécréter les glaires, et qui ont souvent le nez bouché, prennent alors l'habitude de supprimer les sons nasals; un exercice assidu peut diminuer cet inconvénient, et servir à fortifier la membrane, en devenant utile pour la guérison de la maladie. Si le canal est trop ouvert, il rend difficile la prononciation des lettres *k*, *q*. On est quelquefois, quoique rarement, obligé de diminuer une trop grande ouverture par des tampons, par la compression des narines, ou de la partie postérieure de la langue. Il existe peu d'autres moyens que l'exercice pour remédier à une langue trop épaisse et peu mobile, à moins que la difficulté du mouvement ne vienne de ce que le filet se trouve trop court; en ce cas on a peine à prononcer *l* et *r*, et l'on peut recourir à l'opération. L'exercice gradué peut produire des améliorations jusque dans l'état de paralysie; des fomentations appliquées à la langue seroient peut-être propres à la fortifier. L'emploi des remèdes n'a pas assez été tenté, et les ressources ne sont pas épuisées. Lorsque le frein manque, ou que l'opération du filet n'a pas été bien faite, la langue tombe dans le gosier; c'est un inconvénient plus difficile à guérir, mais il est extrêmement rare. L'excessive volubilité de la langue exige qu'on s'habitue à la soumettre à la volonté, ainsi que nous le verrons dans la suite. Nous ne parlerons pas des circonstances où le palais et la luette viennent à manquer, et où il faut des plaques, ni des défauts occasionnés par la chute des dents de lait; celles de sept ans vont les remplacer. On doit éviter ce qui pourroit éloigner les incisives l'une de l'autre, afin de prévenir un sifflement continuel; la dent artificielle peut sans doute remplir le vide; mais ce n'est certainement pas avec l'enfance que l'on usera de ce moyen. Nous avons déjà parlé, dans un autre article, de la sécheresse des lèvres, et, dans celui-ci, du bec de lièvre. Il nous reste à faire mention d'un vice qui tient à des causes très diverses; c'est le bégaiement et le bredouillement. On conçoit qu'il peut y avoir des muscles du gosier ou de la langue qui ne soient pas d'une égale force, qui soient diversement mobiles, ou inégalement soumis à la volonté. D'autres fois, le mal peut tenir à une imagination trop vive, qui fait naître les idées plus vite que l'on ne peut les exprimer : c'est ce qui fait bégayer, par exemple, ceux qui parlent une langue étrangère qu'ils ne possèdent pas assez. Quant aux causes physiques que nous venons d'indiquer, il n'est pas aisé de bien fixer les remèdes pour chaque cas particulier, comme l'application des antispasmodiques calmans, ou des excitans, des relâchans ou des fortifians. Les causes morales exigent qu'on arrête la fougue, qu'on établisse des intervalles pour l'émission des idées par les syllabes, les mots et les phrases. La périodicité, comme nous l'avons dit à diverses reprises, favorise la force motrice du corps; elle peut également mettre de l'ordre dans les mouvemens de l'âme, et établir cette harmonie qui doit régner entre les diverses facultés.

Amman exerçoit les enfans sujets à bégayer, en les appliquant à des syllabes explosives, comme *pac*, *pec*, *tac*, *toc*, *tic*, etc. etc. Il nous parle aussi de différens prédicateurs qui, trop occupés de faire valoir leur voix, étouffent les consonnes sous le son des voyelles; ils mangent ce qu'ils disent. On conçoit, au reste, que la différence d'élasticité dans les parties de la bouche, du gosier ou du nez, et les diverses manières dont elles sont humectées par des glandes plus ou moins grosses, qui en modifient la dureté, et produisent une résonnance différente, selon les individus, doivent faire varier les sons purs, ainsi que les sons articulés, au point qu'il n'y aura jamais de principe physiologique absolu pour résoudre toutes les difficultés que peut offrir l'enseignement. C'est cette circonstance d'un mécanisme dont les parties sont vivantes, qui rend impossible à former une machine à parler tout à fait complète; le corps humain pouvant d'ailleurs produire des effets analogues sans user toujours de la même voie.

En considérant le nombre des personnes qui ne parviennent qu'à se faire entendre médiocrement bien, on est tenté de douter de l'avantage des méthodes d'enseignement qu'on se donne la peine de chercher. Si, d'un autre côté, l'on réfléchit au petit nombre de gens qui savent s'exprimer avec précision, on sentira la nécessité d'approfondir la matière pour donner de la stabilité à la langue, et mettre la postérité en état de nous mieux entendre, dans quelques siècles, que nous ne comprenons ceux qui nous ont devancés. L'histoire de la langue, de l'écriture, et de la formation des signes représentatifs des idées, avec leurs vicissitudes, pourra nous éclairer à ce sujet.

L'enfant commence au berceau à imiter les sons; il apprend ordinairement vers la troisième ou la quatrième année à prononcer passablement bien les noms de ceux qui l'entourent, sans pourtant se rendre compte des lettres et des syllabes. Il est même si nécessaire qu'il sache parler avant que d'épeler ou de nommer les lettres, qu'en dernier lieu on a insisté sur la lecture préalable des mots entiers. Le résultat de cette méthode a été que l'enfant prononçoit mieux, mais qu'il apprenoit l'orthographe plus tard et avec plus de difficulté. Lorsqu'on applique trop tôt les enfans à la lecture, et qu'on les fait épeler, il en résulte une certaine affectation dans le parler, et ils finissent par faire entendre la manière dont les mots sont écrits plutôt que les sons consacrés par l'usage. Parler et lire sont donc deux choses différentes; aussi l'art d'exprimer ses idées par des sons articulés, et celui de les représenter par des figures, n'ont-ils pas suivi la même marche dans leur développement (1).

L'art du dessin peut avoir été découvert dans la solitude; l'homme a pu y chercher à fixer, par des signes, les impressions qu'il éprouvoit; celui de la

---

(1) Personne ne croira plus avec *Van Helmont*, que les sons de l'alphabet soient produits en donnant aux mouvemens de la langue la forme des lettres de l'alphabet hébreu. Qui, de nos jours, oseroit dessiner et faire graver les figures aussi étranges que fausses, qui servent d'appui à cette hypothèse? On cherchoit alors la langue et l'écriture primitives, données par Dieu dans toute leur pureté; et l'on croyoit trouver le principe de l'écriture dans la langue sacrée.

parole et celui de l'écriture sont le produit de l'état social. Les cris, les gestes, le jeu de la physionomie, ont dû se joindre dans l'origine pour qu'on parvînt à se faire comprendre, comme nous le pratiquons encore avec les peuples sauvages dont nous ignorons la langue. Après une réunion plus longue et à peu près paisible, on sentit la nécessité de mieux déterminer les signes et de les multiplier. Peut-être les premiers mots n'étoient-ils que de simples syllabes, d'où sont nées les racines d'une langue. On sait que celles du grec, de l'allemand, du français, n'excèdent pas le nombre de quatre cents; ce qui montre qu'il n'en faut pas beaucoup plus pour embrasser, par leurs diverses combinaisons, toute la sphère de nos idées. Lorsqu'on observe, en effet, combien de choses l'enfant exprime avec peu de moyens, avec quelle sagacité il multiplie ses combinaisons avec très peu de mots primitifs, comment il invente, en procédant d'après les principes généraux, et comment il établit, par des voies naturelles, le passage d'un son et d'une syllabe à l'autre; on est moins étonné de la ressemblance du mécanisme dans les langues les plus disparates. Un instinct paroît guider nos pas; un examen plus approfondi nous fait découvrir les élémens d'une grammaire générale et la philosophie les langues. La Grèce, qui nous offre l'exemple du peuple le plus favorisé par son organisation et par sa position géographique dans une péninsule, présente aussi le modèle de la langue qui a suivi le développement le plus naturel. Hemsterhuys a a très bien fait ressortir la beauté de son mécanisme. C'est aussi là que les habitans ont le plus fait pour conserver par tradition la pureté de la prononciation. Les militaires, dont les cris devoient inspirer l'effroi à l'ennemi; les acteurs chargés d'instruire les peuples sur leur mythologie et leur histoire; les orateurs enfin qui devoient influer sur leurs contemporains; tous étudioient l'art de la parole. Les gymnases paroissent avoir eu des professeurs appelés *phonasques*, pour veiller à ce que l'on se formât la voix par des exercices en plein air, au bord de la mer, et dans la chambre où la résistance des murs devoit influer sur les sons. Ils faisoient aussi apprendre à réciter, à déclamer; ce qui étoit une espèce de chant. Rien de plus extraordinaire que les peines que devoit se donner un acteur, pour parvenir, communément à l'âge de trente ans, à l'honneur de se faire entendre en public. Au moment de la puberté, l'on cherchoit à arrêter, par des infibulations, un certain développement, afin que rien ne pût affoiblir la force de la poitrine. Les acteurs restoient assez long-temps au lit, le matin, afin de favoriser l'expectoration, qui se faisoit d'une manière méthodique, pour mieux façonner la voix. Les médecins raffinoient sur toutes sortes de remèdes pour l'améliorer. On s'habituoit à passer des tons les plus graves aux plus aigus; on apprenoit même à gémir, à rire, et surtout à déclamer. Sans nous étendre davantage sur cette matière, nous dirons seulement que chez les Grecs, ainsi que chez les Romains, les orateurs profitoient des leçons des acteurs. Le comédien Latyras instruisit Démosthènes; Cicéron consultoit son ami Roscius. Ces moyens devoient influer sur la manière de prononcer des hautes classes aussi bien que sur celle du peuple. Les Grecs cherchoient en même temps à améliorer leur alphabet, auquel ils ajoutèrent successivement, depuis la guerre de Troie, les lettres ξ, φ, θ, χ, ζ, η, ψ, ω. Il en est résulté que le grec a été presque une langue générale depuis Alexandre jusqu'à Pompée, et s'est conservé, du moins en partie, jusqu'à nos jours, c'est-à-dire trois mille cinq cents ans.

Nous ne suivrons pas ici les révolutions de la langue latine; mais au moyen âge, quand les théâtres furent négligés, la tribune abandonnée, et que l'art de lire et d'écrire ne se trouva cultivé que par un petit nombre de privilégiés, la langue changeoit à tout instant. Chaque invasion pouvoit la corrompre et la corrompoit effectivement; de ces mélanges, de ces élémens si hétérogènes, se composèrent les langues modernes, dans lesquelles il est plus difficile de reconnoître les principes naturels qui durent concourir à leur formation, et dont aucune, jusqu'ici, n'a pu se conserver, pendant cinq cents ans, aussi stable que la langue grecque. Le désordre, né de la confusion des idées et de la disparité des sons, rappelle l'emblême de la tour de Babel, et peut offrir aux étymologistes le peloton d'Hercule à dévider. Tout ceci nous montre la nécessité d'user de tous les moyens pour conserver, par des traditions orales, toute la pureté des sons d'une langue dans sa prononciation.

FRIEDLANDER.

---

*Suite de l'*ESSAI

SUR L'ÉDUCATION NATIONALE

DANS LES ÉTATS-UNIS D'AMÉRIQUE;

ET DES ÉCOLES SPÉCIALES.

ÉCOLE DES MINES.

Je n'ai pas envie que les États-Unis mettent beaucoup d'importance aux mines d'or, qui sont au moins rares, et heureusement inconnues dans leur territoire ; mais celles de charbon, indiquées à peu de distance de presque toutes leurs côtes par d'immenses lits de schistes micacés, et par une multitude de vallées qui furent autrefois des baies sises au vent d'anciens lacs, aujourd'hui desséchés ; celles de cuivre, celles de plomb, celles de fer surtout, paroissent y être très-communes et d'une excellente qualité : elles méritent donc une sérieuse attention.

Et dans un pays où la population n'est pas nombreuse, relativement à son immense territoire, où la main-d'œuvre sera très-chère peut-être pendant deux ou trois siècles encore, ce ne doit être qu'en épargnant le travail et les frais par toutes les ressources des sciences et de l'esprit, qu'il soit raisonnable de songer à l'exploitation des mines.

La tentation d'y travailler a pris et prendra. Il faut faire en sorte qu'elle ne soit pas ruineuse.

C'est dans de telles circonstances qu'une école des mines me paroît nécessaire.

Cette école doit avoir trois classes.

Une de *minéralogie*, dont le professeur sera le *principal* de cette école, et présentera les deux autres au conseil d'instruction.

Ces deux autres professeurs enseigneront :

Le premier, la chimie docimastique;

L'autre, la géométrie souterraine, et les machines dont les mines peuvent exiger l'emploi.

Ces trois études seront facilement saisies par les élèves qui, dans nos colléges, auront reçu les premières notions de l'histoire naturelle, et qui de plus y auront fait un bon cours de chimie générale, et un autre cours excellent de géométrie élémentaire et de mécanique.

Cependant nous leur demanderons de donner une année à chacun des cours de l'école des mines.

Nous croyons qu'ensuite ils seront en état de bien reconnoître une mine, et d'en diriger l'exploitation avec économie, avec une sage intelligence.

ÉCOLE DE SCIENCE SOCIALE.

L'école de *science sociale* sera bornée à deux classes.

Dans la première, confiée au *principal* de cette école, chargé par la suite de présenter son collègue, ce principal enseignera la science du gouvernement en général, de l'administration intérieure, des relations politiques, le droit des gens, la statistique, la colonisation. Ce sera *l'école des hommes d'Etat.*

Les premiers élémens en auront été pris dès l'enfance dans le livre classique des petites écoles, et déjà développés, tant à la classe de morale qu'à celle d'histoire et d'économie politique du collége.

Mais, dans l'école spéciale, on ne se bornera point aux maximes générales, ni même aux grands aperçus de l'histoire : on y examinera en détail la puissance et les intérêts des différens peuples, leur sagesse, leurs erreurs, les conséquences qui en dérivent. On exercera cette arithmétique politique, qu'une critique judicieuse éclaire, et qui apprend à ne pas prononcer sur la population, la culture et le commerce d'un pays d'après les *directorys*, les almanachs, les mauvais livres de géographie, les relations hasardées ou partiales des voyageurs; ni même sur la foi des pièces en apparence plus authentiques, et cependant tout aussi fautives, telles que les rapports officiels de finances, qui ne tiennent jamais compte des dilapidations, et taisent les opérations secrètes; et telles encore que les relevés des registres de douanes, dont les rédacteurs ne peuvent, ni ne veulent mentionner la fraude, les collusions, la contrebande, et n'ont pas la plus légère notion des transports d'argent, d'or, de pierres précieuses, de bijoux et de marchandises de peu de volume, comme les dentelles et autres. On instruira les élèves à combiner chaque fait avec ceux qui lui sont co-relatifs; à les balancer, à les juger l'un par l'autre; à emprisonner la vérité entre deux exagérations, l'une par excès, l'autre par défaut; et à les resserrer ensuite avec sagacité, jusqu'à ce que le bon sens discerne à très-peu près ce qui existe réellement. Il est étonnant à quel point d'exactitude on peut, par cette méthode, obtenir des connoissances de fait, qui d'abord sembloient cachées dans une invincible obscurité, sous des cahos de dits et de contredits.

Les vérités politiques démontrées par les faits ne sont pas plus sûres qu'elles ne l'étoient au premier aperçu pour les hommes de génie ; mais elles deviennent beaucoup plus imposantes pour la multitude. Il est nécessaire que les membres d'un gouvernement sachent ajouter ce poids d'érudition qui frappe le vulgaire à celui de la raison qui ne touche que les philosophes ; et que par la force, la profondeur, la richesse de leurs discussions, ils puissent, dans les corps législatifs ou dans les conseils exécutifs, repousser, terrasser les assertions précipitées qui pourroient entraîner à des résolutions dangereuses. Il ne suffit pas dans ces combats politiques d'être nerveux et d'avoir raison ; il faut encore être bien armé et savoir l'escrime.

Une autre partie de cette belle science, partie extrêmement importante pour un pays comme les Etats-Unis, qui a derrière lui trois millions de lieues carrées en terres sauvages et incultes, est celle qui regarde la *colonisation*; l'art de persuader, d'éclairer, de conquérir par des bienfaits ; de fonder par la morale et par des travaux bien entendus le bonheur, les vertus, l'opulence toujours croissante d'un peuple nouveau ; l'art enfin d'enrichir les autres et soi-même par des avances faites avec une apparente, mais très-utile prodigalité.

Je ne dis pas que cette dernière branche de la *science sociale* soit encore *faite*, et à sa perfection ; mais les rudimens en sont connus, et le *Western Territory* donne le moyen d'en constater sans cesse les principes par l'expérience. Les sociétés politiques commencent à y germer d'elles-mêmes comme l'herbe dans les bois. On peut apprendre à les semer et à les cultiver comme les plantes d'un jardin.

Je pense que le cours de cette classe doit durer deux ans ; et comme les élèves y auront beaucoup à travailler par eux-mêmes, à lire, à extraire, à critiquer les ouvrages que le professeur principal leur indiquera, je crois qu'il leur suffira de prendre leçon tous les deux jours. Ils ont à exercer leur jugement et leur réflexion plus que leur mémoire.

Ce principal professeur tiendroit la classe les lundi, mercredi et vendredi pour les élèves de l'année courante, et les mardi, jeudi et samedi pour ceux qui seroient à leur seconde année. Le jour intermédiaire seroit aux élèves eux-mêmes : c'est surtout dans cette science qu'il est nécessaire de ne pas *croire*, mais de *savoir*, et d'être formé par sa propre raison, par son propre génie, par les bons sentimens de son propre cœur.

L'autre classe de l'école de *science sociale* sera consacrée à l'étude du *droit civil et criminaliste* du pays. Mais c'est avec les plus vives instances que je demande qu'on ne l'établisse point avant d'avoir bien examiné d'où naissent l'esprit et les moyens de la chicane, qui multiplient les haines, qui refroidissent la sociabilité, qui restreignent les secours réciproques, d'un si grand prix dans un pays encore trop dénué d'habitans, et qui établissent sur la nation un impôt si pesant qui ne profite en rien à sa trésorerie. Je supplie qu'avant tout on s'occupe à tarir ou à diminuer au moins la source de ces maux par des lois claires, par des règles de procédure simples, et qui tendent toujours à presser le jugement, à finir.

Si l'on jugeoit tous les procès au hasard et à coups de *dés*, il y en auroit *la moitié* où l'on feroit justice.

Mais, chez un peuple doux, grave et vertueux, où les juges sont électifs, on ne jugera jamais au hasard. Ainsi tout ce qui conduira plus promptement à terminer les procès sera bon.

Quand la complication des formes, la facilité de l'ergotage et la multiplicité des *nullités*, souvent collusoires, qui font tout recommencer, pourroient faire que sur trois cents procès, il y en eût un qui fût un peu mieux jugé, la prolongation des deux cent quatre-vingt-dix-neuf autres causeroit infiniment plus de mal que cette perfection dans le trois centième jugement ne pourroit produire de bien.

Mais il est faux que la complication des formes, la multiplication des nullités et la facilité de l'ergotage, puissent jamais amener un meilleur jugement.

Tout homme honnête et de bon sens peut juger un procès court. Quand les pièces deviennent très-multipliées, il faut des aigles et des anges.

Pourquoi l'Amérique s'opiniâtreroit-elle à imiter en tout l'Angleterre, et encore pour les choses que l'Angleterre elle-même regarde avec raison comme mauvaises dans son gouvernement, et qui seroient depuis long-temps réformées chez elle, si elles ne se trouvoient pas liées à l'intérêt d'une corporation nombreuse et puissante ?

Comment une fille de trente ans ne se piqueroit-elle pas de valoir mieux que sa mère !

Mes chers Américains, retouchez votre *droit civil*; et ne le faites enseigner *au nom de l'Etat* que lorsque vous en aurez rendu les loix et les formes aussi bonnes que vous en êtes capables.

Quant à votre droit en matière d'accusation criminelle, vous n'avez guères qu'à ne le point laisser altérer.

ÉCOLE DE GÉOMÉTRIE TRANSCENDANTE.

Cette école sera destinée à la plus haute géométrie et aux sciences usuelles auxquelles elle prête des secours.

Elle aura cinq classes :

Une de *géométrie transcendante ;* ce sera le professeur de cette classe qui remplira les fonctions et jouira des droits de *principal* de l'école.

Une d'*astronomie ;*

Une d'*hydrographie*, et de *navigation ;*

Une de la *construction* et du *gréement des vaisseaux ;*

Une du *génie* civil et militaire, et d'artillerie.

La seule nomenclature de ces classes indique assez les lumières que la troisième tirera de la seconde, et que les trois inférieures puiseront dans la première.

Comme ce sera le professeur de celle-ci qui jugera ses collègues, et les proposera au conseil général de l'instruction, il les choisira de force à l'entendre, et pourra donner à leurs cours la direction convenable pour qu'ils soient appuyés sur une véritable instruction, et ne dégénèrent pas en simples méthodes d'ouvriers.

Nous avons actuellement, en France, la construction la plus parfaite pour les coques de bâtimens de guerre, et nous la devons à un de nos plus grands géomètres, BORDA, qui a été major-général de la flotte de M. *d'Estaing*, dans la guerre de l'indépendance des Etats-Unis.

On dit que le meilleur vaisseau de guerre de l'Europe est la *Conception*, que *Gauthier* a construit pour le roi d'Espagne, d'après les principes de BORDA.

Et les deux meilleures frégates sont *la Pomone* et *la Méduse*, dont *Borda* lui-même a dirigé la construction à Brest, et qui, depuis, ont été malheureusement prises par les Anglais. — Il nous a fait faire quelques autres vaisseaux admirables.

C'est un grand malheur qu'il soit mort avant d'avoir achevé pour le gréement, les calculs et les améliorations qu'il avoit si heureusement appliqués au corps des navires. Mais un de ses successeurs le fera.

Quant au *génie* appliqué aux constructions civiles et militaires, aucune nation n'a autant besoin de canaux que les Etats-Unis, et la plupart de leurs ports manquent de moyens extérieurs de défense.

DE LA DÉPENSE DES QUATRE ÉCOLES SPÉCIALES.

Je ne compterai point dans cette dépense celle des bâtimens, que je regarde comme un monument public destiné à l'embellissement de la capitale, et que je suppose qui seront faits par l'*Union*, pour les écoles spéciales et pour tous les autres établissemens relatifs aux sciences.

La bibliothèque publique ne doit point appartenir aux écoles; mais elle doit être entièrement à leur service et formée en plus grande partie sur les demandes et suivant les conseils de leurs professeurs.

Nous n'avons donc à porter en dépense pour la trésorerie que le traitement particulier de ces professeurs, et quelques autres menus frais.

Il y aura quinze professeurs, dont quatre *principaux* et onze ordinaires.

Je ne crois pas qu'on doive offrir aux *principaux* moins de *mille dollars* de traitement fixe.

DE L'EDUCATION.

Et aux autres professeurs moins de *six-cents dollars*.

Il faut que par leur traitement même ils soient classés dans l'opinion au-dessus des professeurs et même des principaux de collége, car le public qui n'approfondit point, est toujours porté à croire que les hommes valent en raison de ce qu'on les paye.

Ainsi les quatre principaux coûteront.. 4,000 dollars.
Les onze autres professeurs. 6,600
Un portier qui nettoiera les salles. . 200
Autres frais divers. 300

                        Total. . . 11,100 dollars.

Pour cette dépense, nous n'aurions pas des professeurs et des principaux dignes de leurs places.

Nous leur accorderons donc, comme à ceux de colléges, des droits éventuels.

Et pour que nous puissions dire aux professeurs, aux *principaux* que nous désirerons attacher à nos écoles spéciales, quelle aisance à peu près ils y pourront trouver, il faut le calculer par approximation, ainsi que nous l'avons fait pour les *principaux* et les professeurs de nos colléges.

Sans avoir une exactitude rigoureuse, ces calculs éclairent toujours.

Les élèves des écoles spéciales seront, comme ceux des colléges, de deux espèces: les uns aux frais de l'Etat particulier qui les en aura crus dignes; les autres aux frais de leurs parens, ou aux leurs propres.

Nous avons supposé que l'Etat de Virginie pourroit envoyer tous les ans dix élèves virginiens, à sa charge, dans les écoles spéciales, ce seroit un par chacun de ses colléges.

Si, à raison de leur population libre, les autres Etats ont un nombre proportionnel d'élèves de la République, il en arrivera chaque année à nos grandes écoles *soixante et dix*, défrayés par les différens états de l'Union. Ainsi, dans dix à douze ans et postérieurement, il y en aura *trois cents* ou environ, suivant qu'ils se seront partagés entre les écoles dont le cours doit durer cinq années, ou quatre, ou trois.

Les élèves soutenus par leurs parens ou par eux-mêmes pourront être en nombre double ou même triple; car il y aura bien deux ou trois fois autant de jeunes gens désireux d'embrasser les professions lucratives qui exigent l'instruction des écoles spéciales, que d'élèves de l'Etat qui méritent d'y être entretenus aux dépens du public; et, comme on recevra dans ces écoles des étudians de tout âge, plusieurs hommes, entièrement faits, en suivront les cours par le seul amour des sciences.

Les élèves recevront de celui qui les aura envoyés une pension de *deux cents dollars*, dont *cent cinquante* seront laissés à leur disposition pour leur table et autres dépenses personnelles, et *cinquante* seront destinés à leurs professeurs : savoir *quarante* pour celui qui leur donnera des leçons, et *dix* pour le *principal* de l'école.

Ceux qui suivront la classe même du *principal*, lui donneront la totalité de la rétribution.

Chaque élève choisira la profession qu'il voudra embrasser et l'école à laquelle en conséquence il devra s'attacher, mais il se conformera aux conseils du *principal* sur l'ordre à mettre entre les classes de cette école.

Les élèves qui seront à leurs propres frais ou à ceux de leur famille, paieront annuellement *cent dollars*, sur lesquels quatre-vingt seront pour le professeur dont ils

DE L'EDUCATION. 45

suivront le cours, et *vingt* pour le *principal* de l'école dont il dépendra.

Quand ils seront à la classe même du *principal*, il ne partagera les *cent dollars* avec personne.

Sans répéter ici des tableaux de la nature de ceux que nous avons faits pour les colléges, il suffira de dire que cet arrangement portera par la suite les professeurs, et surtout les principaux de nos écoles spéciales à un degré d'aisance infiniment supérieur à celui que les gens de lettres les plus distingués peuvent actuellement espérer en aucun pays.

Cet état avantageux ne leur arrivera que par une progression; mais la progression partira d'un terme assez élevé.

Au commencement il n'y aura point d'élèves de l'Etat, et l'on ne peut pas estimer qu'il s'en présente des autres plus de *cent quarante* à *cent cinquante* par an, dans les premières années, répartis selon leur goût entre les diverses écoles.

Il sera nécessaire de ne mettre en activité la première année que les quatre classes principales et deux de leurs dépendantes: ce seraient celles d'*anatomie*, d'ÉCONOMIE ANIMALE et de PATHOLOGIE, de MINÉRALOGIE; de *chimie docimastique*, de SCIENCE SOCIALE et de GÉOMÉTRIE TRANSCENDANTE: les autres seraient ouvertes l'année d'après.

Avec cette précaution, que l'ordre de l'enseignement réclameroit, quand ce ne seroit pas l'intérêt de l'institution, aucun professeur n'aura en commençant moins de *quatorze cents dollars*, et aucun principal moins de *deux mille*, et leur sort s'améliorera tous les ans, pendant dix à douze années. Au bout de ce terme, les moindres chaires de nos écoles spéciales vaudront *quatre mille dollars* à leur professeur; quelques-unes en produiront *six mille*; et les quatre principales de *huit à dix mille* chacune.

De tels traitemens donneront le choix sur l'élite des savans de toutes les nations pour remplir les places de *professeurs* et de *principaux* dans nos écoles spéciales. — L'ambition des étudians de l'univers entier sera de pouvoir un jour obtenir une chaire de ces écoles. — Washington-city deviendra le *Boockara*, le *Benarès*, le *Byblos*, le *Cariath-Sepher*, la ville des sciences. Les hommes de la plus haute réputation s'y étant réunis comme *professeurs*, on ne croira peut-être pas avoir bien été élevé en Europe, si l'on n'est pas venu suivre ses cours.

C'est l'avantage dont a joui Athènes, dont jouissent aujourd'hui *Edimbourg* et *Gœttingue*; pour se l'assurer, il suffit d'enlever les plus illustres savans de *Gœttingue*, d'Edimbourg et des autres villes lettrées en leur procurant un sort extrêmement brillant, qui néanmoins soit lié à la perfection de leur travail, et ne puisse être soutenu que par lui.

Alors nos professeurs formeront le noyau d'une admirable société philosophique. Le génie accourra dans un pays où il sera si puissamment récompensé. Il y fera les plus grands efforts, il y poussera en avant toutes les sciences. Nous aurons augmenté les lumières en leur allumant un vif foyer. Nous aurons fait le bien de l'Amérique et du Monde.

(*La fin au Numéro prochain.*)

D. P. de N.

LETTRES AU RÉDACTEUR

SUR LA PHYSIQUE ET LA CHIMIE.

(Sixième Lettre.)

Mon cher ami,

Dans mes lettres précédentes, je vous ai fait connoître les deux instrumens les plus utiles de la physique et de la chimie. Je vous ai expliqué leur construction, leur usage et leurs applications immédiates, c'est-à-dire les indications qu'ils nous donnent sur la température et sur la densité de l'air, soit dans un même lieu à des hauteurs diverses, soit dans les différens climats. Nous allons maintenant les faire servir à l'examen rigoureux et à la mesure précise de plusieurs phénomènes remarquables que nous n'avons fait qu'entrevoir.

Je vous ai dit qu'en plongeant un thermomètre dans un vase rempli d'eau pure et faisant bouillir cette eau par le moyen du feu, le mercure du thermomètre se tenoit toujours au même degré pendant tout le temps de l'ébullition. Il est facile d'en faire l'épreuve, et ce phénomène nous a donné un terme fixe de notre thermomètre; mais si l'on répète cette expérience à différens jours, lorsque le baromètre indique les pressions de l'air sensiblement différentes, on trouve que ce terme n'est pas tout-à-fait le même; il est plus haut quand la pression atmosphérique est plus forte, et plus bas quand elle est plus foible. D'après cela, on doit s'attendre que, si la pression diminuoit davantage, le degré de l'ébullition baisseroit aussi de plus en plus. On peut vérifier cette induction en s'élevant sur des montagnes et y faisant bouillir de l'eau à diverses hauteurs, car nous avons vu que le baromètre baisse à mesure que l'on s'élève ainsi. Or, en faisant cette expérience, on trouve que la chose se passe réellement comme nous l'avions prévu. Si nous avons marqué par 80 degrés le terme de l'eau bouillante à la surface de la terre lorsque le baromètre marquoit 76 centimètres, ce qui est la pression moyenne de l'atmosphère au niveau des mers, lorsqu'ensuite nous nous serons assez élevés pour que le baromètre ne marque plus que 75 centimètres, l'eau commencera à bouillir quand le thermomètre marquera moins de 80 degrés, et généralement il y aura une correspondance constante entre l'abaissement de ce degré et l'indication du baromètre. On peut déterminer le rapport de ces deux phénomènes par des expériences faites à diverses hauteurs, et alors on prédit le degré de l'eau bouillante d'après l'élévation du baromètre, ou réciproquement le degré du baromètre d'après le degré où se fait l'ébullition de l'eau. Il se passe encore dans ces expériences un phénomène fort singulier dont il est bon d'être prévenu. C'est que, à mesure que l'on s'élève dans l'atmosphère, il devient de plus en plus difficile de faire bouillir l'eau quoiqu'elle bouille cependant à des degrés du thermomètre plus bas qu'à la surface de la terre. Cela tient à la difficulté qu'il y a d'entretenir le feu qui sert à la faire bouillir; l'air, à mesure qu'on s'élève, devient de plus en plus rare, c'est-à-dire qu'il a moins de masse sous le même volume : or, un des principes constituans de l'air, que l'on nomme oxigène, est l'aliment unique et essentiel de la combustion, ou plutôt le phénomène que nous appelons combustion n'est autre chose que la combinaison qui se fait de ce principe avec des corps combustibles; c'est ce que l'on prouve avec la dernière évidence par des expériences dont je vous entretiendrai plus tard. Pour le moment, je vous demande seulement d'admettre comme un fait, que l'air est essentiel à la combustion; et en effet lorsque nous soufflons le feu, nous ne faisons autre chose que diriger sur les corps combustibles une plus grande masse d'air. Venons maintenant à l'application. Puisqu'en s'élevant dans l'atmosphère l'air devient plus rare, il faut en souffler, en amener un plus grand volume sur le même point pour qu'il y en ait réellement la même masse; par conséquent il doit fournir au feu un aliment moins actif, et la difficulté de l'entretenir doit augmenter avec la hauteur.

Nous voyons aussi par cette expérience, que le terme de l'ébullition que nous avions marqué sur le thermomètre, n'est pas absolument fixe comme nous l'avions cru d'abord; il varie avec le degré du baromètre : par conséquent lorsqu'on fait un thermomètre, et qu'on y marque le terme de l'eau bouillante comme l'une des extrémités de l'échelle, il faut marquer aussi le degré du baromètre auquel on a opéré. Avec cette précaution on peut corriger l'échelle du thermomètre, et toutes les observations, faites avec différens thermomètres ainsi réglés, deviennent parfaitement comparables. Mais, pour rendre la chose plus commode, on tâche de régler le thermomètre lorsque le baromètre marque 76 centimètres : ce qui est la pression moyenne de l'atmosphère.

On pourroit par analogie penser que le terme de la glace fondante qui forme l'autre extrémité de l'échelle doit être pareillement variable avec la pression barométrique; mais les expériences les plus précises n'y font pas apercevoir la plus légère variation, même sur les plus hautes montagnes, même dans un espace entièrement vide d'air.

4

Maintenant que notre thermomètre est parfaitement réglé, nous pouvons y rapporter les dilatations et les contractions que tous les corps éprouvent par des changemens donnés de température ; phénomène dont nous n'avions pu jusqu'à présent nous former qu'une idée imparfaite et vague. Par exemple, suspendons dans une caisse oblongue plusieurs barres de grosseur égale et de même longueur faites avec des métaux différens, puis remplissons cette caisse avec de l'eau échauffée à une température connue ; ou mieux encore, faisons bouillir l'eau dans la caisse même qui sera aussi en métal : les barres échauffées par cette température se dilateront et s'allongeront inégalement suivant l'espèce de métal dont elles sont composées. Nous pouvons imaginer divers moyens très précis pour mesurer l'allongement de ces barres, et connoître exactement leur longueur. Cela fait, remplaçons l'eau bouillante par de la glace pilée et fondante, les barres refroidies vont se contracter, et chacune d'une quantité différente suivant son espèce. Mesurons encore leur longueur dans ce nouvel état, et comparons-la à la première ; nous saurons de combien chaque barre s'allonge depuis le terme de la glace fondante jusqu'à celui de l'eau bouillante. Résultat fort utile à connoître soit pour les expériences de physique ultérieures, soit même pour les constructions que l'on peut faire avec les métaux dont ces barres sont formées.

Au lieu d'employer l'eau bouillante ou la glace fondante, servons-nous d'eau à une température intermédiaire ; les barres prendront aussi des dimensions intermédiaires entre les extrêmes que nous avons d'abord observés. Mesurons encore leur longueur dans cet état moyen, et en les comparant, soit entre elles, soit avec le nombre de degrés indiqués par notre thermomètre, nous connoîtrons si la dilatation moyenne a été pour chaque barre exactement proportionnelle à la dilatation totale observée d'abord : nous saurons par là si la dilatation est uniforme pour les divers degrés de température, et si elle est proportionnelle à l'allongement du mercure que notre thermomètre indique. On trouve ainsi que cette uniformité est sensiblement exacte depuis la température de la glace fondante jusqu'à celle de l'eau bouillante. Entre ces extrêmes la dilatation du mercure est sensiblement proportionnelle à celle des métaux.

La même constance se remarque encore dans les substances aériformes que l'on appelle des gaz, lorsqu'on les échauffe après les avoir introduits, en quantité connue, dans des tubes de baromètre parfaitement desséchés. Cette circonstance est essentielle, car nous avons déjà dit que les tubes de verre sont ordinairement couverts d'une légère couche d'eau en vapeur qui s'y attache fortement. Si l'on n'enlevoit pas cette petite couche d'eau, elle se vaporiseroit en partie tandis qu'on échaufferoit le gaz, augmenteroit ainsi son volume, et feroit paroître la dilatation plus grande qu'elle ne l'est véritablement. Pour obvier à cet inconvénient, on n'emploie que des tubes de baromètres parfaitement desséchés par l'ébullition du mercure, et les dilatations du gaz que l'on y introduit se mesurent alors avec fidélité d'après la dépression qui en résulte dans la colonne de mercure qui se soutient dans le tube par la pression de l'air extérieur. On trouve ainsi, que tous les gaz, quelle que soit leur nature, et cette nature est très diverse, subissent des dilatations et contractions exactement égales lorsqu'on les réchauffe ou qu'on les refroidit également. En cela ils diffèrent des métaux, mais ils s'en rapprochent par l'uniformité de leur dilatation qui est sensiblement proportionnelle à celle du mercure entre les termes de la glace fondante et de l'eau bouillante, c'est-à-dire entre 0 et 100 degrés de la graduation centésimale ou entre 0 et 80 degrés de la division de Réaumur. Entre ces limites la dilatation totale des substances gazeuses est, à très peu de chose près, les deux cinquièmes de leur volume à 0 degré. Cette uniformité de dilatation n'a plus lieu pour l'eau ni pour les autres liquides qui bouillent à des températures peu élevées. En comparant leur marche à celle du thermomètre à mercure, on voit que leur dilatation devient de plus en plus inégale à mesure qu'ils approchent davantage du terme de leur ébullition. Une irrégularité analogue s'observe également près du terme de la congélation; la dilatation devient inégale à mesure que le liquide approche de ce terme. Prenons l'eau pure pour exemple : introduisons une certaine quantité de ce liquide dans un tube délié, terminé inférieurement par une boule d'un diamètre beaucoup plus considérable ; ce sera un véritable thermomètre d'eau. Plongeons cet instrument dans une température déterminée, qui sera de dix degrés par exemple, et marquons sur le tube le point où le liquide s'arrêtera. Maintenant, si la température vient à baisser, l'eau se condensera et occupera moins de place dans le tube ; mais lorsque la température ne sera plus que d'environ quatre degrés du thermomètre centésimal, la contraction cessera, et à une température plus basse, l'eau se dilatera au lieu de se contracter. Il y a donc pour l'eau un *maximum* de densité, c'est-à-dire un état tel qu'elle a le plus de masse dans le plus petit volume, et l'on voit que ce terme est fixé à peu près à quatre degrés du thermomètre centésimal. Ce fait, qui au premier coup d'œil, semble n'être que curieux, est la cause de plusieurs grands phénomènes. C'est pour cela, par exemple, que la température du fond de tous les grands lacs de la Suisse s'entretient constamment à quatre degrés ; ces lacs étant alimentés par des neiges fondues, les particules qui se réchauffent deviennent d'abord plus lourdes que lorsqu'elles étoient à l'état de glace, et celles que l'on trouve au fond doivent être naturellement les plus pesantes, c'est-à-dire que ce sont celles dont la température sera d'environ quatre degrés.

Ce terme de la plus grande densité de l'eau, est celui que les savans français ont choisi pour fixer l'unité de poids dans le système décimal de mesures. Cette unité se nomme *le gramme*. C'est le poids d'un centimètre cube d'eau pure, pris à la température du *maximum* de condensation.

Les irrégularités que nous venons d'observer pour l'eau ont lieu également pour les autres liquides ; et généralement les dilatations et les contractions deviennent inégales près des termes extrêmes auxquels ces liquides se solidifient ou se réduisent en vapeurs. Mais l'espèce et les lois de ces inégalités sont très diverses. Il y a des liquides qui se dilatent en se gelant, comme l'eau ; d'autres, au contraire, se contractent. De ce nombre est le mercure, dont la congélation s'opère environ à 40° du thermomètre centésimal au-dessous du terme de la glace. Au moment où ce liquide se solidifie, on le voit tomber brusquement dans le tube thermométrique, comme si sa masse étoit tout à coup diminuée.

Aussi les astronomes français qui mesurèrent le degré de Laponie, ayant observé ce phénomène, s'imaginèrent qu'il indiquoit un degré de froid énorme, parce qu'ils calculoient ce degré, en supposant toujours une même proportion dans les contractions. Ces résultats nous conduisent à deux conséquences : la première, c'est que lorsque l'on voudra étendre l'échelle d'un thermomètre jusques à peu de distance de l'ébullition, ou de la congélation du liquide qu'il contient, il faudra qu'en approchant de ces termes, cette échelle devienne inégale, et que la loi de cette inégalité soit réglée sur la dilatation ou la contraction propre du liquide. En second lieu, on voit que, si l'on veut n'observer que des dilatations régulières, ce qui est toujours plus sûr et plus commode, il faut se tenir éloigné des extrêmes que nous venons d'indiquer. Par exemple, l'alcool ou esprit de vin bout à environ 82° de la division centésimale, par conséquent à une température beaucoup plus basse que le mercure ; ainsi, au dessus de la glace fondante, le thermomètre d'alcool sera beaucoup moins bon et moins régulier qu'un thermomètre à mercure ; mais, au contraire, il sera préférable au dessous du terme de la congélation, parce que l'alcool ne se gèle à aucun des degrés de froid que nous pouvons produire, tandis que le mercure, comme nous venons de le dire, se gèle à la température d'environ 40° au-dessous du terme de la glace fondante.

Il est naturel de se demander à quoi tiennent ces dilatations inégales que l'on observe dans les corps, lorsqu'ils sont près de changer d'état, et de passer, par exemple de la liquidité à la solidité, ou de la liquidité à l'état de vapeurs. Il est facile d'en concevoir la cause. Lorsqu'un liquide quelconque, l'eau, par exemple, passe à l'état solide, ses molécules ne s'entassent pas tout à fait confusément, elles prennent les unes par rapport aux autres des dispositions régulières et symétriques, que l'on exprime par le mot de *cristallisation*. Ce phénomène qui dépend de la figure des particules, peut, dans les diverses substances, produire des effets bien différens. Dans les unes il peut augmenter le volume des liquides; dans d'autres, le diminuer; et delà très probablement résultent les phénomènes que nous observons. Des effets analogues doivent se produire quand ces corps passent de l'état liquide à l'état de vapeurs; et de plus, comme ces changemens de position des particules ne se font pas brusquement, mais d'une manière graduelle et progressive, du moins quand le liquide n'est point agité, on doit s'attendre que les inégalités de dilatation et de contraction qui en résultent, devront se faire sentir avant les termes où les changemens d'état ont lieu complètement, ce qui explique pourquoi la dilatation de l'eau, par exemple, devient déjà sensiblement inégale à une grande distance du terme de la congélation.

Dans toutes les expériences que nous venons de rapporter, nous avons supposé que l'on employoit toujours des liquides très purs. Le mélange des sels et des autres corps solides qui, en se fondant, peuvent se combiner avec ces liquides, altère leurs propriétés naturelles. La dissolution des sels dans l'eau, par exemple, retarde le degré de l'ébullition, et le porte à une plus haute température, elle fait au contraire baisser le degré de la congélation; de sorte que l'interposition des molécules du sel entre celles du liquide, semble, dans les deux cas, retenir ces dernières, et les empêcher de se prêter aux mouvemens qu'elles auroient naturellement dû prendre par le seul effet de la chaleur. C.

LA BONNE CONSCIENCE,

CONTE.

UNE bande de voleurs s'étoit introduite secrètement la nuit dans une ville de province; plusieurs maisons avoient été escaladées, des buffets d'argenterie ouverts et vides, des secrétaires forcés. Les bandits avoient fait leur coup avec tant d'habileté et de bonheur que, bien qu'on eût entendu quelque bruit, aucun n'avoit été surpris. Ils s'étoient adressés précisément aux maisons les plus riches; ils avoient choisi les heures les plus favorables à l'exécution de leur dessein, ils étoient entrés plus tôt chez ceux qui se couchoient de bonne heure, et avoient attendu une heure plus avancée pour s'introduire chez ceux qui se retiroient plus tard. Il étoit clair qu'on les avoit bien instruits, bien dirigés, et qu'on leur avoit facilité l'entrée et la sortie de la ville par les fenêtres et les toits de quelques maisons donnant sur les remparts, et où l'on apercevoit les traces de leur passage. Dans une de ces maisons habitoit un charpentier nommé Benoît sur qui les soupçons se portèrent d'autant plus facilement, que Benoît, peu connu dans la ville, où il n'habitoit que depuis quelque temps, inspiroit d'ailleurs une sorte d'éloignement par sa physionomie assez sombre, ses sourcils noirs et rapprochés, et une longue cicatrice qui lui traversoit le visage. Il ne parloit presque pas, même à sa femme, pour qui il étoit d'ailleurs un bon mari, mais à qui cependant il faisoit un peu peur par sa taciturnité et d'habitude qu'il avoit de ne pas aimer à répéter deux fois la même chose; de sorte que les commères du quartier plaignoient beaucoup madame Benoît. Il ne battoit point son fils Silvestre, mais il ne souffroit pas qu'il lui désobeît ni lui raisonnât; et quoique Silvestre n'eût que sept ans, il le faisoit déjà travailler; et les petits garçons qui voyoient Silvestre, dès qu'il apercevoit son père de loin, se sauver bien vite d'avec eux pour aller se remettre à l'ouvrage, avoient peur de Benoît comme de la bête, et l'appeloient *le méchant Benoît.* Enfin on savoit que Benoît avoit fait différens métiers, qu'il avoit été soldat, qu'il avoit beaucoup couru le monde, et devoit par conséquent avoir eu beaucoup d'aventures, et il ne racontoit jamais d'histoires, d'où l'on concluoit qu'il n'en avoit pas de bonnes à raconter.

Dès qu'on eut commencé à le soupçonner, on rassembla tous les indices qui pouvoient confirmer les soupçons. On remarqua que Benoît, qui n'alloit jamais au cabaret, y avoit été la veille du vol, avoit bu assez long-temps, et s'étoit entretenu d'un air de grande familiarité avec deux hommes de mauvaise mine qui n'étoient pas de la ville, et qu'on n'y avoit plus revus depuis. Un voisin déclara que s'étant mis par hasard à la fenêtre à onze heures du soir, il avoit vu, dans la nuit où le vol avoit été fait, la porte de Benoît, qui étoit toujours fermée à neuf heures, ouverte à moitié, quoiqu'il n'y eût pas de lumière dans la boutique. Enfin on alla examiner l'endroit par où avoient passé les voleurs, et où l'on avoit trouvé une cuiller d'argent qu'ils avoient laissé tomber, et l'on vit qu'il correspondoit à la fenêtre du grenier de Benoît. On aperçut à cette fenêtre un bout de corde qui avoit probablement servi à attacher une échelle; on distingua même l'endroit où l'échelle avoit été posée contre le mur qu'elle avoit un peu dégradé, et l'on vit sur la fenêtre la marque d'un pied d'homme.

D'après tout cela, on arrêta Benoît, et on le mit en prison. Il s'y laissa conduire avec une grande tranquillité, car il étoit innocent. Mais voici ce qui étoit arrivé. Un ancien soldat nommé Trappe, camarade de Benoît, étoit venu depuis quelque temps s'établir perruquier dans la ville. Il avoit autrefois sauvé la vie à Benoît dans une occasion où ils étoient fort pressés par l'ennemi; de sorte que Benoît l'accueillit amicalement, quoiqu'il n'aimât pas le caractère de Trappe, qui étoit bavard, hâbleur, et, à ce qu'il croyoit, un fripon.

La veille du vol, Trappe vint le trouver, en lui disant que deux de leurs anciens camarades ayant servi dans le même régiment, passoient par la ville, qu'il falloit qu'il vînt boire bouteille avec eux. Il lui rappela en même temps que c'étoit l'anniversaire de la bataille où il lui avoit sauvé la vie. D'après cela, Benoît ne crut pas pouvoir refuser l'invitation; il voulut même payer, mais on ne le voulut pas. On tâcha de le faire boire, de le faire causer; car Trappe et ses deux camarades faisoient partie de la bande qui devoit entrer la nuit dans la ville. Ils espéroient obtenir de Benoît quelques renseignemens, et vouloient d'ailleurs l'enivrer, pour qu'il n'entendît pas ce qui se passeroit dans sa maison, ou fût moins en état de s'y opposer. Cependant Benoît ne parla guère, et ne s'enivra pas; seulement il s'en alla la tête un peu lourde, et dormit plus profondément qu'à l'ordinaire.

Le lendemain matin, il s'aperçut que la porte de sa boutique avoit été ouverte; il s'en étonna, car il étoit sûr de l'avoir fermée : il monta dans son grenier, en trouva la fenêtre ouverte; il l'avoit aussi fermée. Il s'aperçut qu'on avoit dérangé un sac de fèves de la place où il l'avoit mis. Benoît n'en dit rien à personne, car il n'avoit pas coutume de parler sur les choses avant de les comprendre, mais il réfléchit beaucoup à tout cela. En sortant pour aller à son ouvrage, il trouva tout en rumeur dans la ville; on ne parloit que du vol qui s'étoit fait pendant la nuit. On rapportoit que la veille on avoit vu dans les cabarets des hommes suspects; on désignoit surtout celui où il avoit bu avec Trappe et les deux autres. Bientôt il s'aperçut qu'on commençoit à éviter de parler devant lui, et qu'on le regardoit de mauvais œil. Il se souvint que la veille, Trappe, en sortant du cabaret, l'avoit suivi tout en bavardant, une bouteille à la main; qu'il étoit monté dans la chambre où se trouvoient sa femme et son fils, et les avoit forcés en riant à boire deux verres de vin, apparemment pour les enivrer. Il se souvint aussi que s'étant mis à la fenêtre après que Trappe avoit été descendu, il s'étoit étonné de ne pas le voir sortir, et avoit cru qu'il étoit déjà sorti. De tout cela il conclut que Trappe s'étoit caché dans sa maison, et que c'étoit lui qui avoit ouvert la fenêtre et la porte aux voleurs. Il alla le trouver, et lui dit : « C'est toi qui as ouvert aux voleurs la fenêtre de mon grenier et la porte de ma boutique. » Trappe voulut avoir l'air de ne pas comprendre ; puis il fit semblant de se mettre en colère, mais il étoit troublé. « Tu m'as sauvé la vie, lui dit Benoît, je ne te dénoncerai pas ; mais si tu as fait le coup, va-t-en, et que je ne te voie jamais, ou tu auras affaire à moi. » Le lendemain matin, Trappe disparut. Ce fut ce jour-là que Benoît fut arrêté. On lui demanda si c'étoit lui qui avoit ouvert sa fenêtre et sa porte, il répondit que non. On lui demanda s'il savoit qui les avoit ouvertes ; il répondit qu'il ne le savoit pas. En effet, il n'avoit aucune certitude que ce fût Trappe. On lui demanda s'il soupçonnoit quelqu'un ; il répondit que, comme on l'avoit arrêté sur des soupçons, ses soupçons pourroient en faire arrêter un autre qui ne le mériteroit pas plus que lui ; qu'ainsi, quand il en auroit, il ne les diroit pas. Enfin, il répondit la vérité à toutes les questions, mais sans rien ajouter de plus, et sans dire un mot qui pût inculper Trappe. Après avoir examiné son affaire, comme il n'y avoit aucune preuve contre lui, on fut obligé de le mettre en liberté ; mais on resta bien persuadé que c'étoit lui qui avoit ouvert aux voleurs. Il s'en aperçut, à la manière dont on lui annonça qu'il étoit libre, et aux propos qu'il entendit en traversant la cour. Il n'en parut nullement ému. En rentrant chez lui, après avoir embrassé sa femme qui étoit transportée de joie de le revoir, il embrassa son fils, et lui dit tranquillement : « Silvestre, tu vas entendre dire partout que, pour avoir été acquitté, je n'en suis pas moins un fripon, et que c'est moi qui ai ouvert aux voleurs ; mais ne t'inquiète pas, cela ne durera pas toujours. » Sa femme fut effrayée de ce qu'il disoit ; mais elle ne voulut pas le croire, et sortit pour recevoir les félicitations de ses voisines. Quelques-unes lui tournèrent le dos sans lui rien dire ; d'autres la regardoient d'un air de pitié en haussant les épaules, comme pour dire « La pauvre femme, ce n'est pas sa faute ! » D'autres enfin lui déclarèrent ce qu'elles en pensoient. Après avoir dit des injures à trois ou quatre, elle rentra en pleurant, en jetant les hauts cris, et en disant qu'ils ne pouvoient plus demeurer dans la ville, qu'il falloit absolument la quitter. « Si je m'en allois, dit Benoît, il n'y resteroit que ma mauvaise réputation. » — « A quoi te servira d'y rester ? lui demanda sa femme. » — « A m'en refaire une bonne. » — « Tu perdras toutes tes pratiques. » — « Non, car je serai le meilleur ouvrier de la ville. » — « Il y a d'autres bons ouvriers ; comment feras-tu pour être meilleur qu'eux ? » — « Quand les choses sont plus difficiles, le tout est seulement de s'y donner plus de peine. » Benoît avoit de l'ouvrage qu'on lui avoit fait commencer avant son arrestation; il fallut bien qu'on le lui laissât achever. Il le fit avec tant de promptitude, tant de perfection, et à si bon marché, que ceux pour qui il l'avoit fait continuèrent de l'employer, quoiqu'ils n'eussent pas bonne opinion de lui. Il se mit à se lever tous les jours deux heures plus tôt, à se coucher plus tard, à travailler encore plus assidûment que de coutume; en sorte qu'étant moins souvent obligé de prendre des ouvriers, il pouvoit se faire payer moins cher, quoiqu'il fournît de meilleur bois et de l'ouvrage mieux fait. Ainsi, non-seulement il conserva ses pratiques, mais il en acquit de nouvelles. Il voyoit bien ce qu'on pensoit de lui, et avoit l'air de ne s'en point inquiéter. S'il voyoit qu'on prenoit des précautions contre lui, qu'on ne soit le laisser seul dans une chambre, il se contentoit de sourire tranquillement sans rien dire; mais si quelqu'un, en passant dans la rue, s'avisoit de lui tenir un mauvais propos, il le regardoit d'un air qui ôtoit toute envie de recommencer. Il voyoit bien qu'on examinoit ses comptes avec une sorte d'inquiétude; mais il avoit soin de les tenir si clairs, si détaillés, de les appuyer de tant de preuves, qu'on finissoit quelquefois par lui dire qu'il y en avoit plus qu'il en falloit. « Non, disoit-il; je sais bien que vous avez mauvaise opinion de moi; il faut que vous voyiez clairement que je ne vous trompe pas. »

Le feu prit un jour à une maison, et menaçoit de gagner la maison voisine : plusieurs ouvriers avoient essayé de couper la communication; mais ils y avoient renoncé parce qu'il y avoit trop de danger. Benoît arriva à la porte de la maison menacée; il vit que les domestiques n'osoient le laisser entrer sans la permission du maître qui ne se trouvoit pas là. « Eh, dit-il en les poussant pour entrer malgré eux, il s'agit de sauver votre maison; vous verrez bien après s'il y manque quelque chose. » Il monta seul au haut de la maison que toute monde avoit abandonnée. En traversant une chambre, il vit une montre laissée à la cheminée; il la serra dans sa poche, de peur que d'autres ne la prissent: mais, songeant ensuite qu'il pouvoit périr dans son entreprise, et que si on lui trouvoit la montre, on le prendroit pour un voleur, il la cacha dans un trou de muraille. Il grimpa à l'endroit d'où s'approchoit le feu, s'établit sur la partie qui commençoit à s'enflammer, la coupa à coups de hache, interrompit toute communication, et redescendit ensuite. Il rencontra le maître de la maison, lui montra où il avoit mis la montre : « Je l'ai cachée là, lui dit-il, parce qu'on auroit pu la prendre, et que vous auriez cru que c'étoit moi. »

Tant de marques de probité et de franchise, la conduite régulière de Benoît, continuellement exposée aux regards de toute le monde, commençoient à faire impression en sa faveur. Un homme riche vint dans le pays pour y faire de grands bâtimens qu'il destinoit à une manufacture. Il demanda le meilleur charpentier; il étoit impossible de ne pas lui indiquer Benoît; il l'employa; il fut si content de son intelligence, de son zèle, de sa probité, qu'il déclara que Benoît étoit certainement un très-honnête homme. Comme c'étoit un homme important, cela produisit beaucoup d'effet. La réputation de Benoît comme ouvrier s'étendit dans toute la province; il fut chargé de grandes entreprises : il put même en entreprendre, pour son compte, de moins considérables. Cela lui donna occasion d'avoir affaire à beaucoup de gens; et tous ceux qui avoient affaire à lui prenoient bonne opinion de son caractère. On ne l'espionnoit plus, cependant on se demandoit encore comment sa porte et sa fenêtre s'étoient trouvées ouvertes pour le passage des voleurs. Beaucoup croyoient qu'il le savoit. L'homme riche qui l'avoit employé pour les bâtimens de sa manufacture, et qui s'intéressoit à lui, lui dit un jour qu'il devroit tâcher d'expliquer ce fait. « Cela sera inutile, dit Benoît, quand j'aurai tout-à-fait établi ma réputation d'honnête homme. » On finit par ne plus s'occuper de cette aventure où l'on étoit sûr qu'il ne pouvoit avoir eu part. Un des voleurs fut pris plusieurs mois après dans le pays, et raconta toute l'histoire. On vint en faire compliment à Benoît. « Cela ne m'inquiétoit guère, dit-il; je savois bien qu'un honnête homme ne pouvoit toujours passer pour un fripon. » P. M. G.

Ce Journal, composé de quatre feuilles *in-8°*, paroît le 15 de chaque mois.

Le prix de l'Abonnement est de 18 fr. pour l'année, et de 10 fr. pour six mois.

On s'abonne chez LE NORMANT, Imprimeur-Libraire, rue de Seine, n°. 8, près le pont des Arts.

Les lettres et les envois doivent être adressés francs de port.

ANNALES DE L'ÉDUCATION.

MM. les Souscripteurs sont prévenus que leur abonnement est expiré.

REVUE
DE QUELQUES OUVRAGES NOUVEAUX, RELATIFS A L'ÉDUCATION.

EN annonçant une revue des ouvrages nouveaux relatifs à l'éducation, nous ne nous imposons point la loi de ne parler que des ouvrages tout-à-fait nouveaux : parmi ceux qui ont paru depuis dix ou douze ans, il en est de beaucoup plus utiles que ceux qui paroissent tous les jours, et quelques-uns sont si peu connus, si peu répandus, que nous croyons devoir les rappeler et les indiquer à nos lecteurs. Le mérite et l'utilité d'un livre ne déterminent pas toujours, comme on sait, la rapidité du débit ; ici, comme partout, le silence ou les éloges sont dus souvent à des influences étrangères. Nous osons affirmer que les *Annales de l'Éducation* ne sont point dominées par des influences de ce genre : si ceux qui écrivent étoient bien pénétrés de la sincérité qu'ils doivent à la confiance de ceux qui les lisent, ils seroient plus scrupuleux en fait de recommandations et d'éloges. On peut se tromper en louant comme en critiquant ; mais, lorsqu'on a loué de bonne foi et avec la mesure convenable ce qu'on a jugé digne de louange, on n'est point responsable de la diversité des opinions.

BELLES-LETTRES ET GRAMMAIRE.

1°. *Decimi Junii Juvenalis Satiræ, ad codices parisinos recensitæ, lectionum varietate et commentario perpetuo illustratæ, à* Nic. Lud. Achaintre; *accedunt Hadr. et C. Valesiorum notæ adhuc ineditæ.* Deux vol. in-8°. Prix : 12 fr. et 15 fr. par la poste. — 1810. — A Paris, chez Firmin Didot, libraire, rue Jacob; et chez le Normant.

C'EST laisser une grande lacune dans les études classiques, que de ne pas faire lire aux élèves les auteurs anciens avec de bons commentaires. On se borne communément à l'explication du texte, et à quelques notes peu nombreuses dont on ne retire qu'une instruction très bornée. Si l'on ne se propose que de faire comprendre aux jeunes gens les paroles mêmes de Virgile, de Juvénal, de Cicéron, de Tacite, d'Horace, et de former leur goût et leur style d'après celui de ces grands modèles, cette méthode peut suffire. Mais si l'on veut, ce qui importe bien plus encore, leur faire véritablement connoître l'antiquité, ses mœurs, ses usages, ses idées, la direction des esprits et des caractères à cette époque de l'histoire du monde; si l'on veut joindre aux études de rhétorique des études historiques et philosophiques, de bons commentaires sont indispensables : c'est là que les érudits ont rassemblé un grand nombre de faits, de détails, de rapprochemens, qui peignent les temps et ceux qui y vivoient. Les Commentaires de Grævius et de Pitiscus sur Suétone, celui de Gronovius sur Plaute, celui de Spanheim sur Callimaque, donneront à l'élève une foule de connoissances qui le mettront, s'il en est capable, en état de juger les anciens, en le transportant au milieu d'eux. Nul doute que ces commentaires ne soient remplis de puérilités inutiles et fastidieuses. Aussi ne faut-il pas, à moins qu'on ne veuille se faire érudit, s'attacher à en lire beaucoup; mais, si l'on n'en a lu que deux ou trois, on n'aura sur l'antiquité et les anciens que des idées superficielles, c'est-à-dire, fausses. L'ensemble des faits, des mœurs et des ouvrages, ne sera point présent à la pensée; et la rhétorique, devenue ainsi une étude isolée, exclusive, ne sera propre qu'à former des esprits étroits, pleins de préventions, et incapables de s'élever au-dessus de l'intelligence d'une phrase ou de l'ajustement d'une période.

Le Commentaire que M. Achaintre a joint à son édition de *Juvénal*, ne me paroît pas aussi complet et aussi utile, sous ce point de vue, qu'on pourroit le désirer. Le commentateur s'est plus attaché à expliquer et à développer le texte, qu'à faire connoître le temps et les hommes peints par son auteur. Je doute qu'il ait été frappé de la nécessité de rattacher les études de rhétorique à des études d'une importance plus réelle, et que cette idée l'ait dirigé dans son travail. Cependant on trouve dans ses notes des faits intéressans, des rapprochemens

5 *

de passages curieux et des détails dont un instituteur habile peut tirer parti pour porter sur ce sujet l'attention de son élève. C'est là, je crois, la seule vraie utilité qu'on doive chercher dans les commentaires, si l'on veut en faire une source d'idées sérieuses, et non un simple moyen d'amuser l'esprit et de passer le temps.

Cette édition de Juvénal a de plus l'avantage d'être fort complète ; ce qui lui donne de l'intérêt même pour les érudits : elle contient des notes inédites des deux Valois, la collation de trente-six manuscrits de la Bibliothèque impériale, plusieurs vies de Juvénal, le catalogue de toutes les éditions qui en ont été publiées, et un *Index vocabulorum* fort soigné.

2°. *Manuel des Amateurs de la Langue française, contenant des solutions sur l'étymologie, l'orthographe, la prononciation, la synonymie et la syntaxe.* Par A. Boniface, et par plusieurs gens de lettres. (Cet ouvrage paroît dans les premiers jours de chaque mois, par cahiers de deux feuilles d'impression in-8°. Prix : 10 fr. et 11 fr. par la poste.) — A Paris, chez l'Auteur, rue de la Planche, n°. 13 ; et chez le Normant.

(Ier, IIe, IIIe et IVe Numéros.)

La langue française a-t-elle gagné au nombre immense de grammaires et d'ouvrages publiés journellement sur ce sujet ? Je l'ignore ; mais je suis convaincu que la correction et la propriété du langage, dans nos provinces et dans toutes les classes de la société qui lisent, y ont gagné nécessairement. L'intérêt qu'on prend à ce genre de discussions, le soin avec lequel on examine toutes les questions qui s'y rapportent, ne sauroient rester sans influence : il ne faut donc ni blâmer ni décourager ceux qui recueillent ces questions, cherchent à les résoudre, et en proposent de nouvelles.

C'est ce qu'a entrepris M. Boniface dans son *Manuel des amateurs de la Langue française.* Le plan de son ouvrage n'est pas nouveau. M. Domergue avoit aussi publié un *Journal de la Langue française :* ce n'est point là un reproche ; on peut faire mieux que M. Domergue en suivant la même route. Mais à quoi bon réimprimer des choses connues depuis long-temps, et qui se trouvent dans une foule de recueils, comme le Synonyme de madame de St..... sur les mots, *vérité, franchise, vrai, franc*; la diatribe de M. Domergue contre l'expression entre *quatre-z-yeux*, où il compare le Dict. de l'Académie au *Dictionnaire des Hurons* et au *Dictionnaire des Halles*; et des anecdotes vulgaires, comme le mot de Rivarol à d'Alembert qui trouvoit mauvais que Buffon eût dit, en parlant du cheval : *La plus noble conquête que l'homme ait jamais faite, est celle de ce fier et fougueux animal*, etc., au lieu de dire tout simplement *le cheval*, etc., etc.? C'est là du remplissage ; et en vérité si les grammairiens se répètent ainsi les uns les autres, je ne vois pas de raison pour que cela finisse jamais.

Je pourrois bien aussi chicaner M. Boniface sur

quelques-unes de ses décisions, de ses citations; M. Mercier, M. Pigault-Lebrun sont de plaisantes autorités en fait de langue; mais j'aime mieux dire qu'on trouve dans le *Manuel* quelques dissertations intéressantes, comme celle où est traitée la question de savoir s'il faut dire : *elle a l'air bon, sérieux, spirituel*, ou *elle a l'air bonne, sérieuse, spirituelle* (N° III, p. 65-75). En tout, si M. Boniface est plus difficile dans le choix de ses autorités, s'il s'abstient des réimpressions, et s'il approfondit davantage ses examens, au lieu de se contenter d'un premier aperçu souvent assez vague, son ouvrage pourra devenir vraiment utile.

3°. *Nouvelle Méthode pour enseigner le français aux Demoiselles.* Par Mademoiselle Vauvilliers. Deuxième édition, corrigée et augmentée. Prix: 2 fr. 50 cent. et 3 fr. par la poste. A Paris, chez F. Guitel, libraire, rue des Prêtres Saint-Germain-l'Auxerrois, n°. 27; et chez le Normant.

On trouve un examen de cet ouvrage dans le *Manuel des Amateurs de la Langue française* (n°. II, p. 38, n°. IV, p. 116); et, tout en reprochant à Mlle Vauvilliers quelques erreurs, M. Chapsal rend pleinement justice à sa grammaire; elle me paroît aussi simple, claire et complète : les difficultés y sont presque toujours bien résolues, et les solutions sont accompagnées d'exemples en général bien choisis. On pourroit, je crois, contester à l'auteur son opinion sur l'existence des cas dans la langue française, sur celle du gérondif, etc.;

mais sa méthode est bonne; elle a réuni dans un petit volume un grand nombre de résultats positifs : c'est tout ce qu'on peut demander à une *Grammaire*, qui n'a d'autre prétention que celle de servir à l'enseignement des jeunes personnes.

GÉOGRAPHIE.

Précis de la Géographie universelle, ou *Description de toutes les parties du Monde, etc., précédée de l'histoire de la Géographie chez les peuples anciens et modernes, et d'une Théorie générale de la Géographie mathématique, physique et politique.* Par M. Malte-Brun. Tom. I, II et III. Prix de chaque volume, 7 fr. 50 c. et 9 fr. par la poste. A Paris, chez Buisson, libraire, rue Gilles-Cœur, n°. 10.

On s'est beaucoup occupé de l'ouvrage de M. Malte-Brun, pour le louer et pour le critiquer : quelques éloges ont pu être exagérés; les critiques ont été beaucoup plus injustes. C'est un grand ouvrage destiné à instruire les élèves, en instruisant les maîtres, et très propre à répandre en France des connoissances et des idées qui commencent à peine à s'y introduire. On se plaint avec raison de l'insuffisance ou de l'inexactitude de la plupart de nos traités élémentaires de géographie. Le *Précis* de M. Malte-Brun n'est point un traité élémentaire : il a embrassé toute l'étendue de son sujet; peut-être même a-t-il trop *étendu* cette *étendue*; mais c'est là un léger inconvénient bien compensé par la richesse des résultats qui y sont recueillis. Le premier volume renferme une histoire complète de la science de la géographie : M. Malte-Brun s'est servi avec habileté de tous les matériaux amassés par les savans Français et par les Allemands, qui ont porté dans ces recherches beaucoup de sagacité et de savoir. Je crois qu'il auroit pu établir, dans certaines parties de ce volume, plus d'ordre et de méthode, par exemple, dans ce qui se rapporte à la filiation et aux migrations des peuples barbares; mais on doit lui savoir un gré infini d'avoir fait connoître en France les travaux des Schlœzer, des Gatterer, des Adelung, des Mannert, des Thunmann, des Sühm, savans très distingués, qui ont éclairci l'histoire de l'Europe orientale et septentrionale, que défiguroient avant eux de ridicules hypothèses, et à laquelle Fréret seul avoit appliqué une méthode vraiment philosophique.

Le second volume renferme la théorie de la géographie mathématique, physique et politique. Les deux dernières parties peuvent paroître, jusqu'à un certain point, étrangères au sujet de l'ouvrage; ce n'est pas que, sous le point de vue scientifique, elles ne s'y rattachent essentiellement; mais peut-être, sous le point de vue de l'enseignement, devroient-elles en être séparées. La géographie physique est pleine encore d'incertitudes, d'hypothèses, et la géographie politique tient à toute l'histoire de l'espèce humaine et de la civilisation. Ce volume est celui qu'il faut lire avec le plus de circonspection, je dirai même de défiance. Les grandes questions qu'il touche ne sauroient être traitées en passant; et je crois qu'après l'avoir lu, les meilleurs maîtres seroient fort embarrassés pour l'enseigner.

C'est au troisième volume que l'auteur entre dans la description proprement dite de la terre, et l'Asie remplit le volume tout entier. M. Malte-Brun a étudié beaucoup de géographies, de voyages: il a recueilli un nombre immense de faits: il sait envisager une contrée sous divers points de vue: je dois dire aussi que son style, souvent animé et piquant, me paroît quelquefois trop tranchant, trop pompeux pour le sujet, et trop voisin de la déclamation. En tout, on doit vivement désirer qu'un pareil ouvrage s'achève et se répande: il mettra en circulation des connoissances et des idées très favorables à l'étendue de l'esprit et à la solidité de l'instruction.

F. G.

JOURNAL

ADRESSÉ PAR UNE FEMME A SON MARI, SUR L'ÉDUCATION DE SES DEUX FILLES.

Numéro XXV.

Aimez vos enfans, est un précepte, mon ami, qu'on ne s'est jamais avisé de nous donner à nous autres mères; on l'a regardé comme si constamment observé, que c'est de cette vérité établie, qu'*une mère aime ses enfans*, qu'on est parti pour toutes les règles d'éducation qu'on a cru devoir nous prescrire; cette loi de la nature a si bien paru une loi fondamentale de l'éducation, qu'on n'a pas prévu le cas de l'exception; on l'a jugé encore plus inutile qu'impossible à supposer, car il ne peut y avoir de bons préceptes d'éducation à donner à une mère qui n'aimeroit pas ses enfans. Je ne vois donc pas de raisons pour que ce principe si nécessaire à un système d'éducation ne le soit pas également à tous. Vous avez vu par quelle marche simple y est arrivé M. Pestalozzi; il a voulu former des hommes, mais il a songé qu'il avoit affaire à des enfans; que c'étoit des sentimens, des dispositions des enfans dont il avoit à faire usage; que, pour se rendre maître de leurs sentimens, il falloit s'attirer leur affection, et qu'on ne pouvoit s'attirer leur affection sans les aimer. Ce principe d'amour, toujours agissant dans l'éducation des familles, y est souvent trop peu réglé, parce que les parens, occupés de l'enfant tel qu'il existe actuellement, oublient ce que l'homme doit être un jour; souvent au contraire, l'éducation publique, trop occupée de l'homme qu'elle veut faire, oublie trop l'enfant qu'elle a à former; elle s'attache trop à ce qu'il doit être, et pas assez à ce qu'il est. L'une peut s'occuper trop exclusivement du bonheur des enfans, l'autre de leurs devoirs, tandis que toute bonne éducation doit à la fois avoir pour but de former les enfans au devoir, et se servir du bonheur, comme moyen de les y porter.

M. Pestalozzi a donc pensé que l'éducation la meilleure seroit celle où se réuniroient dans une juste proportion ces deux principes dominans dans les deux espèces d'éducation ; celle dont la marche seroit invariablement dirigée par une vive affection pour les enfans, et, en même temps, par une constante application à former des hommes. C'est d'après cette idée que M. Pestalozzi a formé son institut. « La méthode, dit » M. Jullen (*Esprit de la méthode*, tom. 2, p. 31), » ne peut pas être pratiquée avec succès sans un » cœur vertueux, sans ces sentimens qui attachent » à l'enfant. » Cette condition est sans doute une difficulté attachée à l'exécution des idées de M. Pestalozzi, mais ce n'en est pas un inconvénient ; le perfectionnement d'un art diminue nécessairement le nombre de ceux qui peuvent l'exercer avec succès, et n'en est pas moins pour eux un avantage. Mon ami, c'est bien certainement un perfectionnement dans l'éducation, que la méthode qui rend le caractère de l'enfant plus dépendant de la moralité, des sentimens du maître, le met ainsi plus parfaitement à sa disposition, et multiplie les fils par lesquels il peut le conduire au point où il veut le faire arriver.

Il est aisé de concevoir en effet comment, dans l'institut de M. Pestalozzi, les enfans, quoique moins tenus en apparence, plus libres peut-être dans leurs mouvemens qu'ils ne paroissent l'être dans la plupart des autres maisons publiques d'éducation, sont réellement plus dépendans de leurs maîtres, parce que ceux-ci ont beaucoup plus de moyens de diriger leurs sentimens et leur volonté. L'institut d'Yverdun est divisé en quatre grandes classes, dans lesquelles les enfans sont rangés suivant leur âge; ces quatre classes sont ensuite subdivisées en petites classes de huit ou neuf enfans, soumises chacune à un instituteur particulier, dont la surveillance bornée ainsi à un très petit nombre d'élèves, peut aisément prendre ce caractère d'activité et d'assiduité presque insensible, qui épie moins l'enfant qu'elle ne le dirige, qui le laisse plus libre de ses actions, parce qu'elle dispose davantage de ses volontés. Toujours au milieu de ses élèves, parmi lesquels il ne cesse pas de se trouver mêlé, même au moment de la récréation, quelquefois associé à leurs jeux, le jeune maître a tous les moyens d'entretenir continuellement cette influence que lui donne la supériorité de sa raison et de ses lumières, employée non-seulement à l'instruction de ses élèves, mais quelquefois à leurs plaisirs; on a toujours besoin de lui, et il ne gêne point, parce qu'accoutumés à sa présence, les enfans n'ont seulement pas l'idée de faire ce qu'ils ne pourroient se permettre devant lui, et il permet beaucoup de choses, parce qu'il est toujours là pour empêcher. Une instruction beaucoup plus en entretiens qu'en livres, où l'on cherche beaucoup moins à donner des idées à l'élève, qu'à faire naître les siennes, à lui enseigner ce que savent les autres, qu'à le lui faire trouver par lui-même, rapproche, assimile pour ainsi dire, la tâche de l'instituteur et celle du disciple, et entretient entre eux une familiarité de rapports qui les peut rapprocher à tous les momens, une communauté d'intérêts dont ils peuvent jouir en toutes les occasions. Une idée qui se présente à l'un des deux sur la leçon dont on vient de sortir, une application naturelle d'une des connoissances dont on vient d'entrer en possession, pourra être également, pour le maître et pour l'élève, une acquisition dont chacun s'empressera de faire part à l'autre, et qui ne pourra manquer de trouver sa place, comme objet d'intérêt, au milieu des momens les plus libres de toute obligation d'étude. Ainsi maintenu habituellement dans la même disposition, l'enfant pourra porter également dans sa classe et dans sa récréation l'activité de son esprit et celle de son âme; il pourra les diriger, sans s'en apercevoir, vers le même but utile et moral auquel on aura su donner pour lui l'intérêt du plaisir; tout dans sa vie sera éducation. Mon ami, je sais, et toutes les mères le peuvent savoir comme moi, ce qu'on tire d'un enfant qu'on a continuellement sous les yeux; toutes celles qui élèvent leurs enfans de cette manière, ont pu comme moi, en les comparant à des enfans élevés d'une manière différente, observer tout le profit qu'ils retiroient pour l'avancement de leur raison et de leur moralité, de cette influence d'une raison supérieure à la leur, toujours agissante autour d'eux et sur eux. Cet avantage inappréciable de l'éducation domestique, je crois qu'il existe dans l'institut de M. Pestalozzi.

Il n'est cependant pas possible que, dans l'éducation publique, la plus paternelle, la plus assimilée à l'éducation domestique, l'enfant ne se sente pas à la fois plus libre et plus isolé que dans celle-ci, qu'il n'éprouve pas plus souvent la nécessité de s'aider de ses propres forces, et ne s'y forme pas un peu plus à cette habitude de savoir exister par lui-même, source des principaux avantages attribués à l'éducation publique. Parmi ces avantages il en est un qu'on n'a jamais songé à lui contester, c'est de former, plus que l'éducation particulière, le caractère des enfans à la sociabilité. Non-seulement des relations plus étendues et plus libres, en multipliant les points de contact, multiplient les réflexions et augmentent les lumières de l'enfant sur la nature de ses rapports avec les autres, sur ce qu'ils ont droit d'attendre de lui, et sur ce qu'ils peuvent avoir la volonté de lui demander; non-seulement elles accoutument sa raison aux variétés, aux inégalités des humeurs, aux saillies et aux injustices des passions; non-seulement elles plient son caractère à la condescendance, et, en rendant plus familiers à son imagination les droits et les besoins des autres, peuvent lui rendre cette condescendance plus naturelle et plus facile: mais il y a de plus dans la situation des enfans, telle que la donne l'éducation domestique, quelque chose qui affoiblit nécessairement le principe de sociabilité. L'isolement leur est inconnu, cette sorte de co-existence qui les accoutume à compter

DE L'ÉDUCATION.

sur l'appui de leurs supérieurs, leur rend moins indispensable la société de leurs égaux. Cette affection si active, si désintéressée, dont ils se sentent l'objet, diminue pour eux le charme d'une affection moins attentive et moins complaisante. M. Julien, entraîné par son universelle bienveillance, nous assure que, dans l'éducation particulière, *l'enfant s'oublie entièrement lui-même* (tom. II, pag. 27); il se trompe, l'enfant élevé chez ses parens songe beaucoup à lui-même, parce qu'on y songe beaucoup, parce qu'on ne peut pas n'y pas songer beaucoup, parce que, privé le plus ordinairement de sociétés de son âge, il a besoin qu'on les remplace, qu'on lui fournisse des plaisirs qu'on ne lui permet pas de chercher lui-même. Dans l'éducation publique, le maître plus partagé se donne moins à chaque enfant; les camarades sont plus nombreux, l'élève a plus de plaisirs à sa disposition dès qu'il voudra les acheter ce qu'ils coûtent; il en a moins qu'il puisse espérer *gratis*. Si un moment de colère et de brouillerie, si trop d'exigence l'éloigne d'un de ses camarades, il en va naturellement chercher un autre; mais cet autre ne se prêtera pas non plus pour rien, et finira peut-être même par lui apprendre qu'on paye quelquefois plus cher ensuite ce qu'on a refusé d'abord d'acheter bon marché. Quand mes filles ne s'arrangent pas, quand la fantaisie de l'une n'est pas celle de l'autre, il est rare qu'elles ne parviennent pas à trouver quelques ressources auprès de moi, qui ne fais pas payer ma complaisance, ou qui du moins ne la ferai pas payer par une complaisance. Le prix que j'attacherai à la condescendance la plus extraordinaire, ce sera quelque devoir mieux rempli, quelque promesse solennelle de bonne conduite. Je vais chercher haut mes récompenses, mais par cela même j'influe moins sur ce qui est moins à ma portée: les relations des enfans avec leurs parens forment beaucoup plus leurs sentimens que leur humeur. Aussi la sociabilité, telle que la peut donner l'éducation particulière, a-t-elle besoin de bases plus importantes que celle qui se forme naturellement dans l'éducation publique; il faut qu'elle soit une vertu, car elle ne devient pas si facilement une habitude. C'est sur le progrès de la raison de mes filles, c'est sur les sentimens de bonté, de générosité, de désintéressement, qui commencent à prendre place dans leur caractère, que je compte, pour y introduire insensiblement cette facilité, cette complaisance prompte et sans efforts qui tiendra chez elles à l'élévation de l'ame, et que je vois naître beaucoup plus tôt et à beaucoup moins de frais chez des enfans, beaucoup moins avancés d'ailleurs, par suite d'une situation qui les lie davantage d'intérêts et de plaisirs.

A la vérité, mon ami, cet esprit de sociabilité qui se forme dans l'éducation publique produit plutôt la facilité des liaisons que la profondeur des sentimens, et, à un petit nombre d'exceptions près, le résultat des amitiés de collége se borne ordinairement à une sorte de familiarité, suite de la franchise des premières relations, mais qui, à moins que des circonstances postérieures à l'éducation n'aient amené une union plus intime, ne passe pas les rapports extérieurs. On voit beaucoup d'amis de collège se tutoyer sans s'aimer, et se dire leurs vérités sans se soucier réciproquement de leurs intérêts. Leur union, fondée sur leur situation, ne leur donne guère d'idées de devoir que celles qui se rapportent à cette situation, et souvent ces devoirs particuliers se trouvent en contradiction avec la morale générale. Souvent la moralité des écoliers entre eux devient une ligue contre leurs maîtres, et contre les lois établies dans la maison. Ils sont aussi souvent complices qu'amis, et peut-être reste-t-il quelquefois de l'éducation publique une sorte de légèreté sur plusieurs principes nécessaires. Cet inconvénient ne peut exister, comme vous l'imaginez, dans le système d'éducation de M. Pestalozzi, où l'influence habituelle des maîtres imprime aux idées des enfans une direction bien plus morale que celle qu'ils pourroient prendre de leurs relations entre eux, en même temps que cette direction se fortifie par leurs rapports multipliés avec un grand nombre d'enfants qui tous l'ont également reçue. Cette combinaison des principes de l'éducation particulière avec ceux de l'éducation publique, a l'avantage très précieux d'associer pour les enfans les idées d'honneur et celles de vertu, qui ne se séparent si souvent dans le monde que parce qu'on les y reçoit séparément, les unes de la société, les autres de la conscience; rien n'est si facile que d'accoutumer les enfans à transformer les lois de conscience en lois de société, à se faire un honneur de ce qui est un devoir. Elevée, comme vous le savez, dans la maison paternelle, mais avec un assez grand nombre d'autres enfans, je me souviens que nous avions fait, de certaines défenses auxquelles nous étions assujétis, les principales règles de nos jeux; c'eût été tricher que de désobéir. Il en sera, je crois, ainsi toutes les fois que l'influence des maîtres sera dominante et non pas exclusive, que l'enfant, par sa situation, pourra recevoir de ses supérieurs la direction de ses sentimens et de ses idées, et l'appliquer habituellement à ses rapports avec ses égaux.

Mais cette direction ne sera parfaite qu'autant que les supérieurs, quels qu'ils soient, parens ou maîtres, sauront s'y faire entrer pour quelque chose, accoutumeront l'enfant à mettre leurs intérêts au nombre des siens propres. Cette disposition à se faire une affaire personnelle du bien-être de la communauté dont on est membre, ne peut guère se trouver dans les éducations publiques ordinaires, et ne m'a jamais paru assez soignée, même dans l'éducation domestique. Les enfans n'y obtiennent pas assez tôt en général cette qualité de membres de la communauté; ils ne savent pas assez tôt, assez bien, quelle part d'intérêt ils y peuvent avoir. Traités trop en sujets, ils ne peuvent prendre les sentimens de citoyens. Cet inconvénient pourroit ne pas exister dans les classes pauvres, où les enfans, continuellement témoins des besoins de leurs parens, se trouvent forcés de bonne heure à la nécessité de les partager et de les adoucir autant qu'il est en leur pouvoir; cette situation pourroit en effet, comme le pense M. Julien, les disposer dans leurs premières actions à *l'obéissance, à l'amour, à la bienfaisance, au désir de se rendre utile* (Esprit de la Méth. t. 2, p. 273.), si, à côté du malheur se trouvoit placée pour eux la bonne éducation qui apprend à en profiter; si les lumières, la réflexion, des principes de morale solidement établis venoient combattre la funeste influence de cette personnalité qu'inspirent naturellement les privations et les souffrances. Dans les classes pauvres, la situation est trop forte relativement à l'éducation; dans les classes aisées, au contraire, elle est trop peu sensible. L'enfant respire trop librement au milieu d'un air doux, sans s'embarrasser d'où il lui vient, sans songer qu'il puisse contribuer à l'entretenir ou à le rendre encore meilleur. Aucun besoin pressant offert à ses yeux ne lui fait concevoir le désir de se rendre utile à ses parens, ne lui en présente même la possibilité; une grande confiance qui, autant que le permettroit sa raison, l'initieroit de bonne heure dans les affaires de sa famille, seroit le seul moyen de le préserver de cette insouciance dangereuse, sous plus d'un rapport, pour son caractère moral, et de lui inspirer cet esprit de communauté qui ne naîtra naturellement que dans les situations où la bonne éducation se trouvera réunie avec le malheur ou du moins les besoins.

C'est ce qui se trouvoit à Stanz, où M. Pestalozzi avoit réuni les enfans des pauvres, et où la modicité des fonds qui lui avoient été assignés l'obligeoit de faire contribuer leur travail au soutien de l'établissement. Là, les biens et les maux de la communauté étoient ressentis personnellement par chaque individu; chacun se sentoit, pour sa part, les moyens d'adoucir des privations dont une part tomboit naturellement sur lui ; il apprenoit à confondre ainsi ses intérêts dans l'intérêt public, et à n'attendre son bien-être que du bien-être qu'il pouvoit contribuer à procurer à tous. Une communication libre et habituelle de l'état des choses occupoit sans cesse l'imagination et la raison des enfans, et les affaires de la maison devenoient leurs propres affaires ; rien de ce qui se faisoit pour eux ne se faisoit sans eux, et la liberté du consentement ajoutoit encore à l'intérêt de l'action. « Lorsqu'Altdorf fut réduit en cendres,
» dit M. Pestalozzi (1), je les rassemblai, et je
» leur dis : Altdorf est détruit; peut-être plus de
» cent enfans sont-ils, dans ce moment, sans vê-
» temens, sans asile et sans nourriture ; voulez-vous
» que nous nous adressions au gouvernement pour
» qu'il nous permette de recevoir vingt de ces
» enfans au milieu de nous? Je vois encore l'em-
» pressement avec lequel ils répondirent : *Ah, oui,*

---

(1) *Esprit de la Méthode*, tom. I, pag. 44.

» *assurément, oui!* Mais, repris-je d'abord, réflé-
» chissez bien à ce que vous demandez; nous
» n'avons que peu d'argent à notre disposition,
» et il n'est pas sûr qu'en faveur de ces nouveaux
» venus on nous en accorde davantage; peut-être,
» pour conserver vos moyens d'existence et d'ins-
» truction, faudra-t-il travailler plus que vous n'avez
» fait jusqu'à présent; peut-être faudra-t-il partager
» avec ces étrangers vos alimens et vos habits. Ne
» dites donc pas que vous les désirez au milieu de
» vous, si vous n'êtes pas sûrs de pouvoir vous im-
» poser toutes ces privations. Je donnai à mes ob-
» jections toute la force dont elles étoient suscep-
» tibles, je fis répéter à mes enfans tout ce que
» j'avois dit, pour m'assurer qu'ils m'avoient bien
» compris. Ils persévérèrent dans leur première ré-
» solution: *Qu'ils viennent*, dirent-ils d'un commun
» accord, *qu'ils viennent, et, quand même tout ce
» que vous dites arriveroit, nous voulons partager
» avec eux ce que nous avons.* »

On conçoit sans peine un pareil mouvement chez des enfans ainsi consultés. On conçoit même qu'il se soutienne; mais ce que l'on conçoit encore mieux, c'est leur attachement à un ordre de choses dont l'existence leur paroîtra le résultat de leur volonté, et la gaieté, la facilité des sacrifices qu'ils s'imposeront pour le maintenir. J'ignore par quels moyens M. Pestalozzi aura su transporter dans l'institut d'Yverdun, parmi des enfans dont la pension est payée par leurs parens, cet esprit de communauté si facile à établir parmi des en-

fans obligés de subvenir par leur travail à des besoins communs ; M. Julien ne nous les indique pas, et se contente de nous dire (t. I, p. 359.) : « Le principe moral du sentiment qui excite l'in-
» dustrie est nourri et développé comme au sein
» de la famille. L'organisation de la vie intérieure
» de l'institut dispose chaque enfant, non-seu-
» lement à savoir se suffire à lui-même pour la
» plus grande partie de ses besoins personnels et
» journaliers, mais à s'occuper des affaires de la
» maison comme des siennes propres. » Je suis portée à croire qu'en effet M. Pestalozzi n'aura pas négligé à Yverdun ce point de vue moral qu'il avoit paru si bien saisir à Stanz. S'il a trouvé ici les moyens de l'appliquer, s'il est parvenu à inspirer à ses enfans cet esprit de communauté, source de sentimens libéraux, et bien différent de l'esprit de corps, principe d'idées étroites, s'il leur a fait comprendre, et, mieux encore, s'il leur a fait sentir que, selon la pensée de Marc-Aurèle ; *Ce qui n'est pas utile à la ruche n'est pas véritablement utile à l'abeille*, il me semble, mon ami, que la méthode de M. Pestalozzi aura rempli l'un des objets les plus importans de l'éducation, et l'un de ceux qui sont le plus communément oubliés et manqués.

Tels sont les moyens employés à l'institut d'Yverdun pour donner aux maîtres une grande influence sur la moralité de l'élève. Ces moyens sont eux-mêmes une grande partie de la moralité, et ne me laissent que peu de choses à vous dire dans ma première lettre sur le but vers lequel on les dirige : mais ne pensez-vous pas qu'ils peuvent influer aussi sur le maître? Ne concevons-nous pas que l'affection pour les enfans, cette condition nécessaire de l'application de la méthode de M. Pestalozzi, puisse devenir extrêmement facile à des hommes chargés de présider, pour ainsi dire minute par minute, au développement de l'être le plus important de la création? On se passionne pour la fleur qu'on a cultivée, dont on a suivi tous les progrès, observé toutes les variétés. Il ne s'agit, pour s'attacher, que d'être à portée de découvrir dans l'objet offert à notre affection, tous les motifs d'intérêt, tous les moyens d'occupation qu'il présente. Et où en trouvera-t-on davantage, si on veut ne les pas repousser?

P. M. G.

VIIe LETTRE AU RÉDACTEUR.
DE L'EXERCICE DE LA PAROLE.
(Conclusion.)

L'ÉCRITURE apporte de nouvelles difficultés, de nouvelles incohérences. L'art de la parole nous a mis sur la voie des combinaisons; l'histoire de l'écriture nous introduit, pour ainsi dire, dans la marche analytique de l'esprit humain. Qu'il me soit permis d'exposer ici cette marche pour m'expliquer clairement. Dans les contrées lointaines de l'Amérique, où les émigrations ont égaré les hommes, dans le Mexique, par exemple, on retrouve les figures que les anciens habitans traçoient sur le rocher pour perpétuer leurs impressions. Peu familiarisés avec une langue symbolique et l'analyse des idées, ils ne savoient que peindre. Pour faire concevoir la pluralité des objets, ils répétoient les figures. Pour indiquer la marche du temps, ils faisoient dessiner les événemens à la suite l'un de l'autre; deux rois qui se battoient finirent par donner l'idée de la guerre : c'est bien moins une écriture qu'un tableau. Dans l'Inde, les images ne sont déjà plus de simples tableaux; elles sont composées de parties, de diverses figures représentant des idées différentes, et dans une combinaison nouvelle. L'Egypte paroît avoir formé de bonne heure des emblèmes arbitraires avec plus de méthode et de régularité, comme si les idées étoient dès-lors devenues plus distinctes; elle nous a laissé des hiéroglyphes dont malheureusement la clef se trouve perdue. Jusque-là l'homme semble avoir, en quelque sorte, vécu dans la contemplation des idées vagues, sans éprouver un vif désir de les analyser et de les communiquer, faute d'en avoir d'assez claires. L'analyse de chaque mot, la nécessité de le représenter par un signe particulier, supposent déjà une étude plus approfondie des élémens dont se compose la pensée, et des moyens de communication plus précis. La Chine forme un signe pour chaque mot. Les Siamois en consacrent un à chaque syllabe, au moyen d'une ligne droite avec une courbure. Nous voyons enfin naître, parmi les prêtres de Babylone et chez les Phéniciens, les signes pour chacun des sons (1). Quoique ces sons aient variés dans chaque langue, et que le nombre en ait été plus ou moins grand, on s'est néanmoins servi des mêmes signes dans toutes les langues modernes. On n'a pas cru nécessaire non plus de les réformer en changeant les sons, ni d'en augmenter le nombre en multipliant leur objet. De là cette discordance de la parole et de l'orthographe, cette manière d'écrire autrement qu'on ne prononce, qui rappelle la Fable de Diodore de Sicile sur les Uprobanes qui avoient la langue fendue en deux parties, dont chacune parloit un idiome différent.

Depuis la renaissance des lettres, à la suite des croisades, lorsque les esprits se réveillèrent et reprirent l'étude de l'antiquité, le clergé sentit le besoin de cultiver l'éloquence de la chaire. Les conciles, les

---

(1) Pline croyoit que les lettres existoient de toute éternité. Les cabalistes sont persuadés qu'elles sont l'une des dix choses que Dieu créa un jour de Sabbat. Les auteurs profanes en attribuent l'invention aux Egyptiens, à Tauth, à Mercure. Les Grecs enfin appellent *écrire et colorer*, φοινικίζειν; *agir à la phénicienne*. Les Egyptiens, adoptant les lettres, donnoient à chacune d'elles une signification hiéroglyphique :

α signifioit Vénus; *ι* Soleil; *o* Mars; *v* Jupiter; *ω* Saturne; *ε* Lune; *η* Mercure.

Démétrius de Phalère rapporte que les prêtres d'Egypte chantoient les dieux en faisant résonner les sept voyelles, et que l'harmonie de leur son leur tenoit lieu de la flûte et de la lyre. Aussi, en supprimant le concours des voyelles, détruit-on l'harmonie. *Cours de Gebelin*, tom. II, pag. 115.

cours de justice et les parlemens durent favoriser cette impulsion, et le goût du théâtre, si long-temps éteint, se ranima. A mesure que la société s'agrandissoit, et que les états devenoient plus libres, on s'apercevoit que, pour gouverner et pour maintenir l'ordre, il falloit encore autre chose que la force des armes, et les langues se formèrent. Bientôt il parut sous le beau ciel de l'Italie des poëmes devenus nationaux, qu'on immortalisa en les répétant partout. Ces récits devoient donner de la stabilité à la langue italienne. L'Angleterre forma des corps politiques et judiciaires, qui, de leur côté, se trouvèrent dans la nécessité de connoître, de manier leur idiome; et l'art de la parole y a fait de grands progrès, soit par un exercice continuel dans les réunions publiques, soit par les excellens ouvrages que ce pays a produits dans nos tems sur cette matière. La langue allemande a eu, depuis l'introduction du protestantisme, et surtout depuis le milieu du 16ᵉ siècle, assez d'écoles où l'on commençoit à fixer la prononciation. Dès 1534, Valentin Ikelsamer, de Marbourg, proposoit une méthode pour enseigner à lire sans faire épeler : enfin, la France a eu dans ses écoles, principalement dans celle de Port-Royal, de grands maîtres qui ont su trouver les moyens de fixer la prononciation de cette langue si précise. Depuis le siècle de Louis XIV, où la cour donnoit le ton au théâtre, et celui-ci au langage de la ville, où les discours publics, en chaire, comme au parlement, furent plus soigneusement débités; depuis que l'Académie eut publié son

Dictionnaire qui fit autorité pour tout le pays, la langue dut acquérir plus de garantie pour sa stabilité future.

L'humanité avoit encore un autre intérêt à étudier le mécanisme des signes et des sons. Dès le milieu du dix-septième siècle on s'est beaucoup occupé de l'instruction des sourds-muets. Nous avons déjà fait entrevoir, dans l'article de la vue, comment l'on s'est appliqué à inventer des gestes pour servir de signes à la pensée. La main portée en arrière indique le passé; en avant, l'avenir. Elle s'avance pour *donner*, s'ouvre pour *recevoir*. Lever la tête, c'est montrer sa force; la baisser, c'est obéir, se soumettre. Le jeu des muscles de la physionomie parle intelligiblement aux êtres dont on ne peut être entendu. Enfin, on est allé jusqu'à former un alphabet tout entier par la position des doigts, et à faire, au moyen des seuls mouvemens de la bouche, parler un sourd de naissance, et entendre l'homme devenu sourd par accident. Ces mouvemens, exécutés devant une glace, doivent faire étudier plus spécialement le jeu des parties de la bouche, qui coopèrent à la formation d'une lettre; et de jour en jour on s'applique à mieux déterminer la manière de produire les sons articulés, et leur rapport avec les signes de l'alphabet.

Il a paru beaucoup de projets pour modifier les signes d'après les nuances du son, pour en donner aux sons qui n'en ont pas, pour supprimer dans l'orthographe l'emploi des signes identiques et les lettres nulles. Shéridan observe que les Anglais n'ont que vingt lettres pour vingt-huit sons articulés, abstraction faite des signes ayant une même valeur, et des signes composés qui ne sont point admis dans l'alphabet, quoique réellement ils peignent par fois des sons bien distincts. M. Olivier, qui s'est occupé, avec beaucoup de succès, de la manière dont on devroit enseigner l'alphabet, a essayé de distinguer les modifications des sons qui se trouvent dans la langue allemande; il en a marqué de soixante à quatre-vingts, etc., etc. Ces projets n'ont pas encore offert assez de facilités pour être adoptés par les contemporains; mais l'impulsion est donnée; et quelque jour peut-être un génie supérieur trouvera le monde assez familiarisé avec l'idée d'une réforme nécessaire à cet égard, et saura choisir de meilleurs moyens pour lever les obstacles qui s'opposent à ce que la prononciation, jusqu'à présent soumise à des changemens continuels, soit définitivement réglée et mieux indiquée. Les nuances des sons paroissent, au reste, trop fines et trop arbitraires; ils se modifient trop dans chaque bouche, pour que l'on puisse absolument chercher leur type distinct dans la formation anatomique, ou dans le mouvement des organes. Aucune machine ne peut les imiter, et ils me semblent se produire d'une manière différente chez des individus diversement conformés, comme le r, qui se fait entendre par la vibration de la langue ou par le voile du palais. Les comédiens et les bouffons qui ont le talent de contrefaire les différentes voix, les ventriloques, et le peu d'accord entre les auteurs dans l'explication qu'ils donnent de la formation des mêmes sons, semblent autoriser l'opinion que les principes de la prononciation ne peuvent être bien fixés que par la tradition soigneusement conservée dans les écoles et dans les lieux publics, où le peuple se rassemble pour son instruction ou pour son amusement. Si un état civilisé laisse négliger ces sortes d'exercices, s'il arrête ou qu'il favorise trop les progrès et les innovations ; si l'orthographe qu'il exige dans les actes publics s'oppose à une grande conformité entre la parole et l'écriture, ce que l'on vit à la fin du moyen âge peut se renouveler, et d'autres siècles auront à chercher des vérités qu'avoient connues les précédens, et à s'occuper de nouveau des élémens de l'éducation, parce que la langue se sera perdue ou dénaturée.

L'éducation physique peut tirer parti de toutes les recherches que nous venons de passer en revue. Sans avoir des phonasques, on peut du moins laisser aux enfans très jeunes une certaine liberté de crier à volonté, pourvu que ce ne soient pas des cris de colère, et poussés au point de faire craindre des hernies. En évitant les grimaces, on peut leur montrer la disposition intérieure de la bouche, comme on le fait à l'égard des sourds-muets, de l'enseignement desquels il y auroit quelque chose à prendre. Sans rendre les enfans déclamateurs, on peut néanmoins essayer lequel, dans un concours établi comme jeu, se fera le mieux entendre à une certaine distance, en plein air, et saura réciter sa fable, ou narrer par cœur plus distinctement que les autres. Dans un âge plus avancé, le jeune homme peut encore apprendre à moduler sa voix, à l'accélérer, la ralentir à volonté, à bien faire ressortir les mots saillans et la coupe d'une phrase, ainsi que les intervalles de plusieurs phrases entre elles, à parler avec toute la pureté, toute la correction que lui permettent ses organes, jusqu'à ce qu'animé par les sentimens et les passions, il sache les peindre avec l'énergie qui convient au naturel et à la situation.

Mais, pour ne pas trop m'éloigner de l'âge dont je dois parler, je ferai seulement observer la lutte qui s'élève encore ici entre la nature et les devoirs qu'impose l'état social ou le développement qu'exige la civilisation. Dans l'éducation première, on doit chercher à conserver toute la force et l'énergie des dispositions naturelles, et n'admettre aucune feinte de sentimens, de désirs, de pensées et de jugemens, au-dessus de l'âge; la discipline nécessaire pour la conservation de la langue et de la société exige, au contraire, que l'expression naturelle soit réprimée, modérée, ou rendue avec noblesse. C'est à l'éducation physique et à l'éducation morale à déterminer pour chaque individu en particulier jusqu'à quel point on doit laisser aller la nature dans l'art de la parole, jusqu'à quel point on peut la détourner sans arriver à la contrainte, à l'affectation et au pédantisme : toutefois on ne commencera ces exercices qu'après l'âge de sept ans, et vers celui de la puberté. Maître de régler les dispositions et les circonstances, on désireroit cependant mettre auprès de l'enfant, dès le berceau, une nourrice qui eût un son de voix agréable, un langage pur, une juste mesure dans l'expression des mouvemens de l'ame; on voudroit qu'ensuite il fût toujours environné d'une société où régnât le meilleur ton, où toutes les facultés fussent cultivées au degré qu'elles peuvent atteindre. Dans le monde réel, où tout n'est, pour ainsi dire, que rapiécetage, vous pourrez tout au plus vous rapprocher peu à peu de cet idéal que se forme l'imagination, afin que l'enfant puisse marcher avec son siècle. Ce milieu d'un état de choses qui, sans trop lever les chaînes que nous impose la nécessité, avance pourtant vers un état meilleur, n'est pas toujours facile à trouver. Le perfectionnement de l'art de la parole est néanmoins trop favorable aux progrès de l'ordre social, trop nécessaire à l'échange réel des sentimens et de la pensée, pour qu'on puisse me blâmer d'avoir donné une telle étendue à ce chapitre. L'art de l'écriture, destiné d'ailleurs à propager nos lumières, devroit suivre immédiatement les progrès de la parole; il doit conserver à la postérité les vérités nouvelles, et lui en faciliter la connoissance.

FRIEDLANDER.

*Fin de l'*Essai
SUR L'ÉDUCATION NATIONALE
DANS LES ÉTATS-UNIS D'AMÉRIQUE.

Des Écoles libres.

PARCE QUE nous aurons établi de bonnes écoles primaires avec d'excellens livres classiques, des colléges ingénieusement combinés et de très-fortes écoles spéciales, il ne s'ensuit point du tout que le pouvoir dans la république américaine eût le droit d'attribuer à l'État, au souverain, à ses délégués, à qui que ce soit au monde, le privilége exclusif de l'enseignement.

Instruire est une action louable qui ne doit être prohibée à personne.

Gagner sa vie en instruisant, c'est un métier très honnête qui doit être libre comme un autre, et où la concurrence sera utile comme dans tout autre.

Ainsi qu'à côté de l'école primaire autorisée par l'État, et pour laquelle les citoyens contribuent, quelqu'un établisse une autre école dans laquelle il enseignera d'une autre façon, meilleure ou pire, à lui permis, sous la seule condition que les livres classiques destinés par l'État aux écoles primaires entreront aussi dans son enseignement; qu'il n'y joindra pas d'autres livres dangereux, et qu'aux jours d'examen ses élèves se présenteront au concours pour être interrogés sur ces livres classiques nationaux.

Même liberté pour les parens qui voudroient instruire leurs enfans eux-mêmes. Ils payeront au maître de l'école primaire la petite rétribution prescrite par la loi;

DE L'ÉDUCATION.

et ils enverront leurs enfans à l'examen, pour que l'on soit certain qu'ils ont lu et étudié les premiers livres classiques. Du reste, comme il leur plaira. Si leurs enfans se trouvent plus faibles que les autres, ils se dégoûteront de leur enseignement solitaire. Mais on doit croire qu'un père qui élève son fils y met du soin.

Si un homme, si une société veulent ouvrir un pensionnat, une école secondaire, un collége, une école spéciale plus ou moins relevée, qu'ils en soient entièrement libres; pourvu qu'avant de commencer ils aient soumis au comité d'instruction, et, magistrat municipal, les ouvrages ou les cahiers d'après lesquels ils comptent diriger leurs leçons, et que ces ouvrages ne renferment rien de nuisible aux mœurs, ou de propre à inspirer l'athéisme.

Personne, sans doute, ne doit jamais être persécuté, ni insulté pour ses opinions religieuses ou irréligieuses, pas plus que pour les occupations ou les amusemens auxquels il se livre dans sa maison, sans nuire à ses concitoyens. Mais, comme une école d'athéisme serait une école de mauvais raisonnement, et affaiblirait une des bases de la morale qui est la conformité des actions à la raison universelle, à la bienfaisance suprême, je ne crois pas que le gouvernement doive permettre que la doctrine ou l'*indoctrine* qui supposeroit qu'il n'y a ni RAISON GÉNÉRALE ni GRAND BIENFAITEUR, doive être enseignée à la jeunesse *en classe*. Et je dis la même chose des livres licencieux.

La liberté de la presse laisse aux athées, qui se croient philosophes, le moyen d'exposer leurs opinions, s'ils le jugent convenable; et leur métaphysique étant obscure, leurs raisonnemens ennuyeux, il y a très-peu de danger. Les philosophes déistes, qui emploient une logique plus

7.

sévère et ont bien plus beau jeu pour être peintres et poètes, sont une barrière suffisante entre les athées et les hommes ou les femmes en âge de raison.

Mais, auprès des enfans, leur instructeur que personne ne contredit, aurait un terrible avantage pour fausser leur esprit et déflorer leur cœur. Il ne faut pas plus confier leur instruction à l'athéisme qu'à la débauche.

Ces deux sources de corruption interdites, il ne peut qu'être à désirer qu'un grand nombre d'écoles libres, sans autre encouragement que le génie et l'habileté de leurs maîtres, viennent rivaliser avec les écoles nationales, contrôler nos méthodes, nous éclairer par leur exemple et par leurs succès sur celles que nous y pourrions substituer.

Si, dans les écoles libres, se trouvent un maître très-distingué, des formes d'instruction très-heureuses, nous pouvons nous fier à l'intérêt des principaux de nos colléges, pour que ce maître recommandable soit appelé à quelque chaire; et nous pouvons nous fier pareillement à l'intérêt des professeurs pour introduire dans leur classe ce qui, dans l'école libre, aura bien réussi. Ce n'est pas pour rien que nous avons fondé la plus forte partie de leur traitement sur des droits éventuels, proportionnés au nombre de leurs écoliers; et il sera très-bon que leur vigilance, leur zèle, leur activité, leur intelligence, déjà stimulés par la concurrence entre les colléges, le soient encore par celle des écoles libres.

Laissons faire. Tout ce qui ne nuit pas sert.

Des Comités particuliers et du Conseil général de l'Instruction.

J'ai déjà beaucoup parlé des *Comités de l'instruction*, et indiqué une grande partie des fonctions dont je pense

DE L'ÉDUCATION.

qu'ils doivent être chargés ; mais il faut exposer plus clairement comment je désire que soient formés ces comités, et quelle étendue d'autorité il pourra être bon de leur remettre.

Je voudrois que la législature de chacune des républiques américaines nommât, de la manière qu'elle jugera la meilleure, un comité de cinq ou de sept membres pour administrer l'instruction publique dans l'intérieur de son Etat.

La qualité de représentant ou de sénateur ne seroit point nécessaire pour être membre du comité de l'instruction, mais n'y seroit point incompatible. Ainsi la législature choisiroit, selon sa volonté, dans son sein, ou hors de son sein, les commissaires de l'instruction. Ils seraient nommés pour sept ans; ensuite il en sortiroit un par année : mais ils seroient rééligibles.

Dans chaque Etat, le comité de l'instruction que sa législature auroit ainsi établi, surveilleroit tout l'enseignement national; nommeroit les principaux des colléges ; accorderoit son agrément aux professeurs et aux maîtres de quartier et d'écoles; pourroit les destituer, ainsi que les principaux eux-mêmes ; se feroit rendre compte de tous les travaux ; présideroit par un de ses membres, ou par un commissaire délégué, avec la municipalité et les officiers publics du lieu, à la distribution des prix; rendroit tous les ans compte à la législature des travaux des colléges ou des écoles ; publieroit les noms des élèves couronnés ; proposeroit par forme de pétition les lois ou les dépenses qu'il croiroit nécessaires à l'instruction. Il auroit de plus l'inspection des écoles libres qui ne s'ouvriroient qu'avec son agrément, après lui avoir communiqué leurs plans, leurs livres et leurs cahiers, et qu'il pourroit clore, si les principes en devenoient dangereux ou la conduite répréhensible; enfin, éliroit un

7.

membre pour contribuer à former le conseil général de l'instruction des États-Unis, et pourroit le prendre dans son propre sein, ou dehors, et de même dans le congrès ou hors du congrès.

Ce conseil général, composé d'autant de membres qu'il y a d'États, administreroit les grandes écoles spéciales; nommeroit leurs quatre principaux; donneroit son agrément aux autres professeurs; pourroit les destituer; dirigeroit la Bibliothèque nationale et le Muséum; tiendroit correspondance avec les comités d'instruction des différens États, afin de pouvoir tous les ans rendre compte au congrès de la situation et des progrès de l'enseignement public dans la totalité de la grande république américaine; et proposeroit au congrès, toujours par forme de pétition, ce qu'il jugeroit utile à l'avancement des sciences. Tous les corps enseignans doivent être en relation directe ou indirecte avec ce corps administratif. Il faut que la patrie soit présente partout pour être partout protectrice.

Résumé général.

Ce qu'il importe le plus particulièrement à la nation de bien élever, c'est la nation elle-même.

Il faut que par l'habitude des idées justes et des pensées honnêtes contractées dès leur première enfance, développées avec l'âge, ses citoyens soient également préservés de la tentation de commettre l'abus, et de la foiblesse de le souffrir.

Les livres classiques qui commencent nécessairement toute instruction, ceux avec lesquels on apprendra l'art d'écrire et de lire, doivent donc renfermer tous les principes de la morale, la notion des droits, les règles fondamentales des devoirs, les maximes de la sagesse, les proverbes du bon sens.

DE L'ÉDUCATION.

Il y faut joindre quelques élémens de la physique et de l'histoire naturelle, afin d'apprendre à voir, à penser, à n'être pas dans le monde en pays entièrement inconnu, à sentir les bienfaits du Créateur, la nécessité d'être bon sous les yeux, et la puissance de l'intelligence suprême qui communique avec nous par la raison qu'elle nous a donnée, et qui, dans toutes ses œuvres, montre tant de bonté.

En considérant les lois inviolables qu'elle impose à l'univers, il faut *trouver* celles de la géométrie, et en saisir assez pour diriger les travaux journaliers que tout homme peut avoir à exécuter ou à conduire.

Et toutes ces bases d'un louable emploi de la vie doivent être exposées brièvement, avec un art si naturel, avec un tel charme, que les vérités utiles entrent dans la tête des enfans en se gravant dans leur cœur par l'attrait du sentiment et du plaisir.

On pourra, par deux concours successifs, dont le second aura pour objet de perfectionner les matériaux qu'aura produits le premier, se procurer en trois ou quatre années ces livres si indispensables.

Ils coûteront cher; — ce qu'ils valent. — Mais comme chaque enfant sera obligé de les acheter pour aller à l'école, loin que les sommes avancées pour avoir ces livres soient une dépense réelle, ce sera la création d'une puissante et durable ressource pour une partie des autres frais de l'éducation publique.

La peine des enfans sera ménagée. Par l'écriture ils apprendront la lecture; par la physique, la géométrie; par la géométrie, l'algèbre; par l'algèbre, l'arithmétique. Ils connoîtront toujours les choses avant de s'occuper des signes et des mots; ceux-ci n'arriveront pas à leur esprit comme des institutions arbitraires, mais comme des secours désirés pour fixer les idées et soulager la mémoire.

'Ils feront, sous les yeux de leurs maîtres, ce qu'ils font d'eux-mêmes, des expériences pour reconnoître des faits. C'est l'amusement utile auquel la nature les a destinés et les porte sans cesse.

Un plaisir aussi doux, encore plus noble, leur sera préparé. Dès l'école primaire, ils seront accoutumés à se juger l'un l'autre équitablement ; à rendre librement hommage au travail, aux talens ; à tâcher de mériter cet honorable hommage.

On aura formé leur esprit, leur caractère, leur raison, leur vertu.

Que telle soit la nation : et cette nation ne pourra jamais avoir d'égales que ses imitatrices.

Le cours des écoles primaires durera trois ans, depuis sept jusqu'à dix ; et, en s'aidant, avantageusement pour eux-mêmes, de ceux de ses élèves que leurs compagnons estimeront le plus, le maître pourra, sans perte de temps, suffire aux trois classes que ce cours exige.

Le même sentiment de justice et d'émulation sans envie qui aura moralisé les enfans dans les écoles primaires, ne cessera point d'accompagner au collége ceux que leurs émules auront jugés dignes que l'Etat les y soutienne, et ceux que leurs parens auront pareillement destinés à une éducation lettrée. Ils auront de perpétuelles occasions de l'exercer.

En cherchant à porter dans l'établissement des colléges l'ordre favorable à l'instruction qu'on doit y recevoir, au bon esprit qui doit y régner, on trouvera les fonds pour subvenir sans effort extraordinaire à la totalité, ou à la plus grande partie de la construction des bâtimens.

Dans ces colléges, la jeunesse aura sept cours à suivre sous six professeurs. Elle sera mise à portée d'apprendre, depuis dix ans jusqu'à dix-sept, quatre langues, leur littérature, et, ce qui vaut beaucoup mieux, quatorze sciences réelles dont la plupart ne sont pas encore entrées dans l'enseignement des colléges de l'Europe.

Ne pouvant à cet âge, et dans cet espace de temps, donner, sur tant de choses, toutes nécessaires à savoir, que de forts élémens et ce qu'il y a de plus usuel, on en aura tellement combiné, enchaîné l'étude, que les élèves ne pourront oublier aucune partie de ce qu'ils en auront appris; que les rapports de ces diverses connoissances leur seront familiers; que *la Philosophie des sciences* leur restera; qu'ils en feront usage avec distinction toute leur vie, et passeront en tous lieux pour des hommes instruits propres à le devenir chaque jour davantage, et à juger avec lumières ceux mêmes qui le seront encore plus qu'eux.

Parmi ces hommes instruits, l'éminente capacité et les vertus sociales désigneront ceux que la patrie continuera d'adopter. En décernant des couronnes au talent, on élèvera des autels à l'amitié, dans le collége comme à l'école primaire.

Ceux qui seront destinés aux plus hautes sciences et aux professions les plus lettrées, recevront au collége, durant quelques années de vétérance, une instruction plus forte que ceux qui ne veulent qu'être au niveau des littérateurs et des savans ordinaires.

Les écoles supérieures seront dirigées à l'utilité autant que vers le savoir.

La géométrie transcendante y sera donnée pour vérificatrice à l'astronomie, pour guide à la construction des vaisseaux et à la navigation, pour base à la défense de la patrie.

La botanique, l'anatomie, la chimie pharmaceutique y seront liées à la médecine et à la chirurgie.

La minéralogie y aura ses deux bras, la chimie docimastique et la géométrie souterraine.

Et la science du jurisconsulte y sera subordonnée à celle de l'homme d'Etat.

Il s'y trouvera deux classes de chimie; et, si elles n'y sont placées qu'au second rang, c'est qu'il n'en est pas de cette science comme de la géométrie, dont les élémens sont très-faciles, et les hauteurs ne peuvent être atteintes qu'après un long travail. En chimie, au contraire, on est obligé de commencer par les principes les plus sublimes de la science; et c'est ce que l'on fera dans les écoles secondaires. Les expériences, telles qu'elles puissent être, n'en sont que la démonstration. Il faut savoir la chimie et ses manipulations au collége. Dans l'école spéciale, il faut seulement s'appliquer aux sciences qui ont besoin de son ministère. Les écoles ne peuvent, ne doivent enseigner les sciences que dans l'état où elles sont, au point où on les a portées; c'est aux savans isolés et aux sociétés philosophiques qu'il appartient de les pousser en avant.

Dans chaque grande école, et dans chaque collége, on tâchera de prévenir les dissensions, de maintenir l'unité des vues, de garantir la bonté des choix, en bornant l'autorité du gouvernement ou des administrateurs de l'instruction publique, à la nomination d'*un principal* par collége ou par école, et au droit de rejeter les autres agens de l'éducation; confiant aux lumières ainsi qu'à l'intérêt du principal le choix de ses coopérateurs. Son

DE L'ÉDUCATION.

intérêt est à cet égard le meilleur gage qu'on puisse donner du meilleur emploi de ses lumières.

Les places d'instructeurs seront rendues très désirables par des droits éventuels dont le produit sera naturellement augmenté en raison du bon travail et de la réputation qui en est la suite. Et cependant la république accordera un fonds modéré de traitemens fixes, pour conserver un droit positif de commander, d'administrer, de destituer, et aussi pour avoir à proposer aux gens de lettres qu'on voudra déterminer quelque chose de plus positif que des espérances. Mais celles-ci seront appuyées sur des données si solides qu'elles devront faire une grande impression, et attacher au service de l'éducation nationale dans les Etats-Unis des hommes de la première élite.

Ils n'auront point de privilége exclusif. L'enseignement libre, comme tous les autres travaux humains, sous la seule condition de respecter les bases de la morale, pourra, dans tous les degrés de l'instruction, leur offrir une salutaire concurrence.

Tout établissement public doit avoir un centre. Celui de l'éducation nationale sera, en chaque Etat, dans un comité nommé par le corps législatif; et pour les grandes écoles spéciales dans un conseil général, dont les comités particuliers de chaque Etat éliront chacun un membre.

Ce conseil et ces comités seront l'organe du souverain pour administrer tout ce qui aura rapport à l'éducation; et auprès des corps-législatifs ou du congrès, les solliciteurs naturels des opérations et des lois qui pourront servir au progrès des lumières.

Puissent ces idées, exprimées plus rapidement et moins bien que je ne l'aurois désiré, satisfaire une partie des vues de l'excellent citoyen qui m'a demandé de les écrire! Puissent-elles commencer à payer les dettes de l'amitié qu'il m'a toujours inspirée, et de l'hospitalité que m'accorde sa patrie!

D. P. DE N.

15 juin 1800.

LETTRES D'UN PÈRE A SA FILLE,

SUR L'ÉTUDE DE L'HISTOIRE NATURELLE.

Huitième Lettre.

JE vois, Amélie, qu'en me remerciant de mes lettres et des détails qu'elles renferment, vous attendez toujours de moi quelque chose de plus général et de plus suivi sur les animaux, et particulièrement sur les insectes. Je crois bien m'y être engagé, et je veux vous satisfaire. Mais je dois vous rappeler d'abord que je ne suis pas un naturaliste proprement dit, que je suis loin d'avoir ce qu'il faut pour faire un cours d'histoire naturelle; ce ne sont donc pas les leçons d'un professeur que vous devez attendre de moi, mais les entretiens d'un amateur. L'histoire naturelle m'a fait passer beaucoup de momens agréables, mais je n'ai jamais prétendu devenir habile dans aucune partie. J'ai été charmé de voir naître en vous le goût de l'observation, et j'ai cherché à l'entretenir, persuadé qu'il vous procureroit un amusement plein d'utilité. Mais je n'aimerois pas à voir ce goût dégénérer en passion; car bientôt ce plaisir que je me promets pour vous dans l'examen des merveilles de la nature, disparoîtroit pour faire place à la prétention du savoir et à l'ambition des découvertes. Il est bon, il est heureux qu'il se trouve des hommes assez avides de savoir pour se dévouer tout entiers à une partie, et y consacrer leur vie; mais pour nous, appelés par notre position à d'autres soins, une telle passion seroit un malheur, parce qu'elle nous feroit négliger nos devoirs, et que ce qui pourroit d'ailleurs nous en arriver de moins fâcheux, seroit de nous donner un ridicule.

Il faut que je vous raconte, à cette occasion, une conversation que j'eus, il y a environ vingt-cinq ans, avec un savant très-recommandable, l'auteur de la *Flore française*. Son ouvrage, qui parut dans le moment où les petites lettres de Rousseau m'avoient donné le désir de m'amuser de botanique, me confirma dans cette résolution, par la facilité que son ingénieuse disposition donne pour étudier et reconnoître les plantes. Cependant quelques difficultés m'ayant arrêté, je voulus consulter l'auteur lui-même. Je le trouvai extrêmement occupé du Dictionnaire de Botanique de l'Encyclopédie dont il s'étoit chargé. Il me dit, après avoir répondu avec une grande bonté à mes questions: Vous voilà en pleine jouissance de ce que la botanique a de plus agréable; chaque jour vous allez faire quelque nouvelle connoissance, trouver quelque merveille nouvelle pour vous. Je ne peux voir sans leur porter envie les amateurs de cette aimable science; j'ai joui comme eux de ce bon temps, mais il est passé pour moi, depuis que cette étude est devenue mon métier. Il me faut passer mes journées dans des recherches arides de synonymie. Depuis long-temps je ne vois plus guère de plantes vivantes. Pour l'exactitude de mes descriptions, je consulte sans cesse les herbiers, les estampes et les livres; je vis avec des cadavres déformés. Pour ne pas manquer l'occasion unique qui s'offre à moi, je fais dessiner et graver les types d'environ trois mille genres; occasion qui ne s'est jamais présentée, et qui ne se présentera peut-être plus jamais. Je fais représenter quatre plantes environ dans chaque planche in-4°.; ne pouvant les trouver de suite à l'état de floraison, ni par conséquent les faire dessiner d'après nature, je suis obligé, sans savoir dessiner moi-même, d'esquisser cependant pour les dessinateurs, les parties des figures qu'ils doivent copier dans les grandes collections, afin de les guider dans leurs réductions. Ces dessinateurs, n'entendant rien à la science, font mille erreurs qu'il faut que je rectifie. Vous ne pouvez vous figurer combien ce travail entraîne de dégoûts; mais je sers la science que j'aime, et je me résigne. Profitez de nos travaux, et plaignez-nous.

Il en est de même de l'entomologie; si on ne veut que s'en amuser, on y peut trouver beaucoup de charme; mais le savant entomologiste, qui connoît tout, parce qu'il a passé vingt ou vingt-cinq ans à manier des insectes, n'est plus occupé qu'à accorder des synonymies, à critiquer des auteurs, à supprimer des genres, à tâcher d'en créer de nouveaux ; pour cela il met une haute importance à s'assurer au microscope si la lèvre d'un insecte n'auroit pas quelques poils de plus que celle d'un autre. Le monde savant en sera informé, mais il n'est pas sûr qu'il en soit convaincu, et qu'il admette un genre nouveau fondé sur cette délicate observation. Quant aux espèces, vous ne trouverez pas plus d'accord entre les savans : si vous voulez comparer les araignées de Latreille avec celles d'Olivier, vous en trouverez très-peu qui s'appellent de même chez l'un et chez l'autre. Est-ce que la nature auroit fait des espèces différentes exprès pour chacun d'eux? Non, sans doute ; mais il semble que leur nomenclature soit une sorte de propriété dont chacun d'eux soit jaloux, ce qui fait que ces sciences ne sont pas fixées, et que leur étude est fort épineuse pour ceux qui veulent la pousser un peu loin.

Que conclure de tout ceci? Ecoutez Rousseau dans sa réponse à l'aimable cousine pour laquelle il a écrit ses lettres, et qui le prioit de lui apprendre à nommer les plantes pour en occuper sa fille. Il lui dit que ce qu'il y a d'intéressant dans la botanique n'est pas précisément de savoir nommer une plante, mais de la bien connoître; et qu'on pourroit savoir fort bien la botanique sans pouvoir dire d'aucune plante quel est le nom que lui a donné Linnée, ou Tournefort, ou Jussieu. Je sais bien que je prêche, comme on dit, une convertie; que vos idées sont, à cet égard, parfaitement d'accord avec les miennes; mais j'ai cru qu'il ne seroit pas inutile, dans ce moment, de vous en rendre compte, ne fût-ce que pour les amis auxquels vous laissez lire mes lettres; car je sais que vous les communiquez, et je n'ai garde de m'en plaindre comme d'une indiscrétion. Je suis bien aise, au contraire, que vous fassiez des prosélytes qui partagent le goût fort raisonnable que vous avez pris pour l'histoire naturelle; mais ils sauront au moins à quoi s'en tenir sur nos intentions; et, si quelques-uns d'eux vouloient aller plus loin, ils le pourront encore; la route leur aura été tracée, et nous leur indiquerons même souvent les bons ouvrages avec lesquels ils pourront avancer.

Tout ceci bien entendu, je veux maintenant, avant de vous parler d'insectes en particulier, vous exposer d'une manière succincte les considérations dont on est parti pour classer les animaux, afin que vous voyiez bien la place qu'occupent les insectes dans cette distribution.

On peut partager les animaux en trois grandes classes,

sous le rapport du sang, de sa température et de sa couleur, et on trouve les animaux à sang chaud, les animaux à sang froid, et les animaux à sang blanc.

La division des animaux à sang rouge et chaud est composée des mammifères et des oiseaux.

Celle des animaux à sang rouge et froid renferme les reptiles, les serpens, les poissons.

Enfin les animaux à sang blanc sont les mollusques, les crustacées, les vers, les insectes, et les zoophytes.

Dans les animaux à sang chaud, sa température est constante, et ordinairement plus élevée que celle du milieu où ils vivent; je dis ordinairement, car l'homme, par exemple, dont le sang est environ à la température de trente degrés du thermomètre de Réaumur, ou peu au-dessus, peut se trouver dans des températures fort différentes, sans que celle de son sang s'élève ou s'abaisse sensiblement. Ainsi dans les grands froids, à la température de quinze à vingt degrés, et quelquefois plus, si l'homme est sain et bien portant, il la supportera, sans que son sang se refroidisse; mais, passé ce terme, il y a péril. Aussi les habitans des zones froides passent le temps des plus grands froids sous terre, où la température varie très-peu; de même sous la zone torride, où la température s'élève souvent dans le jour à trente et quelques degrés, et dans les forges, dans les verreries, dans les fours à porcelaine, où les hommes vivent à une température de quarante, cinquante et quelquefois soixante degrés, la chaleur de leur sang ne s'élève pas sensiblement, sans quoi ces métiers, qui usent si promptement la vie des hommes, l'abrégeroient encore bien davantage; si la température du sang chez les ouvriers suivoit celle du milieu où ils vivent, puisqu'ils seroient dans un état de fièvre presque continuel, ce qui n'est certainement pas (1).

Pour comprendre un peu par quels moyens la nature a pourvu dans ces différens cas à la conservation de l'homme, il faut avoir une idée de la respiration et de son influence sur la température du sang. Tout ce qui vit respire, c'est-à-dire, a besoin d'absorber plus ou moins une partie constituante de l'air atmosphérique. Cet air est composé de deux substances fort différentes ; l'une, qui s'y trouve pour environ un quart, s'appelle *oxigène*, qui veut dire générateur des acides, parce que les chimistes modernes ont trouvé qu'il est nécessaire à leur formation. C'est cette substance qui entretient la vie : elle se trouve mêlée avec une autre d'une nature bien différente, puisqu'elle détruiroit la vie, si on la respiroit seule; delà on l'a nommée *azote*, c'est-à-dire, contraire à la vie. L'oxigène est aussi le principe de la combustion, de sorte que, lorsqu'un corps brûle, c'est qu'il se combine avec l'oxigène : aussi les substances qui sont déjà saturées d'oxigène, sont regardées comme des corps brûlés, et sont dès-lors incombustibles, puisqu'ils ne peuvent plus se combiner de nouveau avec l'oxigène. Tels sont les sels : vous allez me demander pourquoi cette combinaison de l'oxigène avec les combustibles est accompagnée de chaleur; en voici la raison. L'oxigène qui fait partie de l'air atmosphérique, est à l'état de gaz, c'est-à-dire, aériforme. Or une substance ne peut exister dans cet état, sans être en quelque sorte

---

(1) Dans ces hautes températures, le sang est en quelque sorte rafraîchi par l'abondance de la transpiration qui vient à la surface de la peau, et s'y vaporise en prenant aux parties intérieures beaucoup de leur calorique.

fondue, étendue dans une grande quantité de calorique absolument nécessaire à cet état d'expansion; aussi vous disois-je dans ma dernière lettre que l'eau qui se vaporise, ou qui passe à l'état aériforme, prend du calorique à tout ce qui l'avoisine. Par une raison contraire, la substance aériforme, qui passe à un état plus condensé, comme de la vapeur d'eau qui revient à l'état liquide, abandonne ce calorique, qu'elle ne peut plus garder dans son nouvel état. Tout ceci tient à une loi presque générale de la nature; c'est qu'une substance qui se condense abandonne du calorique, et celle qui se raréfie en absorbe. Ainsi le cuivre frappé sur l'enclume pour l'écrouir, ou lui donner plus de dureté, s'échauffe sensiblement; et si, en nous frottant vivement les mains, nous éprouvons de la chaleur, il faut croire qu'elle est due à la compression instantanée que subissent les différentes parties de la main. Vous concevez maintenant comment vous arrive de votre foyer le calorique qui échauffe l'air de votre chambre; il vient de l'oxigène de l'air qui, étant venu se combiner avec le bois du foyer, s'y étant fixé, a laissé aller ce calorique superflu qui vous devient sensible.

Chaque fois que nous respirons, l'air qui pénètre dans les poumons s'y décompose; l'oxigène qui se trouve en contact avec le sang se combine avec lui; il y a donc de la chaleur produite; ce qui a fait regarder la respiration comme une sorte de combustion. L'air sort des poumons tout différent de ce qu'il étoit en y entrant; l'oxigène est fort diminué, il est remplacé par un gaz acide carbonique, formé par de l'oxigène et du carbone dont le sang se débarrasse. Vous voyez donc que nous gâtons l'air que nous respirons, qu'il a besoin d'être renouvelé, et qu'il y a du danger à rester dans un appartement trop petit ou trop bien clos, surtout si on y est réuni en trop grand nombre. L'air même des grandes salles, des salles de spectacle, où beaucoup de monde est rassemblé, se vicie bientôt, si on n'a pourvu à son renouvellement par des ventilateurs. Il se partage en trois couches : la supérieure, où se trouve l'air privé d'une grande partie de son oxigène, et composé presque entièrement d'azote dont la légèreté le fait monter ; la couche moyenne est celle qui est le moins altérée, et où il reste le plus d'oxigène respirable. L'inférieure contient beaucoup de gaz acide carbonique espiré, le plus pesant des trois ; et devient tout aussi malsaine que la couche supérieure ; car ce gaz est le même que celui que produit le charbon allumé, et qui asphyxie les imprudens qui s'y exposent. Vous voyez que là, comme dans le monde, il est sage de se tenir dans la région moyenne.

Il est donc clair que la chaleur du sang dépendra du système de respiration. Dans les animaux à sang chaud, il est disposé de manière qu'en général tout le sang passe promptement et successivement dans les poumons en contact avec l'air. Parmi ces animaux pourtant, il en est dans lesquels le poumon est conformé différemment ; il a moins de volume ; chez eux le sang n'entre donc pas d'une manière si complète en contact avec l'air dans le poumon. Aussi ont-ils le sang moins chaud que les autres ; ce sont ceux qui s'engourdissent en hiver. Tels sont les marmottes, les hamsters, les gerboises, les loirs. Quelques-uns, les hamsters, espèces de rats du nord, vivent pendant les plus grands froids, dans une léthargie telle, que leur graisse se solidifie, leur sang se fige et ne circule plus ; ce qui ne les empêche pas de se ranimer parfaitement au retour de la chaleur.

8

La section des mammifères se compose de l'homme, des quadrumanes, des quadrupèdes, des amphibies, et des cétacées. Les quadrumanes sont les singes dont les pieds étant à peu près conformés comme les mains, les ont fait appeler animaux à quatre mains. Les amphibies (1) sont les phoques, morses, lamentins, qui peuvent vivre quelque temps à terre, mais qui y restent peu, et passent presque toute leur vie dans la mer. Les cétacées (du grec ou du latin *cete* baleine), comprennent les baleines, les dauphins, les cachalots, les narvals. Ces animaux habitans des mers, et qui y vivent constamment comme les poissons, ont cependant des poumons comme les quadrupèdes et les amphibies; mais leur sang doit être moins chaud, puisqu'ils ne respirent point l'air, et qu'ils sont obligés d'extraire de l'eau même l'oxigène qu'elle contient. Vous serez surprise de trouver parmi les mammifères, animaux dont les femelles mettent au jour des petits vivans, et les nourrissent de leur lait, ces baleines, ces lamentins que vous étiez tentée de ranger parmi les poissons; c'est qu'en effet ces prétendus poissons naissent vivans, et sont allaités par leurs mères.

Les oiseaux terminent cette grande division des animaux à sang chaud, et ce sont eux en effet dont le sang doit être le plus chaud, puisque l'air peut passer de leurs poumons dans toutes les cavités du corps, et même celle des os, sans doute pour contribuer à leur légèreté; il en résulte aussi que le sang a plus d'occasions de se rencontrer en contact avec l'air. Mais ils diffèrent singulièrement des mammifères par le mode de nutrition, puisque la première digestion ou la mastication

---

(1) Ce mot vient du grec *amphi*, qui veut dire, d'une et d'autre part, et *bios*, vie.

ne peut avoir lieu chez des animaux qui n'ont pas de dents. Ils sont d'ailleurs tous ovipares.

Vous présumez bien, et avec raison, que le mode de respiration doit présenter quelques différences chez les animaux à sang froid, c'est-à-dire dont le sang est à peu près à la même température que l'élément qui les environne. En effet, les *reptiles* ont bien à la vérité un poumon, mais la disposition des vaisseaux est telle qu'il n'y a qu'une partie du sang qui se trouve en contact avec l'air : aussi peuvent-ils suspendre leur respiration, sans arrêter la circulation du sang, ce qui leur donne la faculté de plonger très-long-temps, ou de rester enfoncés dans la vase. Ces reptiles se partagent en quadrupèdes ovipares qui sont les tortues, les lézards, les salamandres, les grenouilles, et en serpens qui sont aussi généralement ovipares.

La manière de respirer des poissons, ou de combiner l'oxigène avec une partie du sang, est totalement différente de celle que nous avons vue. Ils reçoivent l'eau par la bouche, et la font sortir par les ouies, ouvertures qui sont aux deux côtés de la tête; ces ouies recouvrent des feuillets qu'on appelle *branchies*, et qui sont composés de filamens rangés comme les dents d'un peigne. Il paraît que l'eau en passant à travers les lames des branchies, se trouve en contact avec les ramifications artérielles qui s'y rendent, et que là elle abandonne au sang une partie de son oxigène.

La dernière division est formée des animaux qu'on a appelés à sang blanc : dans les insectes on ne trouve rien qu'on puisse assurer être analogue au cœur ou centre de circulation qu'on trouve dans les animaux à sang rouge. On ne peut donc pas conclure non plus que les liqueurs, sinon blanches, au moins incolores qui abreuvent les muscles et les organes de ces animaux, aient rien d'analogue au sang. Mais dans les *mollusques* on trouve un cœur et un système de vaisseaux composé de veines qui apportent le sang à ce centre de la circulation, et d'artères qui le reportent du centre aux différentes parties du corps. Les mollusques sont des animaux mous qui n'ont point d'os à l'intérieur, mais dont la plupart sont enveloppés dans des étuis très-solides et même pierreux, qui sont calcaires, presque aussi solides que les os, et qu'on nomme coquilles (*testa*); delà ces animaux ont été appelés *testacés*. Le plus grand nombre habite les eaux de la mer : il y en a aussi dans les eaux douces, et quelques-uns d'absolument terrestres; comme le grand colimaçon des vignes, qui est mangeable, et que les anciens élevoient pour cela, et la livrée ou limaçon des jardins.

Les mollusques nus sont aussi appelés gastéropodes (1), parce qu'ils rampent sur le ventre; telles sont les limaces rouge, noire, brune, grise; les autres se trouvent sur les plantes marines, même sur les poissons.

Les crustacés ont été long-temps réunis aux insectes : mais de très-grandes différences d'organisation ont porté les naturalistes à en faire un ordre à part. Il comprend les écrevisses, les crabes, les crevettes et d'autres petits animaux qui habitent les mers et les eaux douces, et sont tous revêtus d'une espèce de croûte qui, en grande partie calcaire, mais quelquefois plus approchante de la nature de la corne, est toujours plus flexible que la coquille des mollusques. On trouve un cœur dans les

---

(1) Du grec *gaster*, ventre, *podos*, génitif de *pous*, pied.

écrevisses, les crabes et les genres voisins; ces animaux respirent par des branchies.

Dans les insectes on ne trouve rien qui ressemble au cœur proprement dit : il est donc douteux qu'ils aient un système de circulation. On est porté à croire même que les fluides qui entretiennent la vie de ces animaux, sont reçus dans les muscles et les organes par imbibition, comme l'eau dans une éponge. Leur manière de respirer est aussi extrêmement différente de celle qu'on a reconnue dans les autres animaux. On trouve dans les insectes des vaisseaux aériens, ou *trachées* dont les troncs principaux aboutissent à l'extérieur par une sorte de boutonnière qu'on appelle stigmate. Si on bouche ces orifices avec de l'huile, l'insecte meurt promptement.

Vous voyez vos enfans former des espèces d'arabesques rouges, couleur de sang, avec des têtes de mouches écrasées dans le pli d'un papier : n'allez pas en conclure que ces mouches sont des animaux à sang rouge. On a reconnu que cette liqueur rouge est seulement dans la tête, et on croit qu'elle sert à l'entretien de l'organe de la vue.

Les vers qui ressemblent beaucoup extérieurement aux larves des insectes, en diffèrent beaucoup par leur organisation : ils sont ordinairement divisés en anneaux. Le plus grand nombre habite le corps des animaux ; d'autres vivent dans la terre et les eaux. Il y en a parmi ceux-là qui se construisent des maisons solides, soit en agglutinant des corps étrangers, soit en transsudant un suc calcaire, comme le font les mollusques testacés ; mais on distinguera toujours les coquilles des vers de celles des mollusques, parce que celles des vers sont en forme de tubes, plus ou moins droits, plus ou moins tortueux, mais jamais en spirale entièrement régulière, ni en cône évasé, et surtout parce que l'animal n'est point attaché à sa coquille, tandis que les mollusques le sont toujours. Parmi les vers qui vivent dans le corps des animaux, les plus funestes sont les *tænia* ou vers solitaires.

Les zoophytes sont la classe d'animaux où l'organisation est la plus obscure et la plus inconnue. On n'y voit plus ni système de circulation, ni système de respiration, plus de centre de sensations. Il y en a qui multiplient par une simple division comme les plantes. Ces animaux sont presque tous marins : parmi les zoophytes se trouvent les poulpes, les oursins, les étoiles de mer, les méduses, les polypes, les animaux qui forment les madrépores, les lithophytes, les cératophites dont je vous ai déjà parlé. On y joint les vorticelles et autres animalcules microscopiques qui se voient dans les infusions, et dont l'organisation est fort mystérieuse. A.

JACQUES MITCHELL,
AVEUGLE SOURD-MUET DE NAISSANCE.

(Cette intéressante histoire du développement de l'esprit et du caractère d'un enfant aveugle sourd-muet de naissance, est l'ouvrage de M. Dugald-Stewart, professeur émérite de philosophie à l'Université d'Edimbourg, l'un des philosophes les plus distingués de l'Europe. De pareils phénomènes sont rarement observés par des hommes en état de les étudier et de les décrire : personne n'en étoit plus capable que M. Dugald-Stewart ; et le fait en lui-même nous a paru très-propre à exciter la curiosité de nos lecteurs. Ces détails sont extraits de la Bibliothèque Britannique (n°. 413, mars 1813, pag. 298), qui les a empruntés d'un Mémoire lu par M. Dugald-Stewart à la Société royale d'Edimbourg.)

Jacques Mitchell, fils d'un ecclésiastique mort assez récemment, dans le comté de Nairn en

Ecosse, est né le 11 novembre 1795. Sa mère reconnut très-vite qu'il étoit aveugle, parce qu'elle remarqua qu'il ne marquoit aucun désir de tourner les yeux à la lumière ou vers les objets brillans. Dès sa première enfance, elle s'aperçut qu'il étoit sourd, parce qu'elle observa que les bruits violens ne troubloient point son sommeil. Dès l'origine, la surdité fut complète; mais la cécité fut ce qu'elle est dans les autres cas de cataracte, et n'alla pas par conséquent jusqu'à la privation totale de toute impression visuelle.

A l'époque de sa vie où cet enfant commença à marcher, il parut être agréablement affecté des couleurs vives et brillantes; et quoique tout ce que nous savons de son histoire, prouve assez que l'organe de la vue contribua peu à l'instruire, on ne peut douter au moins qu'il n'ait été pour lui une source de jouissances.

Il plaçoit entre l'œil et les objets lumineux les corps qu'il avoit trouvé propres à augmenter l'impression qu'il en recevoit. C'étoit un de ses amusemens favoris de concentrer les rayons du soleil à l'aide de quelques morceaux de verre, de quelques cailloux transparens, ou d'autres substances pareilles, qu'il mettoit entre l'œil et la lumière, et qu'il tournoit en divers sens. Souvent aussi il les cassoit avec les dents, et leur donnoit ainsi la forme qui paroissoit lui plaire le plus. Il employoit encore d'autres procédés pour satisfaire la passion qu'il avoit de jouir de la lumière. Il se retiroit dans une chambre, fermoit les portes et les fenêtres, et y restoit pendant un temps fort long, les yeux fixés sur quelque petite ouverture à travers laquelle pénétroient les rayons solaires, tout occupé de l'impression que cet objet faisoit sur lui. Souvent aussi l'hiver, aux heures de la nuit, il se retiroit dans un coin de la chambre, et allumoit une chandelle pour son amusement. Dans ces occasions, et en général toutes les fois que ses sens étoient agréablement affectés, sa figure et ses gestes exprimoient une avidité et une curiosité tout-à-fait intéressantes.

Il étoit difficile, peut-être impossible, de déterminer avec précision jusqu'à quel point il étoit doué du sens de la vue. Mais l'extrême finesse qu'avoient acquise chez lui le tact et l'odorat, par l'usage qu'il en faisoit habituellement pour connoître tout ce que la vue apprend aux autres hommes, nous autorise à croire que l'organe de la vue lui fournit à cet égard peu de secours. D'ailleurs, les symptômes de maladie qu'on y remarquoit, montroient, avec un très-haut degré de probabilité, que ses yeux ne pouvoient lui servir qu'à distinguer les couleurs, ou à juger des diverses intensités de la lumière.

Cet enfant fit de bonne heure preuve d'une finesse de tact et d'odorat extraordinaire.

Quand il arrive un étranger, aussitôt l'enfant s'en aperçoit à l'odeur; il va droit à lui, et se met à l'examiner au tact. Dans l'endroit où il vit, les visites d'hommes sont les plus fréquentes. Par cette raison, la première chose qu'il a coutume de faire est de s'assurer si l'étranger a ou n'a pas des bottes: s'il en a, l'enfant le quitte aussitôt, va à l'antichambre, tâtonné pour trouver son fouet, et l'examine avec soin; ensuite il va à l'écurie, palpe et manie son cheval avec une grande attention apparente. Il est arrivé quelquefois qu'au lieu d'être à cheval, ceux qui faisoient visite au presbytère étoient en voiture. Alors il n'a jamais manqué d'aller à l'endroit où étoit la voiture, d'en parcourir toutes les parties avec inquiétude, d'essayer l'élasticité des ressorts, et de répéter cet essai un très-grand nombre de fois. Dans ces diverses actions et épreuves, c'est certainement l'odorat et le tact qui sont ses seuls guides.

Dès sa première enfance, il a contracté l'habitude de frapper ses dents de devant avec une clef, ou avec quelque autre instrument qui rend un son aigu.

Ses plaisirs principaux dérivent du goût et de l'odorat. Il mange souvent avec une désagréable voracité. Le toucher lui offre aussi quelques amusemens. On l'a vu s'occuper plusieurs heures de suite à prendre sur le bord de la rivière, et à amasser ensuite des pierres rondes et polies, qu'il rangeoit en cercle, après quoi il s'asseyoit au milieu. Il avoit exploré un espace de deux cents verges (ou mètres) autour du presbytère, et dirigeoit ses pas sans crainte et sans guide vers tous les points compris dans cette enceinte. Il ne se passoit guère de jour où il ne s'occupât de sonder son chemin avec une prudente étude dans les terrains qu'il n'avoit pas encore reconnus.

Dans une de ces excursions de découvertes, son père le vit avec effroi ramper sur les mains et les genoux, le long d'un pont fort étroit jeté sur une rivière voisine, dans un endroit où le courant étoit profond et rapide. L'enfant fut saisi et arrêté sur-le-champ; et pour lui ôter l'envie de répéter ces expériences périlleuses, on le plongea dans la rivière une ou deux fois. Cette correction eut tout l'effet qu'on en attendoit.

Les domestiques avoient ordre de prévenir les visites qu'il alloit rendre aux chevaux des étrangers à l'écurie. Ses désirs à cet égard ayant été plusieurs fois contrariés, il eut l'esprit de fermer à clef la porte de la cuisine où étoient les domestiques, dans l'espérance de faire sa visite à l'écurie sans aucun obstacle.

Aucun défaut, aucune maladie particulière ne se fait remarquer dans aucun des membres de la famille à laquelle cet enfant appartient. La privation extraordinaire que lui a imposée la nature n'est accompagnée d'aucune imperfection générale, d'aucun vice des autres organes, soit dans leur structure, soit dans leurs fonctions. Sa santé a été constamment bonne et sa constitution robuste. Ses pensées, ses sentimens, ses actions, sont soumises aux lois communes de la nature humaine. Sa docilité et ses petites inventions semblent, eu égard à son état, indiquer un degré d'intelligence supérieur à celui de plusieurs hommes jouissant de tous les moyens de connoissances dont il est privé. Tous ceux qui l'ont observé s'accordent à trouver qu'il y a dans sa physionomie de l'intelligence.

Il avoit été grièvement blessé au pied; et pendant tout le temps nécessaire pour obtenir sa guérison, il étoit resté assis auprès du feu, le pied posé sur un petit tabouret. Plus d'une année après, un jeune domestique de son âge, qui étoit le compagnon de ses jeux, fut forcé, par un accident tout pareil, de rester long-temps assis. Le jeune Mitchell, s'apercevant que son camarade restoit dans la même attitude bien plus qu'il n'avoit coutume de faire, l'examina avec attention, et parut comprendre, en touchant les bandages dont son pied étoit enveloppé, quelle étoit la cause qui le retenoit sur sa chaise. Il monta aussitôt à un galetas, où il chercha, parmi plusieurs meubles, le petit tabouret qui avoit ci-devant servi d'appui à son pied malade, l'apporta à la cuisine en le tenant à la main, et posa doucement dessus le pied du jeune domestique (1).

Comme il parut, il y a peu de temps, reconnoître au tact un cheval que sa mère avoit vendu quelques semaines auparavant, celui qui le montoit en descendit dans le but exprès de mettre son intelligence à l'épreuve. Aussitôt Mitchell s'empara du cheval, et le conduisit à l'écurie de sa maison, lui ôta la selle et la bride, mit du grain devant lui, puis se retira en fermant la porte et mettant la clef dans sa poche. Il connoît l'usage de la plupart des

---

(1) Voici un trait analogue rapporté par M. Irwine. La sœur de Mitchell venoit de sortir. Quand elle rentra, Mitchell s'aperçut (sans doute à l'odeur) qu'elle avoit ses souliers humides. Il s'approcha d'elle pour s'en assurer, et ne souffrit point qu'elle se reposât avant d'en avoir changé. (A)

ustensiles communs ; et c'est un plaisir pour lui d'ajouter quelque chose à ce genre de connoissance. Un de ses amusemens est de visiter les boutiques de charpentiers ou d'autres artisans, et le but de ces visites est évidemment de comprendre la nature de leurs instrumens et de leurs travaux. Il a aidé quelquefois les gens de la ferme à faire leur ouvrage, en particulier à nettoyer l'écurie. Il a cherché quelquefois à réparer les brèches de la maison du fermier, et a tenté même de bâtir de petites maisons en gazon, où il pratiquoit des ouvertures semblables à des fenêtres. On a employé divers moyens pour lui apprendre à faire des paniers ; mais il a semblé manquer de la persévérance nécessaire pour finir son ouvrage. Il semble avoir acquis quelque idée de la propriété, estimer et conserver certaines choses comme lui appartenant en propre, s'abstenir de ce qu'il sait être habituellement à l'usage d'autrui. Quand on emploie des moyens doux pour lui faire sentir qu'il a eu tort, il en témoigne du chagrin ; mais si on le traite durement, il s'irrite. Il se montre mal à son aise quand il est séparé de sa famille ; et dans l'origine, il exprimoit du chagrin quand on l'éloignoit de ceux qui sont habituellement chargés de l'accompagner ; mais en dernier lieu, probablement par l'effet des changemens de domestiques qui ont eu lieu autour de lui, il a appris à les quitter sans regret.

En 1808 son père le conduisit à Londres pour le soumettre à un traitement chirurgical. On lui perça aux deux oreilles la membrane du tympan, sans aucun effet sensible. On lui fit sur l'œil gauche l'opération de la cataracte, aussi bien que put le permettre une violente résistance de sa part, mais sans succès. En 1810 il fut conduit à Londres de nouveau. Là, M. Wardrop fixa sa tête à l'aide d'une machine, et opéra sur son œil droit avec un succès plus grand que l'on n'avoit osé l'espérer; la vue a été améliorée, et le changement qu'elle a éprouvé en promet encore de plus satisfaisans.

En juin 1811, cet infortuné perdit le tendre et respectable père qui lui servoit de guide et d'appui. Les sentimens qu'ont fait naître en lui cette mort et les funérailles qui en furent la suite, sont peints d'une manière un peu différente par diverses personnes. Quelques-uns de ses parens disent qu'il laissa voir à cette occasion un sentiment très-vif de la perte qu'il venoit de faire. Mais il paroît par ce qu'en disent sa sœur et M. Gordon, que l'attention, la curiosité et l'étonnement furent les seuls mouvemens excités par la nouveauté des circonstances dont il put s'apercevoir; et qu'il n'éprouva pas les sentimens qu'on lui prête, sentimens qui supposeroient une connoissance distincte de la nature du changement opéré dans l'état de son père. Des habitudes de sensibilité peuvent facilement avoir induit en erreur ceux qui furent témoins de son agitation.

Il s'étoit précédemment amusé à mettre à plusieurs reprises un poulet mort sur ses genoux, et rioit fort quand il le sentoit tomber à terre. Mais le corps de son père étoit le premier corps humain privé de vie qu'il eût eu occasion de toucher. Aussi témoigna-t-il beaucoup de surprise et de déplaisir. Il palpa le corps dans la bière : et le soir qui suivit les funérailles, il alla à l'endroit où on l'avoit enseveli, et frappa légèrement cette place des deux mains à plusieurs reprises.

Quand le tailleur vint lui prendre mesure d'un habit de deuil, le jeune homme le mena dans l'appartement où son père étoit mort : il pencha en arrière la tête et le cou, montra le lit, et finit par conduire le tailleur au cimetière, sur le lieu même où étoit enterré celui dont il venoit de lui peindre le sort.

Il a été dernièrement lui-même très-malade : et le lit où on le plaça d'abord se trouva être celui même où son père étoit mort. Mais il n'y voulut pas rester seul un instant, et se montra au contraire tout-à-fait paisible et soumis quand on l'eut transporté dans un autre.

Peu après la mort de son père, il s'aperçut que sa mère n'étoit pas bien, et qu'elle gardoit le lit : on le vit verser des larmes.

Trois mois après la mort de son père, un ecclésiastique vint à la maison le dimanche soir. Le jeune homme montra la Bible de son père, et fit signe à toute la famille de se mettre à genoux.

Sa sœur a imaginé quelques moyens d'établir entre lui et ceux qui l'entourent, des communications que la nature semble lui avoir refusées. Par certaines modifications variées du toucher, elle lui fait connoître sa satisfaction ou son mécontentement. C'est surtout en lui touchant la tête qu'elle sait y parvenir. Elle y met divers degrés de force et diverses formes variées ; et l'enfant semble saisir très-vite le sens de ces signes. Quand elle veut lui exprimer la plus pleine approbation, elle lui frappe légèrement, à plusieurs reprises et avec une vivacité caressante, la tête, le dos ou la main. La même expression, employée avec plus de réserve, signifie le simple assentiment sans louange; et il lui suffit, pour témoigner son mécontentement, de refuser tout signe d'approbation et de repousser doucement : ce geste ne manque jamais son effet. C'est ainsi que peu à peu elle a inventé un langage au tact, qui sert non-seulement à établir quelques communications habituelles, mais qui est devenu un moyen d'accoutumer l'enfant à certaines règles de morale et de discipline. Pour suppléer aux autres moyens qui lui manquent, elle a eu recours à un langage d'action propre à représenter des idées qui ne font pas partie de celles qu'expriment les simples signes naturels. Dans un temps où sa mère étoit absente, comme il témoignoit beaucoup d'inquiétude, sa sœur parvint à le calmer, en lui penchant doucement la tête sur son oreiller autant de fois qu'il avoit à attendre de nuits avant que sa mère fût de retour. On lui fit comprendre en une autre occasion qu'il falloit attendre deux jours pour avoir un habit neuf, en lui fermant les yeux, et lui penchant la tête deux fois.

Quant à la manière dont il communique lui-même ses idées aux autres, elle présente une singularité remarquable. Un jour M. Gordon lui pressoit l'œil : l'enfant étendit le bras, au loin, comme pour indiquer que cette pression lui rappeloit l'opération qui lui avoit été faite dans l'endroit le plus éloigné qu'il eût jamais visité. S'il demande à manger, c'est en montrant l'endroit où il sait que sont renfermés les alimens qu'il désire. Quand il lui est arrivé de vouloir faire comprendre à ses amis, qu'il alloit à la boutique du cordonnier, il l'a fait en imitant l'action de faire un soulier. Mais quoiqu'on ne puisse jamais lui communiquer, avec l'intention de le faire, aucune espèce de connoissance autrement qu'en touchant quelque partie de son corps, jamais en aucun cas il n'a tenté de toucher de même le corps des autres pour faire comprendre sa pensée. Dire qu'il adresse à la vue les signes qu'il emploie à cet effet, seroit sans doute mal s'exprimer; mais il faut qu'il ait compris que les autres ont quelque moyen, différent du contact, pour interpréter ses signes; faculté dont sans doute il ne peut se faire aucune idée, et dont il est privé lui-même.

Il ne paroît avoir aucune notion d'êtres supérieurs à l'homme, et est en conséquence étranger aux sentimens religieux, qui semblent un des traits caractéristiques de l'intelligence humaine.

IIe Année. — Errata dans le N°. XI.

Pag. 359, lig. 11 d'en bas, au lieu de sa, lisez : la.
 id., lig. 8, id. id. enfonce, lisez: enferma.
 367, lig. 3 d'en bas. Debur, lisez: De Geer.

Ce Journal, composé de quatre feuilles *in-8°*, paroît le 15 de chaque mois.

Le prix de l'Abonnement est de 18 fr. pour l'année, et de 10 fr. pour six mois.

On s'abonne chez LE NORMANT, Imprimeur-Libraire, rue de Seine, n°. 8, près le pont des Arts.

Les lettres et les envois doivent être adressés francs de port.

ANNALES DE L'ÉDUCATION.

MM. les Souscripteurs sont prévenus que leur abonnement est expiré.

DE LA PREMIÈRE INSTRUCTION ET DES ABÉCÉDAIRES.

Depuis que l'éducation est l'objet des méditations des philosophes, depuis qu'on a commencé à en chercher les principes et les règles, non plus dans une vieille routine, mais dans la constitution de la nature humaine et dans la destination de l'homme, on a mis en avant, sur ce sujet, un grand nombre d'idées générales qui, lorsqu'elles auront été dépouillées de toute exagération et mises chacune à la place qui lui convient, ne sauroient manquer d'exercer la plus salutaire influence. Mais ce travail n'est pas encore fait : ces idées sont encore, si je puis le dire, entassées pêle-mêle : de plus longues réflexions et l'expérience n'ont pas encore montré dans quel ordre il faut les disposer et à quels cas chacune d'elle est applicable. Delà vient que cette application se fait souvent à contre-sens, et que telle idée qui, employée en son temps et en son lieu, seroit excellente, devient funeste par un usage mal entendu. Ce qu'on a dit de la nécessité de rendre l'étude facile aux enfans en est un exemple : au lieu de prêcher cette nécessité sans distinction de situation et d'âge, ou au lieu de la décrier d'une manière tout aussi vague et inconsidérée, ne vaudrait-il pas mieux examiner quelle est, dans le développement de l'enfance, la marche que doit suivre la difficulté de l'instruction, dans quelle proportion doit influer sur les soins qu'on peut prendre pour faciliter l'étude, l'accroissement de l'âge et de la force d'attention, et quelles études doivent être rendues plus ou moins faciles, selon leur nature, leur but et le degré d'importance qu'elles ont pour celui qu'on en veut occuper ? Il seroit, ce me semble, nécessaire et possible d'établir à ce sujet des distinctions au moyen desquelles on parviendroit à s'entendre : il faut bien reconnoître des distinctions là où la nature a mis des différences, et puisqu'il est vrai qu'un enfant de douze ans ne ressemble pas à un enfant de cinq ans, que l'histoire n'est pas la même chose que le latin, je ne vois pas pourquoi les méthodes d'instruction seroient les mêmes à douze ans qu'à cinq, et pourquoi on feroit étudier le latin comme l'histoire. On a constamment, en éducation, deux objets à considérer, l'enfant qui étudie, et ce qu'il étudie : ces deux objets varient ou diffèrent sans cesse ; ce sont ces variations, ces différences qu'il importe d'examiner, car elles doivent nécessairement modifier les méthodes. Ainsi il est des études dont le but principal est de former l'intelligence même de l'enfant, son attention et son jugement, en l'accoutumant à suivre pas à pas les opérations qu'il fait lui-même, à s'en rendre compte, à analyser ce qu'on met sous ses yeux, et à acquérir ainsi cette constance d'esprit, cette habitude d'une logique rigoureuse qui lui seront si utiles dans le cours de sa vie; c'est sous ce point de vue que doit être envisagée l'étude des langues anciennes, et c'est pour cela qu'il est absurde de prétendre la rendre prompte et facile, puisque c'est précisément par sa difficulté et sa lenteur qu'elle est propre à produire le résultat qu'on doit en attendre. Il ne faut pas augmenter cette difficulté par des méthodes qui y ajoutent l'ennui, en la prolongeant outre mesure; mais il faut la laisser ce qu'elle est, si l'on veut profiter de ses avantages. Il est au contraire certaines études qui ont pour objet d'exciter la curiosité de l'enfant, de fournir à sa mémoire des matériaux, des faits sur lesquels puisse s'exercer son intelligence, selon sa portée et le degré de son développement : l'histoire, l'histoire naturelle, l'observation des phénomènes que présente la nature sont de ce nombre. Pourquoi ne pas chercher à rendre ces études faciles et promptes? Pourquoi les assujétir à une marche lente qui ne fera que ralentir la curiosité? C'est ici qu'il faut saisir les occasions, suivre les indications données par l'esprit de l'enfant lui-même, pour lui fournir en abondance ces matériaux qu'il saura classer et faire fructifier un jour. Ces études sont d'une autre nature, tendent vers un autre dessein: la même méthode ne leur est donc pas applicable. Ce n'est qu'en examinant, en distinguant ainsi les diverses branches de l'instruction qu'on parviendra à savoir quelle marche on doit adopter pour les faire concourir convenablement au but que l'on se propose.

Une autre considération non moins importante, si simple en elle-même que tout le monde la connoît, que tout le monde en parle, et cependant fort négligée, est celle de l'âge. Toutes les facultés se développent par l'exercice; leur exercice est ou naturel ou obligé : elles sont naturellement exercées par l'impression que font sur l'enfant les objets qui l'entourent; il observe, il compare, il juge sans cesse et exécute ainsi, dans sa petite sphère, toutes les opérations de l'esprit humain. On met ses facultés dans un exercice obligé lorsqu'on les retient sur des études étrangères à sa vie, quand on fait entrer dans sa sphère d'observation et de jugement, des objets qui n'y entreraient pas si l'on n'avoit soin de les y placer. Il est évident que ce dernier genre d'exercice est indispensable. C'est ainsi et seulement ainsi, que chaque génération apprend à profiter des travaux et des lumières de celles qui l'ont précédée. C'est par l'étude, par l'instruction, que les siècles se lient les uns aux autres, que l'esprit s'étend, que le caractère s'élève, et que chaque homme n'est plus un individu isolé, borné à ses propres observations, à sa propre expérience, à cette petite portion de lumières qu'on peut acquérir par soi-même dans le cours d'une existence passagère. Sans l'instruction, la marche de la civilisation et les progrès de l'esprit humain seroient d'une extrême lenteur; chaque génération recommenceroit ce qu'a fait la génération précédente; le temps perdu seroit incalculable, et les hommes perdroient presque complètement ce pouvoir que leur donnent, sur le présent et sur l'avenir, les idées qu'ils tirent de la connoissance et de la comparaison des choses passées. C'est donc une vraie folie que de prétendre isoler l'enfant et de ceux qui l'entourent et de ceux qui sont venus avant lui, que de chercher à faire sortir toutes ses lumières de sa propre expérience, que d'exercer uniquement sa réflexion sur ce qu'il a vu et fait lui-même : c'est vouloir lui faire parcourir à lui seul toute la carrière qu'a déjà parcourue le genre humain; c'est le priver volontairement des avantages réels qu'il peut y avoir à être né après six mille ans de travaux et d'expériences. N'y a-t-il donc aucun moyen d'en profiter sans énerver, sans étouffer l'esprit de l'enfant, sans le remplir de préventions, de préjugés, sans lui apprendre enfin à juger ce qu'on lui fait connoître? La tâche est difficile, j'en conviens; mais s'ensuit-il qu'il soit inutile de s'appliquer à en surmonter la difficulté? et ceux qui l'ont cru, se sont-ils flattés qu'il fût possible de l'éluder?

Ne nous le dissimulons pas : plus l'esprit s'étend et s'éclaire, plus il acquiert de matériaux et d'idées, plus il a de peine à les mettre en usage, mais aussi plus il trouve en lui-même de forces et de ressources. De même l'éducation pouvoit être beaucoup plus aisée, quand elle se bornoit au simple développement de l'intelligence de l'enfant, concentrée dans l'espace qu'il pouvoit voir et où il pouvoit agir; mais cette éducation n'est plus de notre temps : elle est impossible et ne seroit pas bonne : aujourd'hui les connoissances et l'étude doivent nécessairement devancer l'expérience; ce n'est plus à l'expérience que l'étude peut être bornée; ce n'est plus de là seulement que les connoissances doivent sortir.

Je suis donc bien loin de croire qu'il ne faille pas faire étudier les enfans, qu'il faille attendre des circonstances de leur vie, toute l'instruction qui leur est nécessaire. Cette vaine prétention ne feroit pas même des Spartiates ou des Barbares, car aujourd'hui il n'est plus possible d'en faire; elle ne produiroit que des hommes qui ne seroient bons à rien, fort en arrière de leur siècle, demi-sauvages au milieu de peuples civilisés; et dont l'esprit, plus original peut-être, seroit cependant aussi bien faussé par l'isolement où on l'auroit mis, qu'il auroit pu l'être par les préjugés, les conventions, les habitudes auxquelles on auroit essayé de le soustraire.

Est-il donc impossible que l'enfant étudie et s'instruise par l'étude, sans que le développement de ses facultés soit troublé, détourné, sans que son esprit conserve et son originalité et sa justesse? Je ne saurois le croire; je crois plutôt que nous n'avons pas encore bien examiné, bien déterminé de quelle manière on pouvoit, sans contrarier la marche naturelle de l'intelligence, sans gêner sa liberté, étendre la sphère de son activité, et lui présenter les nombreux matériaux sur lesquels elle doit s'exercer. Il est évident que les difficultés dont on a entouré long-temps les premiers pas de l'enfance, le défaut de convenance entre les efforts qu'on exigeoit d'elle et sa foiblesse, le peu d'utilité des études dont on l'occupoit exclusivement pendant tant d'années, l'ennui qui devoit nécessairement en résulter, étoient en opposition directe avec les indications de la nature. On est sorti maintenant de cette routine; on est entré dans la bonne route, mais la connoît-on bien dans toute son étendue ? C'est ce dont il est permis de douter.

On a vu, par exemple, qu'il étoit absurde d'occuper longuement et uniquement la première enfance d'études sans intérêt et par conséquent sans attrait pour elle, qu'il étoit ridicule d'augmenter encore la difficulté de l'étude par celle de la méthode; on en a conclu que toutes les études devoient être attrayantes, que toutes les méthodes devoient être faciles, et l'on n'a pas songé à se demander s'il étoit possible que toutes les études eussent le même attrait, si la promptitude et la facilité des méthodes levoient toutes les difficultés de l'étude. Indépendamment de ce que j'ai déjà dit sur la nécessité d'examiner et de distinguer la nature et le but des diverses études, on auroit dû, comme je viens de l'indiquer, prendre aussi en considération la diversité des âges, et c'est ce qui me reste à développer.

La première enfance n'est point capable d'une attention forte : la foiblesse de ses organes lui rend nécessaire une distraction que la multitude et la nouveauté des objets qui l'entourent rendent inévitable. Il ne faut pas lui demander plus d'efforts qu'elle n'en peut faire, et cependant il faut l'accoutumer à faire tous ceux qui sont en son pouvoir. Nous connoissons mal cette puissance : quand nous songeons peu à ce qu'est l'enfant, et beaucoup à ce qu'il doit apprendre, nous en présumons trop : quand nous songeons surtout à l'enfant même, nous n'y croyons pas assez; c'est pour cela que tant de maîtres se fâchent de ce que l'enfant ne comprend pas assez vite et ne retient pas assez bien, tandis que tant de parens foibles trouvent qu'on exige trop de lui. On peut, ce me semble, poser en principe qu'on ne sauroit rendre les premières études, celles de la lecture et de l'écriture, par exemple, trop promptes et trop faciles : s'il étoit possible que l'enfant sût lire et écrire sans avoir la peine de l'apprendre, il n'y auroit pas de mal à cela ; ce seroit du temps gagné. Du moins ces études sont-elles parfaitement appropriées à l'âge auquel on les enseigne : elles ne demandent ni combinaisons d'esprit, ni long exercice de jugement ; elles ne mettent en jeu que la mémoire et le degré d'attention nécessaire pour que la mémoire existe. L'enfant voit une lettre, *a ;* il se rappelle que c'est celle qu'il a déjà vue, et qui se nomme, lui a-t-on dit, *a ;* il répète le nom, sans avoir eu autre chose à faire qu'à reconnoître l'identité. C'est de la même manière qu'il répète *papa* en voyant son père, après qu'en le lui montrant, on lui a répété plusieurs fois le mot *papa.* De même pour l'écriture, il n'a qu'à constater l'identité du caractère qu'il trace et de celui qu'il imite ; là se borne tout le travail de son intelligence; le reste est un exercice manuel. L'attention est donc l'unique faculté que ces études contribuent à exercer, car c'est la seule qui soit ici nécessaire pour que l'enfant se rappelle et imite : or, qu'on songe à ce qu'il doit coûter d'efforts à l'enfant pour concentrer sur des objets où il ne voit ni intérêt ni but, cette attention que sa volonté ne sait pas encore manier, et qu'il est accoutumé à laisser errer librement au gré de tout ce qui l'éveille: c'est déjà beaucoup pour lui que de la mettre ainsi quelques momens à la disposition d'une volonté étrangère. Que deviendra-t-elle, si on la fatigue par des méthodes pénibles et lentes, si le plaisir de savoir ne vient pas bientôt dédommager de la peine d'apprendre ? Il arrivera ce qui arrive aux enfans qu'on jette brusquement dans l'eau, dont ils ont peur, sous prétexte de leur apprendre à nager ; ils prennent l'eau dans une aversion que la raison a ensuite beaucoup de peine à vaincre. La nature veut que l'enfant, avant de se tenir debout, s'essaie quelque temps à quatre pattes; n'exigeons pas davantage de ses forces intellectuelles ; exerçons-les d'abord doucement sans prétendre à les devancer.

Quel inconvénient y auroit-il d'ailleurs à épargner à l'enfant, dans ces premiers travaux de son esprit, toutes les difficultés qu'on peut en ôter ? Je ne parle pas de l'ennui qu'on lui sauve, de la liberté qu'on lui laisse, de l'avantage qu'on trouvera un jour à n'avoir pas fait naître de bonne heure en lui une prévention trop défavorable contre l'étude. Qu'est-ce que la lecture et l'écriture ? Sont-ce des sciences qu'on doive lui faire comprendre, qui aient des principes qu'il doive saisir, des conséquences dont l'étendue doive s'accroître pour lui à mesure qu'il grandira ? Sont-elles pour son intelligence, pour son jugement, un véritable exercice où il puisse apprendre à enchaîner une idée à l'autre, où il faille procéder avec lenteur pour lui faire bien observer les pas qu'il fait, les règles de logique qu'il doit suivre ? Nullement : ce ne sont que des instrumens dont on veut lui faire acquérir l'usage, comme on lui apprend à se servir d'une fourchette et d'une cuiller pour manger. Savoir lire n'est rien en soi : si un enfant, après avoir appris à lire, ne lisoit plus, dût-il ne l'oublier jamais, il ne sortiroit pas de là, pour lui, une seule idée : il en est de même de l'écriture : ce sont donc de purs instrumens, de simples moyens mécaniques de développement et d'instruction qu'on veut lui donner. A quoi bon en rendre l'acquisition difficile ? Ce seroit aussi absurde que de vouloir rendre l'art de marcher plus difficile à apprendre que ne l'a fait la nature : plus, au contraire, cette acquisition aura été aisée et prompte, plus tôt l'enfant pourra faire usage de l'instrument qu'elle doit lui fournir : elle lui coûtera toujours assez d'efforts pour que son attention commence ainsi à être exercée ; et il n'y a, je le répète, dans la nature même de ces études, et dans l'âge auquel elles sont destinées, aucune raison de croire que leur facilité doive entraîner le moindre inconvénient.

Aussi voudrois-je qu'on ne négligeât aucun moyen d'augmenter cette facilité, et que tous les *Abécédaires* fussent composés dans cette intention. J'ai déjà parlé, dans les *Annales de l'Education* (*Voyez* Tom. I, pag. 105.), de la méthode par laquelle on pouvoit apprendre à lire et à écrire en même temps, et j'en ai développé les avantages : il me semble qu'elle est trop peu connue et pratiquée. Beaucoup de parens ont renoncé, et je crois avec raison, à la méthode de l'épèlement, méthode lente, fastidieuse, et dans laquelle l'enfant est continuellement obligé de prononcer une lettre isolée autrement qu'elle ne se prononce dans sa combinaison avec d'autres lettres. Qu'on remarque la gradation qui existe dans l'étude de la lecture : on commence par faire connoître les lettres à l'enfant ; il voit un signe et donne à ce signe un nom : ce nom doit être aussi voisin que cela est possible du son même de la lettre, et c'est pour cela qu'il est ridicule d'appeler le *f*, *effe* ; le *h*, *ache*, etc. ; mais on ne sauroit prétendre à ce que le nom donné à chaque lettre, et le son qu'elle prend dans les mots, soient parfaitement identiques ; car, pour donner un son aux consonnes, il faut nécessairement y ajouter la voyelle *e* muet ; qui est le résultat de la simple exspiration, de la pure émission de la voix, ainsi le *d* se prononce *de* ; le *p*, *pe* ; etc. Les consonnes perdent cet *e* muet quand elles s'unissent à d'autres voyelles ; il y a donc une différence inévitable entre la prononciation des consonnes isolées et celle des consonnes dans les mots. L'étude des lettres isolées a donc pour but de faire connoître le signe, et non d'en enseigner positivement la prononciation. L'étude de cette prononciation dans les diverses combinaisons des consonnes et des voyelles, est le second degré de cet enseignement. L'épèlement confond ces deux degrés, ces deux opérations différentes, et les embrouille l'une par l'autre. Qu'on exerce d'abord l'enfant à bien connoître isolément les vingt-cinq signes dont se compose notre alphabet; qu'on les lui présente dans tous les ordres possibles et sans ordre; qu'on les lui fasse chercher dans des mots; qu'on les lui montre ensuite, combinés ensemble et en lui faisant prononcer chaque syllabe en une seule fois, sans la décomposition de l'épèlement, on aura suivi la marche indiquée par la nature même de cette étude; on se sera épargné beaucoup de temps perdu et d'ennui.

Les *Abécédaires* devroient donc présenter, après l'alphabet régulier, des alphabets renversés et mêlés en tous sens, en assez grand nombre pour que l'enfant, après les avoir bien étudiés, connût parfaitement tous les signes, et se fût habitué à les nommer: après cela viendroient des mots simples et familiers à l'enfant, comme *papa*, *balle*, *table*, etc., où il apprendroit à prononcer les syllabes, et s'essaieroit bientôt de lui-même à les joindre pour en former des mots. A ces mots succéderoient de petites phrases où ils seroient enchâssés; et à ces phrases, de petits contes qui, en excitant sa curiosité, placeroient l'amusement à côté de la leçon. Les *Contes dans un nouveau genre*, par mademoiselle D......, sont excellens pour cela : les inventions, le ton, les personnages, tout y est fort ingénieusement approprié à l'intelligence de la première enfance, et très adroitement calculé pour réveiller sans cesse l'attention par l'intérêt de la narration. J'ai vu plusieurs enfans à qui ces *contes* ont singulièrement facilité l'étude de la lecture : on peut les leur mettre entre les mains, dès qu'ils connoissent bien les lettres et ont appris à prononcer un grand nombre de syllabes.

J'ai sous les yeux un *Abécédaire* rédigé dans des intentions assez conformes aux idées que je viens d'indiquer (1). M. Mozin y a joint des instructions pour les maîtres, souvent utiles, quelquefois un peu diffuses ; je voudrois plus de simplicité encore. Les contes et les petits dialogues, placés à la fin, ont de l'intérêt, et, sauf quelques incorrections de langue que j'ai aperçues dans les entretiens et les narrations, ce petit ouvrage me paroît digne d'être recommandé aux parens et aux instituteurs des écoles primaires.

S'ils essaient, en outre, de joindre à cet enseignement celui de l'écriture, en faisant tracer les lettres aux enfans, avec de la craie et sur une ardoise ou une table noire, ils verront quels avan-

---

(1) *Petit Cadeau destiné aux enfans, ou Nouvel A B C françois à leur portée*, etc, par l'abbé Mozin.—Tubingue, chez J. G. Cotta, libraire ; et Paris, chez F. Schœll, rue des Fossés-Montmartre, n°. 14 ; et chez le Normant. Prix : 3 fr.

tages en résultent pour la promptitude, la facilité et l'agrément de la première instruction.

F. G.

JOURNAL

ADRESSÉ PAR UNE FEMME A SON MARI, SUR L'ÉDUCATION DE SES DEUX FILLES.

Numéro XXVI.

Je crois, mon ami, qu'on peut, à toute force, être bon médecin sans aimer la médecine, bon mathématicien sans aimer les mathématiques ; mais je ne sache pas qu'on ait jamais pu être vertueux sans aimer la vertu. Aussi la vertu ne peut-elle devenir l'objet d'une science que quand elle sera devenue l'objet d'un penchant. Cette science de la vertu, la morale, ne donnera que des leçons perdues, si elles ne sont pas reçues par ce sentiment affectueux qui est la vertu même, ce désir tendre et animé de faire ce que ses préceptes nous apprennent être le bien. Il est parfaitement inutile de dire à un enfant : voilà ce que vous devez faire, s'il ne conçoit pas le besoin de faire ce qu'il doit, s'il ne sait pas trouver dans le plaisir de faire son devoir le prix des sacrifices qu'il lui coûte. C'est donc le penchant à la vertu qu'il s'agit d'abord de former en lui, et il lui donnera naturellement les premières leçons de morale. Si les objets de son devoir se sont présentés à lui comme des objets d'amour, comme les élémens de son bonheur; s'il a trouvé de la joie à se donner quelque peine pour ses parens ou ses maîtres, à faire à ses frères ou à ses camarades le sacrifice de quelque plaisir; s'il en a reçu la récompense par la satisfaction qu'il a causée, il ne sera nullement étonné d'apprendre que cette action puisse devenir un devoir. Rien ne se présente plus naturellement à notre esprit que l'obligation de faire aux autres tout le bien qui est en notre pouvoir, et le devoir du dévouement n'est incompréhensible que pour celui qui n'en a pas senti le plaisir, et par conséquent n'en a pu concevoir la possibilité.

« Avant de leur parler d'une vertu, dit M. Pes-
» talozzi, en indiquant ses procédés à l'égard de
» ses élèves de Stanz, j'excitois vivement en eux
» le sentiment de cette vertu; je regardois comme
» un mal de discourir avec eux sur des choses dont
» ils n'avoient pas acquis la connoissance par leur
» propre expérience; et non-seulement, ajoute-t-il,
» je réveillois dans leur âme les sentimens dont
» je viens de parler; mais je leur fournissois de
» fréquentes occasions de maîtriser leurs penchans,
» et de se surmonter eux-mêmes; et par une ap-
» plication continuelle, je donnois au sens moral
» qui se développoit en eux, de la consistance pour
» le cours entier de leur vie. » (*Esprit de la Méthode*, tom. I, p. 45). Il dit ailleurs : « Voici les
» règles qui ont dirigé ma conduite et mes pro-
» cédés. Commencez par ouvrir le cœur de l'en-

» fant; faites naître en lui des idées d'affection
» et de bienfaisance par le soin de pourvoir à
» ses besoins; que ces idées se mêlent à tous ses
» sentimens, à toutes ses actions, à la chaîne de
» son expérience. Provoquez, au physique comme
» au moral, le développement de ses facultés, et
» mettez-le en état d'exercer les dispositions de
» bienveillance qui l'animent, dans la sphère d'ac-
» tivité dans laquelle il est placé. Alors, et seule-
» ment alors, recourez aux signes conventionnels
» du bien et du mal, aux paroles : rattachez-en
» le sens à tous les détails de la vie commune
» et de la vie domestique; que vos enfans com-
» prennent nettement ce qui se passe en eux et
» autour d'eux; et qu'aux idées qu'ils se font de
» la vie et de leurs rapports avec leurs semblables
» s'associent nécessairement toutes les notions de
» la morale et de la justice. »

C'est ainsi que l'élève d'Yverdun est préparé pour l'instruction morale. « Il croit à la vertu, dit
» M. Julien, parce qu'il la sent en lui-même; les
» principes moraux lui sont démontrés par tout
» ce qu'il voit, par une véritable *intuition* de ce
» qui constitue la moralité. Chacune des paroles
» et des actions de ses instituteurs lui rappelle et
» reproduit en lui les sentimens nobles et élevés,
» l'amour du bon dont il a déjà éprouvé les im-
» pulsions qui lui sont devenues familières par
» l'habitude pratique, avant même que l'ins-
» truction les réduisît pour lui en théorie et en
» règles de conduite. Il n'a besoin que d'étendre

» et de changer en pensées et en principes ces sen-
» timens dont le germe est dans son âme. »

Alors, pour opérer ce changement, on n'aura plus besoin d'un enseignement suivi, méthodique; les occasions s'en présenteront continuellement, et augmenteront de nombre et d'importance à mesure que l'intelligence se développera et que s'agrandira le cercle de l'instruction. La morale une fois unie à tous les sentimens, incorporée pour ainsi dire à l'existence de l'enfant, sortira de partout parce qu'elle sera au fond de tout. « La méthode
» considère la morale comme étant la vérité elle-
» même.... Quand on s'occupe à développer la
» vérité, à donner la connoissance réelle des
» objets, on développe le sens moral inné dans
» l'homme, le sentiment intérieur du vrai, du
» juste, du bon et du beau, qui s'applique à
» toutes les parties de l'enseignement et à tous les
» détails de l'existence. La morale, sous ce point
» de vue, n'a pas besoin d'être enseignée d'une ma-
» nière positive; elle est l'âme universelle de l'édu-
» cation, qui agit partout sans se montrer nulle
» part. » (*Esprit de la Méthode*, tom. I, p. 120.)

Mais outre la disposition morale formée et développée par la situation, fortifiée par une culture assidue, convertie en principe et continuellement appliquée par un enseignement toujours tiré des occasions et proportionné à l'intelligence de l'enfant, l'homme possède encore en lui-même un appui de sa moralité, le sentiment religieux, appui d'autant plus précieux que les consolations qu'il

10

offre à la vertu, placées au-delà des bornes de notre existence terrestre, ne peuvent être affoiblies par aucun des orages qui la bouleversent. Cependant ce sentiment, si conforme à la nature de l'homme, ne sort pas aussi naturellement des situations où il peut se trouver placé, que ceux qui naissent de ses rapports avec ses semblables. L'action de la divinité, moins immédiate que celle des objets sensibles, cachée même derriere celle-ci, a besoin d'y être cherchée; ce n'est pas dans le mouvement de la vie qu'elle se fera sentir d'elle-même à celui qui n'a pas pris l'habitude d'y rapporter sa pensée. Plus, au contraire, ce mouvement sera vif et pressé, plus les rapports sur lesquels se fonde l'expérience de la vie sociale seront importans et multipliés, moins l'imagination arrêtée sur ces rapports extérieurs et sensibles, songera à chercher dans des rapports plus mystérieux et plus élevés, les sources de cette existence dont la marche l'occupe suffisamment. L'enfant le plus heureusement placé pour se former de lui-même à la vie sociale, sera donc celui qui demandera, de la part de ses maîtres, le plus de soins pour le former aux sentimens religieux; c'est celui qui en sera le plus facilement distrait, et qu'il y faudra le plus souvent ramener en le rattachant à toutes ses émotions. Vous sentez, mon ami, qu'un moyen pareil ne peut, dans aucune éducation publique, se pratiquer avec autant d'efficacité que dans le système de M. Pestalozzi, où la multiplicité des instituteurs, l'attachement mutuel et la confiance

qui en résultent, tiennent toujours des yeux paternels ouverts sur les mouvemens de chacun des élèves; où la familiarité d'habitude qui fait partager au maître les plaisirs comme les occupations du disciple, lui donne d'autant plus de moyens d'agir sur l'âme de celui-ci, que les sentimens qu'il lui communiquera seront ceux qu'il éprouvera lui-même. « Il doit s'emparer de toutes les circons-
» tances accidentelles favorables à la direction
» qu'il veut lui donner. Il doit étudier son état
» habituel, son caractère, ses inclinations, ses
» passions naissantes, pour élever vers Dieu ses
» affections et ses pensées. (*Esp. de la Méthode*,
» tom. II, pag. 324). Souvent on emploie, pour
» l'instruction religieuse, des entretiens familiers
» et touchans, qui ont lieu dans les promenades,
» au bord du lac, au sein des montagnes. On
» saisit, comme les momens les plus favorables,
» un beau lever du soleil, une soirée calme et
» tranquille, une grande et belle scène de la na-
» ture, qui prête une nouvelle éloquence aux
» paroles destinées à pénétrer l'âme de l'existence
» de Dieu. » (Pag. 325.)

Ce n'est pourtant point assez de cette attention assidue à élever l'âme de l'enfant vers le Dieu que lui manifestent la nature extérieure et ses propres sentimens. Le christianisme, fondé sur des faits, sur des dogmes, sur des révélations, ordonne d'y appliquer ce sentiment religieux qui est dans l'homme la base de toute religion, comme le sentiment de la vertu est la base de toute morale. Ces faits, ces révélations, ces dogmes doivent être appris, et M. Pestalozzi a senti que si l'éducation morale devoit se fonder, du moins pour la plus grande partie, sur les sentimens que font naître la situation, la pratique et l'habitude du bien, l'éducation religieuse avoit besoin d'un enseignement spécial. Je ne vous parlerai pas, mon ami, de la marche de cet enseignement, ni du reproche que lui font les commissaires de la diète helvétique (1), tout en reconnoissant l'esprit profondément religieux de l'institut, d'occuper les enfans trop tôt de la Bible, et trop tard des dogmes. C'est à peu près là ce que veut Fénélon (2), et l'on peut être tenté, par beaucoup de motifs, de se ranger de son avis. Cette marche est d'ailleurs présentée dans l'ouvrage de M. Julien, d'une manière satisfaisante, quoiqu'en des termes trop abstraits ; défaut qui tient probablement à la forme des communications qu'il a reçues. Mais ce qui m'a particulièrement frappé, c'est le soin avec lequel M. Pestalozzi a su lier l'instruction et les pratiques religieuses à l'exercice des sentimens moraux, et établir entre les deux principes une association qui doit fortifier la religion comme la morale ; puisqu'en même temps que celle-ci trouve un appui dans les idées religieuses, les idées religieuses trouvent dans l'exercice des sentimens moraux une fréquence d'application qui les préserve de l'oubli

---

(1) *Rapport sur l'institut*, pag. 160 et suiv.
(2) *Éducation des Filles.*

L'instruction religieuse est la première action de la journée. Les sujets dont elle se compose amènent le développement de beaucoup d'idées morales; développement qui demeure d'autant plus sûrement à la portée des enfans que, dans ces instructions données sous la forme de conversations, on a toujours soin de leur faire trouver à eux-mêmes la vérité qu'on veut leur enseigner. Ainsi, dans cet innocent et pieux exercice de leurs facultés, leur esprit s'approprie les idées nouvelles qu'on lui a fait concevoir; leur âme se pénètre des vérités sanctionnées pour eux par le sentiment qui les leur a dictées, et ce sentiment sera toujours droit, sera toujours pur chez des enfans, pour qui on le fera sortir d'une considération générale sans l'appliquer à leur conduite ni à leurs intérêts personnels. On les voit souvent nier les vérités morales dont on se sert pour contrarier leurs penchans ou condamner leurs fautes; mais, dans une conversation désintéressée, jamais leur imprévoyante franchise ne cherchera à les éviter ou à détourner la conclusion qui, dans un autre moment, pourroit se tourner contre eux. On peut même remarquer qu'un enfant n'est jamais si bien disposé, si soumis, si tendre envers ses parens, si complaisant, si raisonnable avec ses frères et sœurs, qu'au sortir d'un entretien moral où, dans l'absence de ses passions, ce qu'il a de bons sentimens s'est librement développé, s'est encore exalté en lui par l'intime satisfaction qu'il en reçoit. A ce moyen général, la méthode de M. Pestalozzi en joint un autre plus spécialement appliqué à l'effet qu'il veut produire. Lorsque l'enfant commence à avancer en âge, on l'accoutume à s'examiner lui-même ; moins encore sur ses défauts que sur ses bons sentimens, sur ses progrès, sur les développemens qu'il a sentis s'opérer en lui, et c'est dans l'instruction religieuse qu'on lui demande, probablement en des termes plus simples que ceux que nous rapporte M. Julien : « Quel est le sentiment beau et fortifiant qui a été » vif en toi, dont tu te réjouis, qui devient une » source bienfaisante et pure de tes actions? » Quelle est la vérité qui t'a le plus frappé? » Et le retour sur soi-même, qui résulte d'une pareille question, doit lui procurer, comme l'observe M. Julien, un très doux sentiment de satisfaction intérieure, *celui du véritable gain de la vie.* (*Esp. de la Méthode*, tom. I, pag. 265.)

Mon ami, si tel est en effet le principe de l'institut, si, comme je le retrouve en plusieurs endroits de l'ouvrage de M. Julien, on y voit le véritable gain de la vie dans l'amélioration du caractère, le perfectionnement des penchans moraux, le développement des facultés qui nous ont été données pour le bien, vous aurez peut-être peine à comprendre, comme moi, sur quoi porte le reproche des commissaires de la diète, sous le rapport de la *Pédagogie* (c'est-à-dire de l'enseignement, car ils reconnoissent l'excellence de la morale pratique) : « La morale de l'institut ne sau- » roit être parfaite par la seule raison qu'elle re- » fuse de s'attacher à quelque principe qui en lie

» et règle les détails. » (*Rapport*, etc., pag. 164.)
« Il n'est pas douteux, continuent les commis-
» saires (pag. 165), que toutes les volontés de la
» conscience ne se rallient autour de quelque loi
» première, qui est l'abrégé et l'esprit de la légis-
» lation; cette loi une fois découverte, l'institu-
» teur a trouvé le moyen le plus sûr de la déve-
» lopper dans l'enfance; mais, s'il ne la connoît
» pas, la morale dans sa bouche ne peut être que
» décousue, incertaine quelquefois, et jamais
» elle n'aura pour l'esprit la même évidence, ni
» le même empire sur le cœur. Nous regrettons,
» ajoutent les commissaires, que l'institut décou-
» ragé, semble-t-il, par quelques essais infruc-
» tueux, n'ait pas dirigé ses recherches vers ce
» principe fondamental. » J'ignore en effet si les
instituteurs d'Yverdun, sans cesse appliqués à profiter des leçons de l'expérience, à se diriger d'a-
près les découvertes que leur fournit la pratique,
ont pu tourner leur esprit vers des recherches
spéculatives, que sembleroient obligés de faire
pour eux des philosophes occupés d'une manière
moins active. J'ignore s'ils pensent avoir découvert ce principe universel, placé au fond de toute
morale, et fait pour lui servir de base; mais si dans
l'institut la tendance générale des esprits et des
sentimens, est de regarder le perfectionnement
moral de l'individu comme l'unique et véritable
gain de la vie, si l'enfant est instruit à penser que
le but de son existence sur la terre, est de travailler à devenir meilleur, seule route qu'il lui

soit permis de prendre pour devenir plus heureux; si, joignant à cette idée morale, si belle et si féconde, l'appui et la sanction des idées religieuses, « la Méthode apprend à ses élèves à considérer la » vie actuelle, fugitive et passagère, comme le » degré par lequel ils doivent s'élever à une vie » supérieure et éternelle » (*Esprit de la Méth.*, t. I, pag. 113.); si enfin, sur cette double base se fonde le sentiment de la dignité de l'homme que M. Julien nous assure être un des fondemens de la morale enseignée à l'institut, quel principe plus universel pourra-t-on trouver à l'éducation morale, que celui qui rattache à chacune des actions de l'homme, l'idée du but et de la destination de la vie?

C'est après cette instruction religieuse et morale, c'est au moment où elle a disposé le cœur de l'élève à la vertu, que se place la prière, action bien importante, au moins pour la journée de l'enfant, à qui, comme l'observent les commissaires de la diète (pag. 167.), l'entretien précédent a fourni *le sujet de ses vœux et de ses résolutions*. A la prière succède une exhortation, accompagnée des réprimandes, soit publiques, soit particulières, qu'ont pu mériter les élèves dans la journée précédente; et je l'avoue, je ne me représente rien de plus touchant que le sentiment avec lequel de jeunes âmes ainsi disposées, doivent recevoir ces douces et paternelles corrections, sur des fautes dont l'occasion, déjà bien loin de leurs yeux, ne leur laisse plus voir que le côté haïssable, ces tendres sollicitations en faveur de la vertu qui semble en ce moment les environner, les presser de toutes parts de sa bienfaisante influence. Aussi l'impression en est-elle si forte et si générale, que, dans ces momens, des aveux sincères, toujours reçus avec indulgence, viennent presque toujours, ou révéler les fautes ignorées, ou expier la faute connue : c'est alors aussi que l'élève qui a quelque demande à former, quelque faveur à solliciter, exprime son désir avec une confiance que l'instituteur encourage (1) et justifie le plus qu'il peut par la complaisance; et quelques mots, quelques preuves inattendues d'affection, terminent cette heure d'épanchement et de bienveillance, d'où l'élève bien né rapporte sans doute plus de sentimens de bonheur que de tous les jeux de la journée.

Voilà, mon ami, le tableau que m'a présenté ce que j'ai pu apercevoir de l'éducation morale d'Yverdun. Je désire que vous en soyez frappé de la même manière que moi. Sans doute nous ne croirons pas avec M. Julien, que, par la force de cette éducation, l'élève de l'institut soit conduit à faire *toujours exactement ce qu'il doit* (tom. I, pag. 263.) Je serois en conscience obligée d'y envoyer mes filles, hélas! beaucoup moins avancées; et puis où seroit donc l'occasion des réprimandes journalières? Nous ne supposerons pas que les relations mutuelles d'un si grand nombre

---

(1) Voy. l'*Esp. de la Méth.*, t. II, pag. 592 et suiv.

d'enfans soient *toujours exempts de mouvemens de colère* (pag. 80), et nous aurons quelque peine à croire à cet état de paix, d'union, à cette harmonie parfaite des cœurs et des esprits que M. Julien nous présente sans cesse comme l'état constant d'un assemblage d'écoliers, tandis qu'on le trouveroit à peine dans une société de philosophes. Mais ne vous semble-t-il pas, comme à moi, que, susceptibles comme les autres enfans de passions répréhensibles, les élèves de l'institut doivent trouver en eux-mêmes, hors d'eux-mêmes, tous les motifs et les moyens qui ont été donnés à l'homme pour réprimer ses passions et les diriger vers le bien? Ne penserez-vous pas que, par les principes qui le dirigent, et la manière dont ils sont appliqués, par les moyens qu'il réunit, et la manière dont il les emploie, le système d'éducation morale de M. Pestalozzi, est, parmi les systèmes connus jusqu'à présent, un de ceux qui offrent à l'élève le plus d'aides pour la raison, de chances pour le bonheur et de probabilités pour la vertu?

Dans ma première lettre, je terminerai mon examen par quelques observations sur le système d'instruction.

P. M. G.

VIII.ᵉ LETTRE AU RÉDACTEUR.

DES RAPPORTS DES DISPOSITIONS DE L'AME ET DES FACULTÉS INTELLECTUELLES AVEC LE CORPS, ET DE L'INFLUENCE DE L'ÉDUCATION MORALE SUR L'ÉDUCATION PHYSIQUE.

COMME nous avons toujours fait précéder nos considérations sur les fonctions et leur exercice par une courte description des organes qui servent à les remplir, nous devrions, en traitant des forces intellectuelles, parler aussi du cerveau; mais, malgré les intéressantes recherches anatomiques faites jusqu'à nos jours sur cet organe, nous sommes encore bien loin de pouvoir discerner les parties qui servent de moyen pour produire les diverses opérations de l'âme et de l'intelligence: nous voyons cependant ces facultés se développer dès la naissance, et jouer un grand rôle dans toutes les fonctions. Sans doute il importe à la philosophie comme à la théologie de bien distinguer les forces du corps de celles de l'âme, tandis que le médecin, le physicien, qui s'occupent d'éducation physique, ont, au contraire, le plus grand intérêt à les étudier dans leur plus intime liaison, pour en examiner les rapports et l'influence réciproque. Loin de tenir à la manière de voir de la secte qu'on suppose tendre au matérialisme, le médecin peut chercher quelles sont les propriétés du corps humain qui se trouvent le plus communément liées à certaines qualités de l'âme; il peut examiner comment on pourroit remédier aux vices physiques capables de s'opposer au développement moral, comme aux vices moraux qui nuiroient à la conservation du corps; et l'on conçoit que ce n'est pas l'un des chapitres les plus faciles à traiter, quoiqu'il soit un des plus nécessaires, surtout lorsqu'on songe à une civilisation toujours croissante, à un perfectionnement progressif de l'état moral.

Jusqu'ici nous avons fait, autant qu'il étoit possible, abstraction de toute influence des facultés intellectuelles : les phénomènes de notre existence ont été dérivés des forces vitales que nous y supposions, ou simplement de la propriété qu'a chaque partie des corps, d'être affectée par des impressions, et de réagir. Ici, il doit être question de la réunion de ces diverses impressions dans un centre commun où, conservées plus ou moins long-temps par le sentiment, elles se rappellent au souvenir, lors même que ce qui les a fait naître n'existe plus, où ce souvenir excite d'autres impressions, d'autres mouvemens diversement séparés ou combinés et communiqués à la machine ; en un mot, il s'agit ici de ce centre commun, que nous appellerons *sens interne*, et dont il nous importe de connoître les opérations, afin de pouvoir juger de son influence sur le développement du corps.

Tant que l'enfant se trouve dans le sein de la mère, on peut regarder son état comme un sommeil profond. S'il existe déjà quelque mouvement dans son cerveau, il ne peut en résulter pour lui que des rêves sur son existence, et le souvenir en est aussitôt effacé. Dès qu'il voit le jour, l'exercice de cet organe commence ; les changemens qui ont lieu dans tout son corps, deviennent un peu plus sensibles : il les exprime, il crie ou il pleure, il bâille, et finit par sourire. Les cris sont le premier langage de cet être nouveau ; ils expriment ses douleurs, ses désirs, ses craintes ou ses espérances, sa répugnance ou sa colère. Ils sont donc loin d'être toujours des signes de souffrance ; aussi ne sont-ils pas toujours accompagnés de pleurs, et ils montrent quelquefois, au contraire, la vivacité et la vigueur des sentimens et des désirs. On craint ordinairement qu'ils ne produisent des hernies ; mais elles n'ont lieu que dans l'enfant disposé à en avoir au moindre accident, et l'on sait d'ailleurs qu'elles se guérissent souvent avec facilité au moyen de quelques bandages. Quant aux larmes, il est certainement utile de les éviter ; elles ne sont propres qu'à affoiblir les yeux ; c'est à la tendresse maternelle à les prévenir dans les premiers momens, ou à les essuyer le plus tôt possible.

Les bâillemens sont un symptôme assez commun dans le premier âge ; ils sont dus à la fatigue et au besoin de repos. Le sommeil est accompagné de rêves continuels. Les premières impressions fortes se réveillent souvent ; le jeu libre des perceptions fait naître les rêvasseries ; et c'est probablement la cause la plus fréquente de ces petits mouvemens nerveux et du somnambulisme que l'on rencontre dans un âge peu avancé. Les notions s'impriment ensuite et deviennent sentimens. Heureux si l'enfant s'aperçoit de bonne heure qu'il est ici bas des sensations agréables qui provoquent le sourire de l'innocence. C'est le premier tribut de reconnoissance que paye à l'amour maternel cet être intéressant; mais bientôt ses désirs se réveillent par des agitations générales un peu plus volontaires.

Dans le sens interne, comme dans les forces vitales, on peut reconnoître une faculté pour ainsi dire passive, celle de *sentir*, et une faculté active, celle de *vouloir*. L'une donne le sentiment d'une impression reçue; l'autre fait naître une action en conséquence de cette impression. Les sentimens et les volontés naissent d'abord comme par instinct; ils paroissent et disparoissent involontairement, et occasionnent le jeu de l'imagination déréglée, jusqu'à ce que la mémoire qui embrasse les souvenirs des impressions reçues et des désirs, soit soumise à une force supérieure, le jugement, qui pèse, qui fait abstraction, qui imagine, qui sépare ou combine, en un mot qui produit toutes les opérations de l'entendement.

Les premiers sentimens, comme les premiers désirs, sont nécessairement sensuels; ils tendent à la conservation d'une foible existence; la faim, la soif, la douleur et le sentiment d'une existence paisible, sont, pour ainsi dire, les sentimens et des passions de l'égoïsme. Un peu plus tard naît le sentiment de l'amour et de la sympathie; et ce sont là les deux mobiles qui nous agitent depuis le berceau jusqu'à la tombe.

Dès la naissance on aperçoit déjà dans la manifestation de ces sentimens et de ces passions des différences individuelles qu'il importe à l'éducation morale, ainsi qu'à l'éducation physique, de distinguer et de connoître d'aussi bonne heure qu'il est possible.

L'enfant peut être insensible aux plus fortes impressions, ou sensible à la moindre chose. Les impressions peuvent être fortes et durables, fortes et passagères, ou foibles et durables, foibles et passagères. Il peut être également susceptible de toutes sortes d'impressions, ou être affecté surtout par des objets d'un certain genre. On peut voir dès le plus bas âge si ce sont les sujets gais ou tristes qui l'affectent le plus. Certes, les enfans éprouvent des vicissitudes capables d'apporter de grandes modifications dans leur naturel; il seroit cependant à souhaiter qu'on voulût bien prendre note plus fréquemment des observations de ce genre, et multiplier les journaux où se consigne le développement de l'enfance. Ils serviroient un jour de guide, et nous apprendroient jusqu'à quel point on peut parvenir à faire disparoître certains inconvéniens sans en faire naître d'autres à leur place.

Il est rare que les enfans soient absolument insensibles; mais supposons-en un qui soit né très gras, qu'on voie se développer en lui peu de mouvement d'esprit, et qu'il dorme toujours; il sera peut-être bon, surtout si la croissance n'est pas très accélérée, de l'exciter un peu au physique et au moral. Une bonne nourrice emploie mille petits moyens pour réveiller les sentimens; elle fait sonner la clef ou le hochet, elle danse, chante, et attire les regards vers la lumière ou d'autres objets éclatans, pour rompre cette espèce d'engourdissement. L'état de susceptibilité a plus d'inconvéniens. Il se trouve souvent dans des êtres physiquement foibles; et il importe alors de modérer une vivacité de sentiment qui mine le corps. Dans le choix des objets qui doivent les occuper, on préférera ceux qui sont gais; et sans en changer trop souvent, on se gardera bien de laisser fixer les yeux sur le même objet jusqu'à l'exaltation. L'expérience prouve qu'on n'est affecté quelquefois que par certaines choses, comme pour un objet de passion ou de dégoût; et il convient alors d'émousser peu-à-peu cette impression.

Il est des enfans très-gourmands; tant qu'ils ne se gâtent pas l'estomac, il est difficile de dire jusqu'à quel point on doit leur mesurer une nourriture si nécessaire à la croissance. Qu'on se garde bien cependant de trop réveiller leur goût, en leur présentant sans cesse des gourmandises. On ne sauroit se figurer aussi à quel âge tendre on peut faire naître des sentimens voluptueux, lorsqu'un enfant se trouve entouré de personnes légères ou corrompues. On ne peut assez dire aux instituteurs combien il est important d'éviter tout ce qui tend à réveiller des organes dont le développement ne doit avoir lieu que plus tard, et de ne point attirer l'attention ou l'imagination sur des choses qui y ont rapport.

Quelquefois l'enfant s'occupe trop de lui-même, et ce sentiment peut naître en lui par un excès d'attention au moindre mal dont il est atteint, de la part des gens qui l'entourent. Dès que la sympathie se réveille surtout, la foiblesse trouve un grand plaisir à se faire plaindre. Rien n'est plus propre à troubler la force de la croissance, et plus tard le repos de la vie, qu'une pareille foiblesse; elle produit la crainte et la pusillanimité. Dans la première enfance, il est essentiel au développement physique et moral, que l'on soit, le moins possible, occupé de sa propre existence: il faut, pour certains enfans, que les idées soient de préférence dirigées vers les objets dont ils sont entourés.

De tous les sentimens moraux nuisibles au développement naturel du corps, la crainte est, sans contredit, celui qui mérite le plus d'attention. Celle qui naît de l'obscurité, celle qu'inspirent des personnes ou des êtres imaginaires, celle des punitions ou privations, et autres peines qu'on invente dans l'éducation morale, sont des mobiles ordinairement plus dangereux que tout ce qu'on auroit pu employer de punitions même corporelles. Les objets imaginaires, les fantômes, dont on occupe l'enfance, deviennent des spectres qui la poursuivent pendant toute la vie. Les personnes craintives dont on l'entoure lui communiquent, pour ainsi dire, ce tourment comme par contagion. Veut-on juger, au reste, de son influence physique? On n'a qu'à se représenter l'homme fortement saisi d'épouvante; les sens internes, la perception, le souvenir, etc., perdent leur force, il est comme frappé de paralysie; il regarde sans voir, il entend sans comprendre. Tout le corps tremble ou se roidit;

la figure devient rouge ou pâle, selon que le sang est arrêté vers les extrémités ou dans les artères; la respiration est gênée; le mouvement du cœur est suspendu, et les pulsations ou s'interrompent ou éprouvent des irrégularités. Le foie paroît également troublé dans ses fonctions; la bile s'arrête ou produit un débordement, auquel succèdent par fois des vomissemens ou des évacuations d'autres matières, que suspendent souvent les spasmes.

Quelquefois la rupture des vaisseaux dont les parois sont foibles; dans d'autres cas, leur extension, celle du cœur, ou quelques anévrismes sont la suite de ces violentes émotions; on a vu jusqu'à des épilepsies et même la mort frapper comme la foudre les êtres qui se trouvoient atteints d'un pareil effroi. La révolution française, qui a excité des craintes si justes et si multipliées, a fait remarquer aussi un plus grand nombre de maladies du cœur; et qui pourra prévoir quelles sources de maladies préparent pour l'avenir les impressions semblables qu'on fait naître dans le cœur de l'enfance! Il est, au reste, des individus plus faciles à s'effrayer d'une chose que de toute autre. Cette disposition est involontaire, et l'on ne peut en faire un crime; elle exige plus de précaution, mais il importe de la corriger. Il appartient à l'éducation morale d'apprendre comment on doit émousser ce qu'il y a de moral dans ces affections; et à l'éducation physique d'attirer l'attention sur ce point, afin de faire observer qu'il faut choisir pour l'exercice qui tend à ce but, les momens favorables. Les époques critiques, les temps de fièvre ne seront pas les meilleurs. A un âge plus avancé, on peut accoutumer l'enfant au bruit du canon, aux expériences physiques les plus bruyantes, au beau spectacle de l'orage, et aux autres évènemens inévitables de la vie, en l'entourant de personnes qui sachent y faire apercevoir quelque chose de beau, d'imposant et d'utile.

L'effroi, le saisissement, la crainte, étant des sentimens qui paralysent les mouvemens du cœur, ceux qui les éprouvent ont besoin d'excitans physiques pour renouveler la circulation; un peu d'eau froide, d'eau rougie, ou du vin pur à petite dose, sont utiles dans ces occasions.

La crainte s'occupe de l'avenir; le chagrin porte ordinairement sur le passé. Il ne frappe pas aussi subitement; mais il mine lentement la machine, il affoiblit par sa constance. Son effet n'est pas aussi sensible sur les nerfs, quoiqu'ils deviennent moins actifs, ni sur la circulation, quoiqu'elle se ralentisse peu à peu; il paroît plutôt attaquer les parties glandulaires et les voies de la digestion. La bile s'altère, et les adultes présentent à la longue des squirres à l'estomac et aux intestins; mais ce n'est pas dans l'enfance, où l'activité est plus grande, que se manifestent ces symptômes; le système nerveux, naturellement très mobile alors, ne donne pas lieu à des impressions aussi profondes. Quand on voit cependant ces impitoyables tuteurs ou maîtres, qui, sans réflexion sur la foiblesse de l'enfance, sur sa difficulté à se former, lui préparent sans cesse de nouveaux tourmens, on ne peut s'empêcher de croire que ce n'est pas là l'âge le plus heureux. La timidité, l'amour de la solitude, la taciturnité sont les suites morales visibles du mauvais traitement, et nul ne peut déterminer quelles en seront les suites physiques, lorsque le développement naturel a été interrompu dans l'intérieur. Mais ici, comment fixer une juste mesure entre le ménagement excessif, qui rendroit l'enfance trop susceptible si elle n'étoit jamais contrariée, et la rigueur, que peut exiger un individu plutôt qu'un autre ?

La chagrin a besoin de dissipation, il ne comporte pas toujours l'usage des excitans, tels que le vin ; le régime, de légers acides, les délayans, c'est-à-dire, une quantité modérée de boisson pour attirer en bas, sont ce qu'il y a de plus convenable au commencement; quoiqu'il ne faille pas en donner au point d'affoiblir les voies de la digestion, particulièrement l'estomac, et de provoquer les diarrhées. Ce n'est que lorsque le chagrin est un peu dissipé, qu'on peut penser à remonter les forces de nouveau.

Il y a d'autres affections sur lesquelles il est plus difficile de décider à quel degré elles dépendent des impressions morales; tel est le dégoût, qu'il est nécessaire de faire vaincre à l'enfant, lorsqu'il porte sur des choses qu'il est difficile d'éviter. Tout en le familiarisant peu à peu avec elles, il sera bon d'avoir égard à sa constitution générale, et aux circonstances dans lesquelles il se trouve. Le vertige est une autre sensation dont la cause physique n'est pas difficile à démêler. Elle peut tenir à des congestions de sang à la tête, ou à une disposition à en avoir. Il faut alors recourir à d'autres moyens que les remèdes moraux, et employer les bains de pieds et autres dérivans. Nous avons vu à l'article des exercices, comment on prépare l'enfant à marcher sur la corde, en le faisant marcher sur une planche, qu'on éloigne peu à peu du sol ; on peut user de cet expédient pour diminuer, au moins en partie et dans bien des cas, la cause morale qui pourroit contribuer au vertige, c'est-à-dire, la crainte.

Tous les sentimens dont nous avons parlé jusqu'à présent sont tristes et oppressifs ; ils troublent les mouvemens et la circulation, soit en les arrêtant dans l'intérieur, soit en ôtant les forces du corps et de l'esprit. On peut les distinguer des sentimens gais et expansifs, c'est-à-dire, des affections qui déterminent les fluides à se porter vers la surface du corps ; et qui favorisent la nutrition et la croissance en faisant circuler le sang partout.

Les sentimens gais, celui du bien-être, du contentement, des souvenirs agréables et celui de l'espérance, contribuent certainement beaucoup à augmenter les forces du corps. Il ne faut pourtant pas ranger dans cette classe une espèce d'exaltation qu'on observe chez quelques enfans assez foibles, et qui a quelque chose de convulsif dans la manière dont elle se manifeste. Cette gaieté a plutôt besoin d'être calmée, ou au moins de ne pas être excitée. Sans doute la plupart des enfans sont naturellement gais et contens; cependant on voit quelquefois, déjà dès le bas âge, une sorte d'affectation et de maintien composé que l'éducation cherche à donner pour faire paroître au-dehors des sentimens que le cœur n'est point encore capable d'éprouver. C'est un talent de comédien, qui n'est pas sans effort pour celui qui est chargé de jouer ce rôle. Il n'est pas très rare, en France, de trouver des enfans à qui l'on a appris à être gais, comme on leur a appris à être aimables, sans que le cœur y soit pour rien; ce n'est pas à cette gaieté-là que je pense en parlant des effets salutaires de la gaieté. L'état social peut gagner à ces beaux dehors, ils produiront leur effet sur ceux qui communiqueront avec les personnes qui les ont acquis; mais il n'est point utile pour des enfans naturellement foibles, de les exalter mal à propos jusqu'à ce qu'il en résulte de l'abattement. A moins qu'on ne puisse faire autrement, il faut laisser à la nature à régler le degré d'action; c'est elle qui connoît le mieux la mesure des forces et la proportion convenable des exercices, sauf à nous à modifier insensiblement les forces autant qu'il est en notre pouvoir, et à les cultiver en les entretenant dans une certaine harmonie. Au reste, ce n'est pas en France qu'il est nécessaire de montrer les effets salutaires de la gaieté, et d'en faire l'éloge.

FRIEDLANDER.

LA GRANDE ALLÉE DES TUILERIES.

CONTE.

Emilie et Laurette de Vauquiers entroient avec leur gouvernante aux Tuileries, par une des portes de la rue de Rivoli. Leurs robes de perkale étoient neuves, couvertes de garnitures de mousseline brodée; leurs capotes assorties à la robe, leurs manches longues et larges ; enfin , leurs brodequins de coutil bleu et blanc, leurs fichus de soie et leurs ceintures rayées comme les brodequins, leur donnoient toute la joie qu'éprouvent de jeunes filles à se sentir bien mises. Emilie, qui avoit quatorze ans et commençoit à devenir raisonnable, n'en jouissoit pas moins de ce plaisir avec une vivacité bien excusable à son âge : quant à Laurette, il avoit eu le pouvoir de lui donner un maintien posé que son étourderie lui permettoit rarement de prendre. Elles se destinoient à faire deux tours dans la grande allée avant de continuer leur route vers le faubourg Saint-Germain, où elles devoient retrouver leur mère chez une de leurs cousines qui avoit une fille de leur âge, et chez qui elles devoient passer la journée avec plusieurs autres jeunes personnes. L'amusement qu'elles se promettoient, le beau temps, cette grande allée qu'elles voyoient de loin remplie de monde, leur inspiroient une telle gaieté, qu'elles rioient de tout, mais surtout de l'habillement des personnes qui passoient près d'elles, car elles étoient ce jour-là d'une grande sévérité sur la mode, et il leur auroit été bien difficile de résister à l'effet de ridicule que leur faisoit un chapeau de l'année passée. Elles marchoient se tenant par le bras, et derrière elles leur gouvernante occupée à causer avec une femme de ses amies, n'entendoit pas leurs moqueries.

A peu près en même temps qu'elles, entroit par la même porte un grand jeune homme, long, mince, et qui le paroissoit encore davantage, parce que les manches étroites de son habit n'arrivoient qu'à moitié de ses bras, et que son colet montoit à peine à moitié de son cou ; ses grands cheveux mal coupés descendoient le long de sa figure d'autant plus allongée que son petit chapeau n'entroit presque pas dans sa tête ; ses culottes noires, aussi serrées que ses manches, ne lui couvroient pas entièrement le genou, et laissoient un peu voir par en haut la rallonge blanche de ses bas de fil bleu : au bruit que faisoient ses gros souliers en descendant l'escalier des Tuileries, on entendoit qu'ils devoient être ferrés. Il tenoit un livre, et comme il le lisoit avec beaucoup d'attention, il marchoit lentement à côté des jeunes personnes qui eurent tout le temps de le considérer. Leur gaieté du moment ne pouvoit laisser échapper une si belle occasion. Laurette pousse le coude d'Emilie, qui lui répond en se couvrant la bouche comme pour s'empêcher de rire, et tant que le jeune homme marchoit à côté

DE L'EDUCATION.

d'elles, elles se font cent mines qui redoublent l'envie qu'elles ont de se moquer, et regardent tous ceux qui passent pour voir s'ils ne rient pas comme elles. Lorsqu'en allongeant ses grandes jambes, il a commencé, malgré la lenteur de sa marche, à prendre un peu d'avance, alors elles éclatent assez haut pour qu'il retourne la tête et les regarde; puis il se remet à lire. Un peu déconcertées de ce regard, elles continuent leurs remarques, mais plus bas. « J'imagine, » dit Laurette, qu'il est venu pour se montrer dans » la grande allée. » — « Certainement il y va, » répond Emilie; et en effet il en prenoit le chemin : « dépêchons-nous donc pour le voir s'y promener, » recommençoit Laurette; et elles hâtoient le pas autant que le permettoit le soin de ne se pas trop éloigner de leur gouvernante. Elles virent le jeune homme entrer dans la grande allée, la traverser; et comme les chaises, toutes occupées, l'empêchoient de sortir vis-à-vis de l'endroit où il étoit entré, la suivre quelque temps toujours sans quitter le livre, sans hâter le pas et sans tourner les yeux à droite ni à gauche. Elles y arrivèrent malheureusement comme il en sortoit; mais il fut, pendant leurs deux tours d'allées, l'objet de toutes leurs plaisanteries et de ces mille choses qu'ont toujours les jeunes filles à se dire dans les endroits où il y a du monde, parce qu'elles imaginent que cela les fait remarquer davantage.

Elles finissoient leur second tour, et alloient continuer leur route, lorsque Laurette poussant

Emilie encore plus vivement que la première fois, s'écria, « le voilà, » et lui montra du doigt, comme elle en avoit la mauvaise habitude, le jeune homme qui revenoit précisément vis-à-vis d'elles, donnant le bras à une jeune personne si petite, qu'elle avoit de la peine à atteindre son bras, et dont cependant la robe encore trop courte étoit rallongée par un pli, ce qu'on voyoit bien, parce que la rallonge étoit d'une nuance moins passée que le reste de la robe. Son schall, son chapeau, quoiqu'on vît bien qu'ils étoient conservés avec autant de soin et de propreté qu'il étoit possible, répondoient parfaitement à sa robe; et sa figure chétive alloit avec tout le reste. Cette pauvre petite paroissoit toute essoufflée; cependant elle tiroit le bras du grand jeune homme comme pour le faire sortir plus vite de l'allée; mais quant à lui, rien ne le hâtoit ni ne dérangeoit l'imperturbable gravité de sa figure. Pour cette fois Laurette se mit à les regarder d'une manière si marquée, que ce fut à son tour Emilie qui la poussa pour la faire finir, parce qu'elle vit qu'ils s'en apercevoient; elle crut même voir le jeune homme regarder en ce moment la jeune fille d'un air toujours grave, mais un peu inquiet, et qui avoit l'air de la protéger. Il lui parut même que la jeune fille rougissoit, ce qui lui ôta toute envie de se moquer; mais pour Laurette, beaucoup trop étourdie pour avoir fait ces remarques, elle ne put s'empêcher de les suivre des yeux, jusqu'à ce que le premier intervalle laissé entre les chaises leur eut permis de quitter l'allée. Les deux sœurs la quittèrent de leur côté, et se rendirent chez leur cousine. La journée se passa très agréablement, et elles eurent de plus un bonheur auquel elles ne s'attendoient pas. Depuis quelques jours leur maître de dessin étoit parti pour les pays étrangers, et leur mère en cherchoit un autre. On lui parla d'un peintre qui demeuroit auprès du Pont-Royal, et avoit chez lui un atelier de jeunes personnes auxquelles il enseignoit. Emilie et Laurette, qui trouvoient cette manière d'apprendre beaucoup plus amusante que de prendre des leçons chez elles, obtinrent de leur mère qu'elle feroit demander au peintre de les recevoir au nombre de ses écolières. Deux jours après, la personne qu'elles avoient chargée de cette commission, leur fit dire qu'elle avoit parlé au peintre, qui consentoit volontiers à leur donner des leçons, et leur mère leur promit de les mener chez lui le lendemain pour convenir des arrangemens à prendre.

Elles y allèrent en effet; mais leur empressement les avoit trompées; ce n'étoit pas jour d'atelier, et le peintre étoit sorti. On leur indiqua l'heure où il falloit revenir le lendemain; en repassant par les Tuileries, elles s'assirent à l'entrée de la grande allée. Elles y étoient à peine que Laurette sentit sa chaise légèrement remuer par quelqu'un qui vouloit passer. Elle se retourna, et avec son étourderie ordinaire, appelant sa sœur à demi-voix: « Emilie, dit-elle, regarde donc. »

Emilie regarda et vit le grand jeune homme et la petite jeune fille de la veille, toujours dans le même équipage. La jeune fille, qui n'étoit pas encore entrée dans l'allée, parce qu'une chaise l'avoit arrêtée, les vit et retira en arrière le bras de son compagnon. « Ne passons pas aujourd'hui par » ici, dit-elle, d'un ton timide, et en baissant la » tête de manière à cacher son visage dans son » chapeau. — Il faut continuer comme nous avons » commencé, » dit gravement le jeune homme, en la tirant après lui, mais cependant avec douceur : « si nous évitons aujourd'hui les Tuile- » ries, demain nous n'oserons pas passer par les » rues. » Et il continua son chemin seulement un peu plus vite, quoique pas assez encore au gré de sa pauvre petite compagne. Pendant ce temps-là Laurette tourmenta sa mère, pour la faire regarder de ce côté; mais madame de Vauquiers, occupée d'autre chose, ne tourna la tête que quand ils eurent disparu dans la foule. Pour Emilie, elle étoit occupée de ce qu'elle leur avoit entendu dire; elle en parla à Laurette quand elles furent seules, et lui dit qu'il ne falloit plus s'en moquer, parce qu'elle croyoit qu'ils étoient fort malheureux. Laurette prétendit que tout cela ne vouloit rien dire, parce qu'elle trouvoit plus commode de ne pas se donner la peine d'y penser, et elle continua à reparler de la rencontre du matin jusqu'à en impatienter sa mère, qui n'aimoit pas ce rabâchage et ce ton de moquerie sur des bagatelles; elle connoissoit ce penchant à Laurette, et auroit voulu l'en corriger.

Le lendemain elles retournerent chez le peintre, qui les reçut dans une chambre voisine de celle où travailloient ses élèves: elles en furent enchantées, parce qu'il avoit l'air d'un excellent homme. Les arrangemens pris, et le jour fixé pour la première leçon, elles s'en retournèrent, et, à leur grand regret, sans entrer dans l'atelier des élèves qu'il ne falloit pas déranger. En marchant le long du Pont-Royal: « Cela seroit plai- » sant, disoit Laurette à sa sœur, si nous allions » retrouver encore aux Tuileries.... tu sais? » Et elle n'achevoit pas de peur d'être grondée par sa mère; Emilie ne répondoit rien par la même raison, et aussi parce qu'elle commençoit à trouver cette idée moins gaie. Un homme qui passoit sur le trottoir en portant une longue planche, les obligea de se ranger contre le parapet. En se retournant, elles aperçurent, qui?.... le grand jeune homme et la petite jeune fille qui, marchant immédiatement derrière elles, avoient été de même obligés de s'arrêter.

« Ah, mon Dieu! les voilà encore, » dit tout bas la jeune fille en cachant, comme la veille, sa tête dans son chapeau.

« Il faut s'y accoutumer, » répondit froidement le jeune homme, qui avoit repris son chemin, et passoit devant elles en suivant l'homme à la planche, « nous en rencontrerons beaucoup comme » elles. »

Laurette, rangée de l'autre côté, les aperçut la dernière. Grondée la veille, elle n'osa pas dire grand'chose; cependant elle les fit remarquer à sa mère, qui lui répondit un peu sévèrement : « Je vois seulement qu'ils ont l'air très pressés, cela ne me paroît nullement plaisant. » Mais Emilie qui, placée plus près d'eux, les avoit encore entendus, en eut toute la journée un poids sur le cœur, parce qu'elle voyoit bien que les moqueries de l'avant-veille, et l'étourderie de Laurette leur avoient donné mauvaise opinion d'elles, et puis elle se sentoit affligée de les avoir humiliés.

Le jour fixé pour la leçon, elles se rendirent chez le peintre, et furent enfin introduites dans l'atelier où elles avoient tant ambitionné d'entrer. La première personne qu'elles aperçurent dans un coin un peu séparé des autres élèves, ce fut la petite jeune fille qui dessinoit avec une grande attention. Elle leva pourtant les yeux quand madame de Vauquiers et ses filles passèrent près d'elle, pour s'aller mettre à la place qui leur étoit destinée. Elle tressaillit et rougit beaucoup. Laurette la regardoit avec curiosité en poussant le pied de sa sœur. Emilie, qui avoit vu son trouble, troublée elle-même et frappée du souvenir de ce qu'elle avoit entendu, ne savoit plus si elle devoit avancer ou reculer. Enfin elles furent établies à leurs places, d'où leurs regards pouvoient porter en plein sur la jeune fille. Laurette, curieuse et inconsidérée, ne les lui épargnoit pas. Emilie, quoique plus réservée, ne pouvoit s'empêcher quelquefois de l'examiner en dessous du coin de l'œil, et plus d'une fois leur mère fut obligée de les avertir de faire attention à leur leçon. Elles remarquèrent que le peintre, quoiqu'occupé de toutes ses élèves, suivoit celle-ci avec une attention particulière; mais ce jour-là il n'en parut pas content. « Ma- » demoiselle Adèle, lui disoit-il, vous qui faites » si bien ordinairement, cela ne va pas aujour- » d'hui; un peu plus d'attention, je vous en prie; » à quoi donc pensez-vous? » reprenoit-il, en voyant qu'elle cherchoit sur la table ses crayons qu'elle paroissoit ne pouvoir y retrouver. Et comme il disoit ces derniers mots d'un ton un peu impatient, les larmes vinrent aux yeux de la pauvre petite. Il s'en aperçut, et voyant qu'elle étoit toute tremblante, il reprit du ton le plus confiant: « Allons, courage, ma belle enfant; — puis il lui » disoit pour la rassurer; — voilà qui est mieux, » tâchez de vous remettre en train. » Et il s'éloigna en lui faisant un sourire d'amitié auquel elle répondit par un demi-sourire bien timide, mais si doux qu'Emilie en fut toute émue, et que Laurette n'osa plus la regarder aussi constamment. Elle avoit ôté, pour dessiner, son chapeau, son schall et ses gants. Les deux sœurs remarquèrent qu'elle étoit bien faite dans sa petite taille; elle avoit de jolis cheveux blonds, de jolis yeux, et quoique maigre, pâle, et un peu triste, quelque chose de fort agréable dans la physionomie. Elle

ne leva les yeux de dessus son papier que pour regarder de temps en temps à la porte ; et quand à la fin de la leçon le grand jeune homme y arriva, elle se dépêcha de remettre son chapeau et son schall, et le joignit avec un empressement qui prouvoit combien elle étoit aise de s'en aller ; à peine se donna-t-elle le temps de dire adieu au peintre qui, s'approchant du jeune homme, lui serra la main avec cordialité. Puis, s'apercevant que madame de Vauquiers et ses filles les suivoient des yeux, il revint près d'elles quand ils furent sortis, et tirant les dessins du portefeuille d'Adèle, il les leur montra en leur disant : « C'est la
» plus forte de mes écolières, quoiqu'elle n'ait que
» quatorze ans ; j'espère que dans un an elle en
» pourra prendre à son tour, pourvu qu'elle parvienne à vaincre sa timidité. J'ai été obligé de
» la mettre à part. Elle étoit si troublée de se
» voir au milieu de ces demoiselles qu'elle ne faisoit rien qui vaille, et comme elle ne vous
» connoît pas, je suis sûr que c'est votre arrivée
» qui l'a tout-à-fait désorientée. »

Les deux sœurs rougirent en se regardant ; et madame de Vauquiers ayant demandé au peintre s'il connoissoit sa famille et sa situation : « Tout
» ce que je sais, dit-il, c'est qu'ils ont été plus
» aisés qu'ils ne le sont maintenant. Adèle venoit
» autrefois avec sa mère ; mais elle est morte il y
» a un an, et depuis ce temps j'ai toujours vu
» augmenter sur eux les apparences de la pau-

» vreté. Enfin, j'ai appris il y a quelques jours
» que son frère, que vous avez vu qui est venu
» la chercher, avoit été obligé de se mettre chez
» un tourneur. C'est un bien brave jeune homme,
» ajouta le peintre; on lui avoit offert de travailler à
» lui faire avoir une place gratuite pour achever
» ses études. Il a répondu qu'il falloit d'abord qu'il
» mît sa sœur en état de gagner sa vie; qu'après
» cela il auroit tout le temps d'étudier pour son
» compte; et qu'en attendant il vouloit un métier
» qui les fît vivre tous les deux. Il l'amène ici
» tous les jours de leçon, et les autres jours il la
» conduit chez une maîtresse de musique qui
» loge à côté. »

« Eh bien, dit en s'en allant madame de Vau-
» quiers à Laurette: trouves-tu maintenant l'habil-
» lement d'Adèle aussi plaisant ? »

« Non maman, mais vous conviendrez que quand
» on la rencontre pour la première fois dans la grande
» allée des Tuileries..... »

« On doit commencer par s'en moquer, n'est-ce
» pas ? ainsi, supposé qu'on t'y rencontrât avec elle,
» on feroit bien de se moquer de toi ? »

« Comment m'y rencontreroit-on avec elle ? »

« On ne sait pas, cela peut arriver. »

« Je lui donnerois d'abord une de mes robes. »

« Il faudroit qu'elle voulût l'accepter, ce qui
» n'est nullement probable, après que tu t'es mo-
» quée de la sienne. »

Emilie écoutoit cela sans rien dire, elle étoit occupée du désir de réparer ses torts envers Adèle, de donner meilleure opinion d'elle à son frère; et elle sentoit combien cela étoit difficile; elle y pensa toute la journée. Le lendemain elles arrivèrent de bonne heure à l'atelier; Adèle n'y étoit pas encore. Emilie trouva moyen de prendre une place plus près de la sienne, en disant que la tête qu'elle copioit étoit mieux éclairée de là, que son esquisse de la veille ne valoit rien et qu'elle vouloit la recommencer. Madame de Vauquiers la laissa faire, et le peintre occupé pour le moment ailleurs, n'y fit pas attention. Adèle arriva bientôt, elle avoit les yeux rouges comme si elle avoit pleuré; elle sembloit hésiter à entrer. Son frère avoit l'air de l'encourager, mais sa figure étoit plus grave encore qu'à l'ordinaire. Emilie, en le regardant et en pensant à ce qu'on lui avoit dit, s'étonna qu'il lui eût paru ridicule; elle lui trouvoit quelque chose de noble et même, malgré sa jeunesse, d'assez imposant. Adèle se glisse de côté à sa place, toute rouge et toute tremblante. Oh! comme il tardoit à Emilie de pouvoir la remettre plus à son aise. Elles dessinèrent quelque temps sans se rien dire, et même pour ne pas l'embarrasser, Emilie évitoit de la regarder. Enfin, au bout d'un quart-d'heure, elle lui demande la permission de prendre un instant son estompe, parce qu'elle n'en avoit pas là d'assez fine. Quoiqu'elle fût bien jeune, elle sentoit que pour se remettre bien avec Adèle, il n'y avoit rien de mieux que de commencer par lui avoir une petite obligation. Adèle, sans rien dire, choisit la meilleure de ses estompes et la lui présenta en rougissant beaucoup. Emilie, lorsqu'elle la lui rendit, après s'en être servie, prit cette occasion pour louer le dessin d'Adèle qui en effet étoit très-bien. Elle obtint alors quelques mots de remercîmens. Comme elle étoit embarassée par le sentiment du tort qu'elle avoit eu, n'osant pas se trop livrer au désir qu'elle avoit de répondre, elle rougissoit aussi en parlant à Adèle; et elle avoit dans son ton quelque chose de timide qui rassuroit celle-ci; car, si en s'adressant à une personne qu'elle ne connoissoit pas, même pour lui dire des choses obligeantes, elle avoit eu l'air à son aise, cela auroit paru la confiance d'une personne qui sent sa supériorité et le plaisir que font ses complimens; ce qui auroit pu embarraser Adèle ou la choquer. Quelques minutes après Emilie demanda un conseil à Adèle, ce qui étoit tout simple, Adèle étant beaucoup plus forte. Alors Adèle se leva, passa derrière la chaise d'Emilie et lui montra ce qu'il falloit faire. Emilie, après l'avoir fait, la remercia tant, lui montra tant de satisfaction de ce que le conseil qu'elle lui avoit donné avoit beaucoup embelli sa tête, qu'Adèle à son tour commença à lui parler sur leurs dessins, et que lorsqu'elle s'en alla, elle la salua en particulier et lui adressa ce demi sourire si doux qu'elle avoit adressé la veille au peintre. Laurette envia bien sa sœur d'avoir pu causer avec Adèle qui commençoit à l'intéresser beaucoup comme objet de curiosité, mais il n'y avoit plus moyen de changer les places.

Le lendemain Adèle étoit arrivée la première; elle se rangea pour laisser passer Emilie avec un air de connoissance qui enchanta celle-ci. Pendant toute la leçon, Emilie lui demanda des conseils, et Adèle lui en donna qui lui furent très-utiles. Elles commençoient à devenir tout-à-fait bonnes amies. Cependant l'heure de la leçon étoit finie, et le frère d'Adèle ne venoit pas la chercher; cela l'inquiétoit, parce qu'il étoit ordinairement fort exact, et puis elle ne savoit comment revenir. Madame de Vauquiers qui vit son embarras, demanda dans quel quartier elle logeoit; il se trouva que c'étoit dans le sien: alors elle lui proposa de la reconduire. « Oh non », dit Adèle toute effrayée, et elles virent bien qu'elle n'osoit se montrer avec elles mise comme elle étoit. Madame de Vauquiers après avoir inutilement insisté, se préparoit à s'en aller; « mais maman », dit Laurette, qui ne pensoit plus à rien qu'à faire connoissance avec Adèle, « si son frère ne vient pas, il faudra donc qu'elle » s'en aille toute seule? » — Oh, il viendra, disoit Adèle, et on voyoit bien à son ton qu'elle ne l'espéroit plus guère. Madame de Vauquiers étoit la bonté même; elle consentit à attendre encore cinq minutes. Cinq minutes, dix minutes, un quart-d'heure se passèrent, le frère n'arrivoit point, le peintre vouloit sortir; enfin, madame de Vauquiers prenant le ton d'autorité d'une personne raisonnable, dit à Adèle, qu'il falloit qu'elle vînt avec elle. La pauvre petite n'osa résister; d'ailleurs l'inquiétude qu'elle ressentoit sur son frère, ne lui permettoit guère d'autre pensée. Emilie s'empara de son bras, Laurette en vouloit faire autant de l'autre côté; mais madame de Vauquiers lui dit qu'elles ne pouvoient marcher trois de front sur le trottoir du pont, et la fit rester à côté d'elle, au grand chagrin de Laurette qui, aussitôt qu'elles furent entrées aux Tuileries, se saisit du bras d'Adèle avec un empressement qui fit rire sa mère. Elle traversa la grande allée sans penser un instant à ce qui la veille, lui avoit paru si étrange. C'est que Laurette n'étoit qu'enfant et irréfléchie, et que l'idée du moment l'occupoit toujours toute entière. Pour Emilie elle y pensa bien, mais elle n'en fut point embarrassée, puisqu'elle sentoit bien qu'il n'y avoit rien de ridicule dans son action.

En sortant des Tuileries elles demandèrent à Adèle où il falloit la conduire; elle désigna avec bien de la peine la boutique du tourneur où elle espéroit trouver son frère; mais en arrivant elle ne l'y vit pas. « Ah, mon Dieu, il n'y est pas! s'écria-t-elle en pâlissant »; et elle entra précipitamment dans la boutique où madame de Vauquiers et ses filles la suivirent. « Où est Henri? » demanda-t-elle avec une inquiétude terrible.

— « M. Henri? ce n'est rien, dit la femme du

» pour eûr, il a reçu un coup de pied de cheval
» à la jambe, comme il sortoit pour vous aller
» chercher, mais ce ne sera rien. »

Adèle pâle comme la mort et prête à se trouver mal, demandoit toujours d'une voix foible et en versant un torrent de larmes : « Où est Henri, où » est Henri ? »

Henri parut en ce moment à la porte de l'arrière-boutique, il se soutenoit avec peine sur sa jambe blessée. Adèle courut à lui, et puis s'arrêta, n'osant pas le toucher de peur de lui faire mal. Pour lui, la voyant pâle et couverte de larmes. « Pauvre » petite, » dit-il, et il l'embrassa avec une vive tendresse, l'assurant que ce n'étoit rien ; il n'avoit été qu'effleuré par le pied du cheval, et n'avoit que la douleur et l'ébranlement d'une forte contusion. Il lui montra que sa jambe n'avoit rien de démis, et qu'il la remuoit aussi bien que l'autre. Adèle lui dit que ces dames avoient eu la bonté de la ramener. Il les regarda alors pour la première fois, et salua madame de Vauquiers qu'il remercia du ton d'un homme bien élevé. Emilie vit bien qu'il croyoit ne devoir de remercîmens qu'à sa mère. Madame de Vauquiers témoigna quelque inquiétude sur la manière dont il pourroit retourner chez lui ; il lui dit que, logeant dans la maison d'à côté, il n'avoit que leur escalier à monter et le pourroit sans difficulté dès que la première angoisse seroit passée. Alors elles prirent congé du frère et de la sœur ; Emilie embrassa Adèle ; Laurette fit comme sa sœur : Adèle regarda son frère, et Henri, pour cette fois, remercia madame de Vauquiers et ses filles d'avoir ramené Adèle.

« Eh bien, » dit en riant madame de Vauquiers à Laurette, sitôt qu'elle furent sorties, « aurois-tu » trouvé bon qu'on se moquât de toi aujourd'hui » en te voyant avec Adèle dans la grande allée? »

« Pour cela non, dit Laurette. »

« Il est bien dommage, reprit madame de Vau- » quiers, que nous n'ayons pas rencontré quelque » petite fille comme toi, elle n'y auroit pas » manqué. »

« Mais, disoit Laurette, Emilie s'en est moquée » comme moi. »

« Ah pas long-temps, » disoit Emilie; et elle auroit bien voulu que ce ne fût pas du tout.

Le lendemain matin madame de Vauquiers envoya demander des nouvelles de M. Henri et de mademoiselle Adèle Delamarre; car elle avoit appris par le tourneur leur nom et leur adresse. Henri fit répondre qu'il étoit bien, mais que cependant sa sœur n'auroit pas de quelques jours le plaisir de voir ces dames à l'atelier, parce qu'il ne pouvoit pas encore l'y conduire. Madame Vauquiers lui fit dire que si Adèle vouloit, elle la mèneroit et la ramèneroit. Ce jour-là, la familiarité fut tout-à-fait établie entre les trois jeunes personnes. Adèle, une fois à l'aise, étoit d'une naïveté charmante. La curieuse Laurette lui fit mille questions, et avant le retour, les deux sœurs savoient toute son histoire et celle de Henri.

Elles apprirent qu'ils avoient perdu leur père trois ans auparavant, et leur mère l'année précédente. Ils avoient été riches, ils avoient même eu une voiture. M. Delamarre faisoit des affaires, elles avoient mal tourné; cependant M. Delamarre avoit voulu soutenir le même train, parce qu'il disoit que c'étoit le seul moyen de se remonter, et il avoit achevé de se ruiner. Il étoit mort en partie de chagrin, et madame Delamarre étoit morte aussi deux ans après de la suite des chagrins qu'elle avoit eus. Elle avoit été excessivement malheureuse pendant les deux dernières années de la vie de son mari ; de le voir achever la ruine et celle de ses enfans, sans pouvoir obtenir qu'il changeât de conduite. M. Delamarre disoit : « il faut soutenir son » état, il faut vivre convenablement, c'est le seul » moyen de conserver de la considération et de » rétablir ses affaires. » Madame Delamarre répondoit : « Il n'y a rien de convenable que de vivre » selon sa situation, et ne dépenser que ce qu'on » a. Nous ne devons pas chercher à soutenir l'état » de gens riches, puisque nous sommes devenus » pauvres, et on nous estimera beaucoup moins » quand nous vivrons d'emprunt, que si nous nous » réduisions courageusement à la dépense que com- » porte notre fortune. » Elle disoit aussi à son mari, surtout au commencement : « Nous sommes » encore bien plus riches que quand nous avons » commencé notre fortune ; si nous nous réduisions » à la dépense qui nous convient, en travaillant

» comme vous le faisiez, alors vous en feriez
» bientôt une autre, et le travail vous fatigueroit
» bien moins, et vous rendroit bien moins mal-
» heureux, que les tourmens que vous donnez pour
» trouver de tous côtés à emprunter de quoi sou-
» tenir votre maison. » M. Delamarre ne l'écoutoit
pas, et madame Delamarre pleuroit des heures
entières toutes les fois qu'il lui apportoit de l'argent
pour payer sa dépense, parce qu'elle savoit bien
que cet argent n'étoit pas à lui. Ses enfans, qui ne
la quittoient pas, voyoient son chagrin et le parta-
geoient. Henri surtout, qui étoit plus âgé, entroit
quelquefois dans des désespoirs affreux. Il disoit
sans cesse : « Si j'étois grand, je m'en irois quelque
» part où je travaillerois comme un ouvrier, je man-
» gerois du pain noir, et au moins je ne vivrois
» que de ce qui seroit à moi. » Les jours où son
père donnoit de grands dîners, il lui étoit impossible de manger. Il ne vouloit pas porter les habits
neufs qu'on lui faisoit, disant qu'il étoit ridicule
quand on étoit pauvre, de se mettre comme un
homme riche. Il ne disoit pas tout cela à son père
qu'il respectoit, ni à sa mère que cela auroit affligée
encore davantage, mais il le disoit à Adèle, qui
faisoit tout ce qu'elle pouvoit pour le consoler, et
qui même, pour lui faire plaisir, mettoit moins souvent ses robes neuves, car elle écoutoit avec beaucoup d'attention tout ce que lui disoit son frère,
qui avoit quatre ans de plus qu'elle, et qui à ce que
pensoit tout le monde, devoit être un jour un
homme de beaucoup de mérite.

Quand M. Delamarre mourut, comme sa femme se trouvoit engagée pour lui, les créanciers prirent tout. Cependant comme c'étoit une personne très-estimable, et qui avoit un grand talent pour persuader, elle obtint qu'ils lui laissassent un très-petit revenu qu'elle employoit à l'éducation de ses enfans. Mais quand elle fut morte, il ne leur resta plus rien; d'ailleurs Henri ne voulut avoir de secours de personne. Ils n'avoient que des parens très-pauvres et qui vivoient dans une province très éloignée; ainsi personne ne se mêla de leurs affaires. Ils ne possédoient plus que leur garde-robe, qui étoit heureusement assez considérable, et quelques bijoux qu'on leur avoit donnés dans leur enfance. Ainsi Henri avoit une fort belle épingle de diamant, et Adèle un collier de perles fines. Henri dit qu'il falloit vendre tout cela pour avoir de quoi continuer l'éducation d'Adèle; que pour lui, en attendant qu'elle pût prendre des élèves, il la feroit bien vivre de son métier de tourneur, qu'il avoit appris d'abord pour s'amuser, et où il s'étoit beaucoup perfectionné depuis qu'il avoit le désir de pouvoir travailler pour vivre. Adèle fut un peu affligée quand il lui proposa de vendre toutes ses robes. Henri voyant cela n'insista pas; mais le jour même il alla vendre son diamant, sa montre et ses habits. Alors Adèle lui donna, pour en faire autant, son collier; ses robes et le reste de ses bijoux. Ils ne gardèrent que ce qu'ils avoient de plus laid; « car, disoit » Henri, si nous gardons quelque chose d'un peu

» plus propre, nous n'aurons pas le courage de
» porter le reste. » Cependant Adèle fut bien honteuse le jour où elle sortit pour la première fois avec la robe qui depuis long-temps ne lui servoit plus qu'à traîner dans la maison. Le premier jour, elle obtint d'Henri de ne pas traverser les Tuileries, mais le lendemain il lui dit qu'il ne seroit pas raisonnable d'allonger tous les jours leur chemin, qu'il falloit se résoudre à paroître pauvre quand on l'étoit. Cependant il évitoit d'aborder ses anciennes connoissances. « Elles pourroient avoir honte de
» nous, disoit-il, et il n'y a pas de raison pour que
» nous leur fassions supporter cet embarras-là. »
— « Aussi, ajouta naïvement Adèle, j'avois bien
» peur qu'il ne me grondât hier d'être revenue avec
» vous. »

« Est-ce qu'il vous gronde ? » demanda Laurette.
— « Oui, quelquefois, quand j'ai trop de chagrin
» de ce qu'on nous a regardés aux Tuileries, et de
» ce qu'on s'est moqué de nous. Cependant je vois
» bien que dans ces cas-là il a aussi du chagrin à
» cause de moi, quoiqu'il conserve le plus qu'il
» peut son air grave et tranquille. Aussi je tâche de
» prendre courage pour ne pas lui faire de peine,
» mais je ne puis pas y parvenir. » Elle leur dit encore que le tourneur chez qui Henri s'étoit perfectionné, avoit consenti à le prendre pour ouvrier qu'ils vivoient tous deux de ses journées ; que l'argent de ce qu'ils avoient vendu, étoit employé à payer plusieurs maîtres à Adèle, et à lui acheter

des livres ; que pour Henri, il étudioit tout le temps qu'il ne travailloit pas chez le tourneur.

Elles remirent Adèle dans la boutique où Henri étoit descendu travailler. Emilie lui fit une grande révérence, et Laurette qui en avoit tant entendu parler, qu'elle se croyoit déjà de ses amies, lui parla d'un air de connoissance. Henri les remercia beaucoup ; son air n'étoit déjà plus si grave ; et les regards timides qu'Adèle portoit de temps en temps sur lui, exprimoient la joie qu'elle éprouvoit de ce qu'il étoit content de ses nouvelles amies ; car la bonne Adèle avoit oublié le chagrin que lui avoient causé Emilie et Laurette, et elles l'avoient oublié aussi, tant elles étoient éloignées d'imaginer qu'il leur fût possible de recommencer.

Pendant huit jours qu'Henri eut mal à la jambe, madame de Vauquiers mena et ramena Adèle, que ses deux filles aimoient tous les jours davantage, tant elles la trouvaient douce, naïve, sensible et attachée à son frère, qu'elle respectoit comme un père. Elles cherchoient dans leur tête le moyen de lui faire quelque petit présent ; mais ce que leur avoit dit leur mère les arrêtoit. Enfin Emilie dit à madame de Vauquiers : « Maman, nous » avons calculé, Laurette et moi, que, sur nos » économies, nous pouvions donner une robe à » Adèle, et nous avons pensé qu'en la faisant » nous-mêmes cela seroit un présent d'amitié » qu'elle ne pourroit pas refuser. »

« Ce qu'il y aura de mieux encore, dit ma- » dame de Vauquiers, comme Adèle vous a té-

» moigné qu'elle voudroit bien savoir travailler
» comme vous, proposez-lui de lui apprendre,
» et vous ferez sa robe avec elle comme pour lui
» servir de leçon. »

Les deux sœurs furent enchantées : dès le lendemain, en revenant de l'atelier, elles firent entrer Adèle chez un marchand, la consultèrent sur le choix d'une robe de toile, et quand elles l'eurent achetée à son goût, Laurette, sans attendre qu'elles fussent sorties de la boutique, lui sauta au cou en lui disant : « Tiens, Adèle, car elles
» se tutoyoient déjà, c'est pour toi, ma bonne la
» coupera, et nous la ferons avec toi pour t'ap-
» prendre à faire tes robes. »

Adèle, troublée, interdite, souriait, rougissoit, ne savoit ce qu'elle devoit croire, ce qu'elle devoit dire, ce qu'elle devoit faire. Elle regardoit la robe et ne la prenoit pas. Madame de Vauquiers devina sa pensée. « Allons voir, dit-elle, si
» M. Delamarre la trouvera de son goût. » Elle prit la robe sous son bras, Adèle la suivit sans rien dire, et les deux sœurs se demandoient avec inquiétude si Henri voudroit qu'elle l'acceptât.

En entrant dans la boutique du tourneur, Laurette prit la robe de dessous le bras de sa mère, en disant à Henri : « M. Henri, Adèle veut que
» nous lui apprenions à travailler, et voilà une
» robe que nous allons lui faire à nous trois pour
» lui montrer. »

Adèle regardoit son frère et l'embrassoit en

rougissant, Henri rougit aussi un peu, et remercia beaucoup ces dames de toutes leurs bontés pour sa sœur.

« Pour commencer les leçons, dit madame de Vauquiers, comme je demeure tout près, et que M. Delamarre commence à pouvoir marcher, il faut que vous veniez aujourd'hui tous les deux dîner chez moi. » Henri rougit encore et accepta. Adèle étoit bien contente, et les deux sœurs ne se possédoient pas de joie. Elles auroient été bien étonnées, quinze jours avant, qu'on leur eût proposé de prier à dîner un homme qu'elles voyoient gagner sa vie dans la boutique d'un tourneur. Mais elles avoient appris insensiblement une chose qu'elles n'auroient jamais crue si on la leur avoit dite, quand elles virent pour la première fois Henri et Adèle dans la grande allée des Tuileries, c'est qu'il n'y a de distinction absolue que celle de l'éducation, et que des gens bien élevés peuvent trouver place partout, parce qu'on n'est jamais embarrassé avec des gens qui savent parler et penser comme nous. Madame de Vauquiers dit qu'il falloit laisser Henri finir son ouvrage, et qu'elle l'attendoit à cinq heures avec sa sœur. Quand elle sortit avec ses filles, le tourneur et sa femme leur firent une grande révérence, comme pour les remercier de leurs procédés envers Henri ; car ils l'estimoient beaucoup et savoient qu'il n'étoit pas destiné pour le métier qu'il faisoit.

Henri vint à cinq heures avec sa sœur. En entrant son air étoit d'abord un peu grave. Il étoit toujours ainsi lorsqu'il sentoit qu'il avoit besoin de fermeté pour n'être pas embarrassé de son habillement ; mais comme il n'y avoit que madame de Vauquiers et ses filles, il parut bientôt plus à son aise, et leur parut très-aimable quoique fort sérieux ; il avoit bon ton, comme l'a toujours un homme bien élevé et d'un caractère réservé. Sa manière de parler avoit quelque chose de modeste et en même temps de franc qui donnoit bonne opinion de lui. La robe fut bientôt faite, et madame de Vauquiers voulut y joindre un schâll et un chapeau, parce qu'elle savoit bien qu'elle ne couroit plus risque d'être refusée. Rien ne blesse et n'humilie de la part de ceux qui ont commencé par nous témoigner de l'amitié. Elle continua même, lorsqu'Henri put marcher, à mener Adèle chez le peintre ; et au bout de quelque temps, comme elle vit qu'Adèle, qui devenoit très-forte, donnoit à ses filles des conseils qui leur étoient véritablement utiles, elle dit à Henri que, s'il y consentoit, elle la prendroit chez elle, ce qui avanceroit beaucoup Emilie et Laurette. On juge bien qu'Henri ne refusa pas son consentement. Madame de Vauquiers dit qu'elle se chargeoit entièrement de tout ce qui regardoit Adèle, et voulut absolument qu'Henri employât à s'habiller ce qui restoit de l'argent mis de côté pour son éducation. Quoique la situation d'Henri lui eût donné un peu de roideur dans le caractère, il ne savoit pas résister à madame de Vauquiers, à qui il devoit tant de reconnaissance. Elle a trouvé moyen de lui procurer un petit emploi qui lui donna de quoi vivre en attendant que l'ardeur qu'il met à s'instruire et ses heureuses dispositions le conduisent à quelque chose de mieux. Il vient souvent dîner chez madame de Vauquiers, et Emilie, à qui il inspire presque du respects, ne conçoit pas qu'elle ait pu se moquer de lui. Aussi à présent, toutes les fois qu'elle voit quelqu'un de ridicule, elle se persuade qu'il y a dans sa figure et dans sa conduite quelque chose de bien qu'il ne s'agit que de chercher. Elle s'y trompe quelquefois, mais du moins a-t-elle appris à ne se jamais moquer de personne sur de simples apparences qui ne tiennent à rien d'essentiel, qui peuvent même avoir des causes honorables, et qui du moins ne méritent jamais le chagrin qu'on peut faire aux gens en se moquant d'eux.

P. M. G.

Ce Journal, composé de quatre feuilles *in-8°*, paroît le 15 de chaque mois.

Le prix de l'Abonnement est de 18 fr. pour l'année, et de 10 fr. pour six mois.

On s'abonne chez LE NORMANT, Imprimeur-Libraire, rue de Seine, n°. 8, près le pont des Arts.

Les lettres et les envois doivent être adressés francs de port.

ANNALES
DE L'ÉDUCATION.

JOURNAL
ADRESSÉ PAR UNE FEMME A SON MARI, SUR
L'ÉDUCATION DE SES DEUX FILLES.

Numéro XXVII.

JE ne vous ai parlé jusqu'ici, mon ami, que de la partie morale du système d'éducation de M. Pestalozzi; j'étois là sur mon terrain, je m'y reconnoissois sans peine; et je crois, en effet, ce terrain offert à l'*éducation morale*, beaucoup plus ferme, beaucoup plus facile à reconnoître, que celui sur lequel marche l'*instruction*. Il n'en est peut-être pas ainsi pour ceux qui, dans l'éducation des enfans, se sont principalement occupés du but. L'instruction, quelque vaste qu'on la suppose, peut facilement se circonscrire et se renfermer dans des limites données; elle peut se prescrire un but et arriver au point où elle dira: Je l'ai atteint. Il n'est point de bornes à l'éducation qui enseigne la vertu; elle embrasse toutes les chances de la vie, et se continue tout le temps de sa durée. Son but se recule aux yeux de l'homme à mesure qu'il avance dans le bien; l'instituteur ne peut le fixer, car il n'y en aura certainement pas un qui se croie permis de dire à son élève: Là peut s'arrêter la bonté.

D'ailleurs, la science a des formes déterminées qu'on peut avec plus ou moins de peine introduire dans la tête de l'enfant ; la morale recevra la sienne du vase dans lequel on la verse. Le premier travail à faire, c'est de rendre ce vase régulier ; et il est beaucoup plus aisé, au moyen d'un enseignement suivi, d'une discipline exacte, d'obliger l'enfant à recevoir les connoissances dont on veut meubler sa mémoire, que de le forcer à contracter les penchans moraux qui doivent former son âme. Il n'est donc pas étonnant que, dans la généralité des éducations publiques qui se sont principalement occupées du but de l'éducation, les soins donnés à l'instruction aient paru rapporter beaucoup plus de fruits que ceux qu'on a donnés à l'éducation morale.

Mais dans la manière dont M. Pestalozzi a conçu l'éducation, en remontant à ses sources, en appropriant ses moyens à la nature de l'enfant qu'elle doit diriger, autant qu'au but vers lequel elle doit le conduire, cette nature qui devenoit son guide, a dû lui fournir des données beaucoup plus claires, beaucoup plus certaines sur la marche à suivre pour l'éducation morale, que sur celle qui convient à l'instruction.

C'est sur le caractère que travaille l'éducation morale, c'est à l'esprit que s'adresse l'instruction ; or, pour quiconque voudra prendre la peine de les observer et de tirer de chacun les ressources qui lui sont propres, les caractères offrent beaucoup moins de différences que les esprits, et présentent beaucoup plus de moyens pour arriver aux mêmes résultats. On peut raisonnablement espérer qu'une éducation pareille, environnée des mêmes circonstances, parviendra à établir, même dans deux caractères différens, les mêmes principes, le même degré de moralité. Mais qui s'est jamais flatté que tous ses soins pussent donner à deux enfans le même degré, la même nature d'esprit? et, pour nous tirer des embarras que nous présente cette différence lorsqu'il s'agit d'appliquer les moyens de développement, l'expérience et l'observation ne nous fournissent qu'un bien petit nombre de ressources; la réflexion même n'offre que des bases bien peu certaines. Le caractère des enfans prend de bonne heure les formes qui lui seront particulières; on y reconnoît assez promptement la plupart des passions et des penchans dont il aura à tirer parti ou à se défendre, et les passions des enfans sont les nôtres; si l'objet en est différent, la marche en est la même. L'amour-propre sert également à exciter leurs facultés, peut de même égarer leur jugement. Quand Louise est blessée de voir donner à sa sœur une plus grosse part, qui n'est pourtant pas prise sur la sienne, c'est exactement le même mouvement d'envie que celui qui fait qu'un homme que vous connoissez bien, s'affligera de voir échoir à un autre un héritage sur lequel lui-même ne peut avoir aucune prétention. L'affection a chez eux les mêmes bases que chez nous; ce sont les mêmes sentimens qui les portent à la générosité; enfin, c'est un petit monde en miniature, où jouent déjà presque tous les ressorts qui doivent un jour faire mouvoir le grand. L'esprit des enfans, au contraire, instrument encore imparfait, presque complet dans quelques parties, comme la mémoire, presque nul dans quelques autres, comme le jugement, ne produit que des conceptions informes, où manquent la plupart des élémens sur lesquels nous pourrions fonder quelque analogie qui nous servît à les deviner d'après les nôtres. D'ailleurs, les opérations de l'esprit, beaucoup plus subtiles, beaucoup plus involontaires que les mouvemens du caractère, échappent à l'observation de l'esprit même dans lequel elles se passent. Il n'est personne qui, avec de l'attention et de la bonne foi, ne puisse se rendre compte des mouvemens qui ont agité son âme, de leur cause et de leur tendance ; il n'est personne qui puisse prétendre à saisir, encore moins à expliquer certaines opérations de son esprit ; il n'est personne même à qui il n'arrive souvent de retrouver en lui-même la trace et le résultat d'opérations qui, long-temps auparavant, avoient eu lieu à son insu. Le travail de l'intelligence complètement ignoré de l'enfant, échappera donc continuellement aux yeux qui l'observent ; et tandis que les passions et les penchans, tous tendans vers un but déterminé, se manifesteront nécessairement par leur action vers ce but, et indiqueront à chaque instant à l'instituteur la marche de l'éducation, dans la route de l'instruction et dans la poursuite des idées de son élève, il sentira le terrain manquer à chaque instant sous ses pieds, heureux de retrouver de temps en temps quelques points d'appui qui lui serviront à s'élancer au hasard de distance en distance, jusqu'à ce qu'il atteigne, par l'effet du progrès de l'âge, un sol plus continu, plus ferme et mieux éclairé.

Mais les profondeurs de la nature de l'esprit ne sont pas les seules dans lesquelles il soit obligé de chercher à pénétrer pour poser les fondemens solides d'une bonne méthode d'instruction. Il faut qu'il soit remonté aux principes de chacune des sciences qu'il se propose d'enseigner, à sa base dans l'esprit humain, à la connoissance première d'où il faut la faire partir. Et de quel genre sera cette connoissance première sur laquelle doit s'établir successivement tout l'édifice de la science? quelle opération de l'esprit sera la plus avantageuse pour procéder solidement et promptement à la construction de cet édifice? La nature de nos diverses connoissances ne s'oppose-t-elle pas à ce qu'elle soit la même pour toutes? Nous voyons cette diversité d'opérations se marquer dans la formation des premières idées de l'enfant. Tantôt il passe du simple au composé, tantôt du composé au simple. Ainsi, pour arriver à l'idée des nombres, il faut nécessairement qu'il passe par l'idée simple de l'unité. Ainsi *une* chose, à côté d'*une* autre chose semblable, lui donnera l'idée de *deux* ; il faudra qu'*une* autre s'y ajoute pour faire *trois*, *une* autre pour faire *quatre*; et les nombres les plus compliqués dont il pourra ensuite se former une idée, ne seront jamais que des combinaisons de cette première notion d'unité, qui le mènera ainsi du simple au composé ; mais au contraire, dans la connoissance des divers objets qui l'entourent, il ne pourra passer que du composé au simple, c'est-à-dire, de l'idée de l'objet en son entier à celle des différentes parties dont il se compose, ou des qualités qui lui sont inhérentes. Ainsi, supposons qu'un fauteuil soit le premier et unique objet offert à ses regards ; l'idée du fauteuil précédera pour lui celle du bois et de l'étoffe dont il se compose, du galon ou des clous qui le garnissent. Ce sera pour lui une idée claire et complète qui le mettra à portée de connoître tous les fauteuils qu'on lui montrera, tandis qu'un nombre quelconque qui lui eût été présenté avant qu'il eût pu y arriver par l'idée de l'unité, ne lui eût fourni qu'une idée trouble et confuse dont il lui eût été impossible de faire aucune application. Qu'on lui montre une boule d'ivoire, c'est-à-dire un corps rond, blanc et dur, ce sera de cette idée composée de la boule qu'il partira pour se former les idées simples de rondeur, de blancheur, de dureté, qu'il appliquera ensuite à d'autres objets.

Si la multiplicité et la rapidité de nos idées ne nous trompoient souvent sur l'ordre de leur succession, nous pourrions facilement, à tous les âges, apercevoir les mêmes variétés dans la manière dont se forment nos connoissances ; d'où résulte clairement la nécessité de varier les méthodes d'enseignement selon la nature des objets à enseigner, et le genre de leurs rapports avec les facultés de notre esprit.

Mon ami, ou je n'entends pas bien le système d'ins-

-truction de M. Pestalozzi, où cette idée qui me semble si importante, n'y a pas obtenu toute la place qu'elle méritoit d'y occuper. Vous avez vu comme son système d'éducation morale, débarrassé de toute allure trop méthodique et trop régulière, suit facilement et naturellement la marche des sentimens d'où il tire sa force. Il me paroît, au contraire, que son système d'instruction, assujéti à une méthode trop uniforme, et par conséquent quelquefois contraire à la marche des opérations de l'esprit, peut, en certains cas, les entraver au lieu de les faciliter. L'idée fondamentale m'en paroît excellente, quoiqu'elle ne soit pas toujours également bien appliquée. M. Pestalozzi a conçu que le point important étoit d'abord de développer toutes les forces de l'esprit, non relativement à tel ou tel objet, mais relativement à sa propre nature, en mettant en mouvement toutes ses facultés, en les conduisant au plus haut degré de puissance dont elles soient susceptibles. Cette idée avoit dirigé à Stanz ses premiers efforts. « Mon but, » dit-il, en appliquant mes enfans au travail, étoit » surtout d'exercer leurs facultés physiques, et de » leur procurer des moyens de subsistance ; sous le » même point de vue, mon but en les faisant étu- » dier n'étoit pas tant de leur donner des connois- » sances positives, que de mettre leurs facultés in- » tellectuelles en activité. » (*Esp. de la Méth.*, t. I, pag. 53 et 54.) Tels doivent être en effet les premiers pas d'une éducation dont l'objet est de « met- » tre à profit toutes les ressources que la nature pré-

» sente dans chaque individu; » (t. II, p. 414,) de faire non pas précisément « un citoyen ni un arti- » san, un homme de métier ni un savant, un juris- » consulte, un théologien, etc. » mais un homme capable d'apporter à la profession quelconque qu'il embrassera, de faire valoir dans les circonstances où il se trouvera, toutes les facultés qu'aura pu lui donner la nature cultivée par l'éducation. (*Voyez Esp. de la Méth.*, tom. I, p. 132.) « Guidé par » ces principes, continue M. Pestalozzi, il m'im- » portoit peu, dans le commencement, que mes » élèves fissent de grands progrès dans la lecture et » l'écriture, mais qu'en s'y appliquant, leurs fa- » cultés intellectuelles se développassent en tous » sens. » (Pag. 55.) Cette idée fait la base de l'enseignement *primaire*, ou des plus petites classes de l'institut d'Yverdun, et surtout du *Manuel des Mères*, instruction préparatoire publiée par M. Pestalozzi, pour diriger les mères dans l'éducation de leurs enfans, jusqu'à l'âge de six ou sept ans, où l'on pourra les faire passer dans son école, ou dans les écoles du même genre. « La méthode, dit » M. Julien, cherche à réunir et à combiner le » développement des forces avec leur application » spéciale, ou l'augmentation, l'extension et le » perfectionnement des *facultés*, avec l'acquisition » des *connoissances.* » (T. I, p. 143.) Les forces ne peuvent se développer sans s'appliquer, et nos connoissances sont les matériaux sur lesquels nos facultés doivent s'exercer pour s'accroître. Mais M. Pestalozzi pense que, de ces connoissances, les plus utiles d'abord à l'enfant ne seront peut-être pas celles qui auront pour objet les élémens de quelque science ou de quelqu'art particulier. Les élémens de la pensée sont partout, et c'est la pensée qu'il s'agit de former; il s'agit surtout d'accoutumer l'enfant à se servir continuellement de son esprit, de sa mémoire, de son attention, de son intelligence, à ne rien voir sans le regarder, à ne rien regarder sans chercher à le connoître. Il faut lui donner le besoin de se former, autant qu'il le pourra, des idées nettes sur tout ce qui se présente à lui, et pour cela il faut, en l'entourant, le plus qu'il sera possible, d'objets à sa portée, y arrêter son attention, l'empêcher de laisser passer inaperçu ce qu'il peut saisir et comprendre, tâcher qu'il ne se serve de rien sans en bien connoître l'usage, et, autant qu'il se pourra, la composition. Ainsi tout son petit univers sera à la disposition de son intelligence: il n'y aura rien dans ce qu'il peut connoître, qu'il ne connoisse et possède assez bien pour en tirer sans cesse des idées nouvelles et à son usage; et cette habitude de chercher dans chaque objet tout ce qu'il lui peut fournir de connoissances, lui donnera les moyens de faire servir chaque objet à tous les usages auxquels il peut s'appliquer, en sorte que l'homme rendu capable d'apprendre ainsi, ne saura jamais rien qui lui soit parfaitement inutile.

Tel est le but que veut atteindre M. Pestalozzi; sa méthode pour y parvenir est l'analyse, la décomposition des objets. L'enfant habitué à les examiner séparément dans toutes leurs parties et leurs

diverses qualités, est conduit, à ce qu'il m'a paru, par la même méthode, dans tout le cours de son éducation, et relativement à tous les objets des connoissances qu'on veut lui faire acquérir. Cette méthode sera, je crois, très souvent la meilleure; mais devroit-elle être la seule? Destinée à régulariser la marche des opérations de l'esprit, n'aura-t-elle pas quelquefois l'effet de s'opposer à leur rapidité, et de le faire arriver pas à pas au but qu'il auroit pu atteindre de plein saut? N'arrivera-t-il pas aussi qu'en occupant séparément et l'une après l'autre chacune des facultés de l'enfant, elle se privera du profit qu'elle pourroit tirer de leur action simultanée? Ainsi dans les exercices *gymnastiques*, l'enfant, arrivé à un degré de force et d'adresse suffisant pour pouvoir disposer des mouvemens de corps, est instruit à porter sur ces mouvemens l'attention de son esprit. « On lui demande comment
» il peut mouvoir sa *tête* en avant, en arrière, à
» droite, à gauche, la pencher, la lever, la tourner dans toutes les directions; on lui fait remarquer les inflexions, les postures, les attitudes différentes, dont chaque partie de son corps est susceptible, en les exerçant l'une par l'autre :
» d'abord la tête, puis le corps entier, puis successivement les *bras*, les *mains*, les *épaules*, les
» *coudes*, l'*épine du dos* et les *reins*, les *jambes*,
» les *pieds*, les *genoux*. On emploie des exercices raisonnés et variés qui ont pour objet des
» mouvemens *simples*, des mouvemens *composés*;
» enfin, la liaison et la combinaison des uns avec

» les autres. L'enfant se rend compte de tout ce
» qu'il peut faire avec toutes les parties de son corps,
» et avec chacune d'elles. » (*Esprit de la Méth.*,
tom. II, pag. 274, 275.) Mais, sans ces *exercices
raisonnés*, l'enfant n'auroit-il pas appris à lui
tout seul, à se donner des mouvemens *simples*,
composés? n'auroit-il pas su remuer selon ses besoins
les *bras*, les *mains*, les *jambes*? etc. Ne le savoit-
il pas, sans s'en douter, bien long-temps avant
qu'on l'y eût fait penser? On comprend que le but
de cette *gymnastique raisonnée*, est précisément
de l'accoutumer à penser à des choses qu'il exécu-
toit machinalement, et, en arrêtant son attention
sur ses divers mouvemens, d'augmenter en lui par
la réflexion les moyens d'en tirer parti selon ses
besoins. Cette vue seroit excellente si la réflexion
étoit le seul ou le principal moteur et directeur de
nos actions physiques, si l'habitude, l'instinct,
et même une opération involontaire n'y avoient
pas souvent la plus grande part. Ce n'est pas
la réflexion qui ferme nos yeux à l'approche
de l'objet qui paroît les menacer, et la réflexion ni la volonté ne pourroient empêcher cette
contraction des paupières si utile à la conservation
de l'œil. Au moment où nous sommes menacés d'une
chute, aucune réflexion ne placera nos bras en
équilibre aussi promptement et aussi bien que se
placent ceux de l'enfant qui commence à marcher,
dans l'instant où cet équilibre devient nécessaire
pour l'empêcher de tomber. Sans doute la réflexion
peut se mêler utilement à nos divers mouvemens,

mais elle ne les dirigera jamais que de concert, avec une certaine adresse, soit naturelle, soit formée par habitude, qui peut fort souvent se passer d'elle, et qu'elle ne sauroit remplacer: en faisant réfléchir les enfans sur leurs mouvemens, il faut donc se garder de priver cet enseignement des facilités qu'il pourroit tirer d'une application immédiate et spontanée; ainsi, il me semble qu'en exerçant d'abord les enfans à des actions où ces divers mouvemens seroient nécessaires, et où ils les exécuteroient spontanément par une suite naturelle de la situation où ils se trouveroient placés, si ensuite on les obligeoit à se rendre compte des moyens qu'ils ont employés pour parvenir à leur but, outre l'avantage d'une application bien plus immédiate, et par conséquent bien plus facile à saisir, on ne perdroit pas, à instruire simplement l'esprit, le temps précieux qui peut servir à former en même temps le corps; ce seroit le cas, en renversant la méthode, de passer non pas du simple au composé, mais du composé au simple, pour ne pas diviser en une foule d'opérations successives, l'enseignement que la nature donne en une seule.

Cette méthode de décomposition suivie par le maître, autant qu'il est possible, dans toutes les parties de l'instruction, soumet donc l'enfant à un véritable travail de composition, très-utile toutes les fois que cette composition ne peut se faire sans lui, sans son travail, comme nous l'avons observé à l'égard du calcul, perdu lorsque cette composition se seroit faite naturellement, d'une manière plus prompte et aussi complète. Ne pensez-vous pas, en effet, mon ami, qu'en présentant isolément à l'élève des choses dont il doit recevoir l'impression au même moment, qu'en lui faisant faire, l'une après l'autre, des opérations qui doivent être le résultat simultané d'un même mouvement, on peut courir le risque de fausser ses impressions qui ne seront plus associées comme les associe la nature, et d'ôter à ses opérations une partie de leur facilité et de leur efficacité? N'y a-t-il pas, en un mot, autant d'inconvénient à séparer ce qui doit être uni qu'à confondre ce qui doit être distinct? Je prendrai pour exemple de cet inconvénient, dans la méthode de M. Pestalozzi, ce que M. Julien appelle « *la doctrine de l'accent*, qui comprend » l'élévation, l'abaissement ou l'ondulation de la » voix à chaque syllabe. » (*Esprit de la Méthode*, tome II, pag. 170.) Souvenez-vous, mon ami, que je n'affirme pas les faits ; je parle d'après ce que les ouvrages que j'ai lus, m'ont pu donner de lumières sur des méthodes d'instruction qui ne m'offrent pas, pour les comprendre, comme l'éducation morale, le secours de mon expérience personnelle. Voici ce que nous apprend sur cette doctrine de l'accent, le rapport des commissaires de la diète (pag. 16), et ce que nous confirme, quoiqu'indirectement, une note assez singulière de M. Julien. « L'accent est le troisième objet de » ce cours (de grammaire), et l'on donne des

» règles sur l'élévation ou l'abaissement de la voix,
» sur le degré de force qui convient à la pronon-
» ciation de certains mots et de certaines syl-
» labes. A cet égard, on distingue trois sortes
» d'accens : celui de l'esprit qui fait ressortir les
» syllabes sur lesquelles repose la signification
» du mot, ou les mots les plus marquans de
» la phrase; celui du cœur qui exprime par
» le degré d'élévation ou de force, la nature du
» sentiment dont on est affecté; le troisième est,
» dit-on, une nuance intermédiaire, et tient en
» même temps de l'esprit et du cœur. » Mon
ami, quand il seroit raisonnable et possible de
classer ainsi en trois grandes divisions, les variétés
infinies des accens de la nature; quand on pourroit former les divers organes à les reproduire
avec la justesse d'un ton de musique, n'est-ce
pas une application bien malheureuse, d'une
méthode souvent excellente, que celle qui instruit
séparément la voix à former les sons qui doivent
lui venir de l'esprit et du cœur, qui ôte à ces
deux moteurs leur influence sur les signes destinés
à exprimer leur action, qui écarte du moins de
l'instruction de l'élève, l'idée de la nécessité d'une
union intime entre ce mouvement du cœur ou de
l'esprit qui produit le sentiment ou la pensée,
et les modifications des sons dans l'organe qui les
exprime? Ce n'est point d'après une méthode,
ce n'est point par suite d'une convention ou de
la réflexion, que l'enfant qui demande, prend le
ton suppliant, que les mouvemens de son intel-

ligence se manifestent par un ton particulier de sa voix, comme par une expression particulière de son regard ; une union intime entre le mouvement intérieur et la modification extérieure, fait de l'une le résultat de l'autre, comme les caresses sont le résultat de l'affection ; et on n'a pas plus besoin d'apprendre à exprimer ce qu'on sent, que de s'instruire à caresser ce qu'on aime. Un cours même de déclamation manquera nécessairement son but, s'il prétend instruire l'élève à exprimer ce qu'il ne sent pas ; c'est du sentiment dont on le pénètre, que doit partir l'accent qu'on veut lui donner ; c'est en lui apprenant à sentir qu'on doit lui apprendre à parler. Je ne dirai pas qu'une méthode contraire puisse avoir l'inconvénient de l'instruire à former des accens trompeurs ; non, en vérité, ils ne tromperont personne ; mais pour l'élève qui s'y assujétira, et en qui la nature ne surmontera pas l'éducation, il en résultera cette pédanterie qui défigure les formes elles-mêmes, parce qu'elle les conçoit séparément du fond dont elles ne doivent être que la surface et la représentation.

Ce danger de quelques-unes des applications de la méthode de M. Pestalozzi, s'est déjà fait sentir par un exemple dont le bon esprit qui règne dans l'institut a profité pour réformer le point sur lequel s'étoit manifesté l'inconvénient. La plus heureuse de ces applications, est, à ce qu'il paroît, celle qui en a été faite au calcul, au moyen des

tableaux de l'invention de M. Pestalozzi (1); cependant il étoit arrivé que lui et ses collaborateurs, « forcés pendant les premières années de leur
» réunion, de travailler exclusivement à conso-
» lider les premiers principes, n'avoient pu s'oc-
» cuper encore de leur application aux usages
» ordinaires de la vie. De là il est arrivé que plu-
» sieurs jeunes gens sortis de l'institut, rompus
» dans les exercices des tableaux, ont paru ab-
» solument neufs et hors d'état de répondre aux
» questions les plus simples, lorsqu'elles ne leur
» étoient pas présentées dans les seules formules
» auxquelles ils fussent accoutumés. » (*Exposé de la Méthode*, pag. 57.) M. Chavannes ajoute que désormais il n'en sera plus ainsi; le rapport des commissaires publié un an après son ouvrage (en 1810), annonce déjà que la partie d'enseignement relative au calcul, *a subi de grands changemens*, et en éprouvera davantage encore (2); et il paroît qu'en effet cette partie est celle qui a fait à l'institut les plus étonnans progrès, et où les avantages de la méthode se sont montrés de la manière la moins équivoque. Vous voyez cependant qu'elle s'est ressentie, au moins quelque temps, de cet inconvénient d'un attachement trop méthodique à de certains modes d'enseignement,

---

(1) Voyez à la fin de l'ouvrage de M. Chavannes le modèle de ces tableaux et leur explication dans l'ouvrage même, p. 39 et suiv.

(2) Voyez p. 22.

qui peuvent devenir l'objet principal de l'élève comme du maître, de manière qu'ils en fassent la science elle-même, s'appliquant à savoir comment on apprend plutôt qu'à savoir ce qu'il faut apprendre, et substituant ainsi le talent de l'échafaudage à celui de la construction.

J'ai donc cru apercevoir dans plusieurs des applications de la méthode de l'institut, un soin trop minutieux et trop attentif à classer dans un certain ordre des idées et des connoissances qui s'établiroient aussi clairement et plus naturellement dans la tête des enfans, quand on ne les assujétiroit pas à un enseignement si régulier (1); mais de plus, quelques-unes de ces applications me paroissent, comme je vous l'ai dit, contraires à la nature des connoissances auxquelles on les applique. Généralement, la méthode de M. Pestalozzi, excellente, autant que j'en puis juger, pour les sciences et pour les arts d'industrie, dont on peut aisément décomposer les procédés pour les recomposer ensuite d'une manière plus raisonnée, et par conséquent plus féconde en résultats; cette méthode ne me paroît pas la plus avantageuse à l'enseignement des arts d'imagination. Le principe sur lequel elle se fonde me semble faux, et entièrement contraire à la nature de ces arts et des facultés qui s'y appliquent. « Pour former le » *sens idéal*, ou le sentiment du *beau*, nous dit

_____

(1) Voyez par exemple les exercices relatifs à la nomenclature des différentes parties du corps. (*Esp. de la Méth.*, tom. II, pag. 76 et suiv.)

» M. Julien, (tom. I, pag. 230), on présente et » on observe isolément les qualités et les rapports » qui constituent la beauté de chaque objet. » Quelles sont donc ces *qualités*, qui, prises isolément et absolument, nous donnent par elles-mêmes le sentiment du beau? Sera-ce l'âpreté des sons dans cet hémistiche de Racine:

L'essieu crie et se rompt

ou dans ce vers de Boileau :

N'entend qu'en frémissant l'aigre cri de la scie?

Mais cette même âpreté rendroit d'autres vers détestables. Sera-ce la régularité des lignes d'un bel édifice? mais la régularité seroit insupportable dans une vue de montagnes. Si le sentiment du beau doit naître du rapport des qualités entre elles ou avec l'objet auquel elles sont attachées, comment peut-on *observer isolément des rapports?* Cette phrase est difficile à comprendre, et pour cette fois, ce n'est pas tout-à-fait la faute de M. Julien. Il me semble, mon ami, que depuis un certain temps, on a beaucoup cherché à décomposer, à analyser la beauté; mais, supposé qu'on y soit parvenu, comment cette analyse servira-t-elle à former le sentiment du beau, qui doit nécessairement lui servir de base? Par où avons-nous eu connoissance de la beauté? Par ce sentiment du beau qui nous a avertis de sa présence, et sans lequel elle n'existeroit pas pour nous; il faut donc nécessairement que ce sentiment précède et forme en nous l'idée de la beauté que nous analyserons ensuite, pour connoître, autant que nous le pourrons, de quoi elle se compose. L'élève qui n'aura pas déjà éprouvé ce sentiment, et qui par conséquent ne se sera pas déjà formé cette idée, sera hors d'état de comprendre les applications particulières qu'on voudra lui en faire faire; quel sens aura pour lui le détail qu'on lui présentera des diverses parties de la beauté, s'il ne sait pas ce que c'est que la beauté, s'il n'a pas empreinte en lui l'idée à laquelle se rattachent ces diverses parties ? ce ne sera pas l'analyse qui la lui donnera, car aucune des parties de cette analyse de la beauté ne sera effectivement la beauté. Si vous montrez à votre élève un bâton de chaise, vous ne lui direz pas : *voilà une chaise*, car ce n'en est pas une. En lui montrant une des parties de la beauté, vous ne lui direz pas : *voilà le beau*, car ce ne l'est pas; et de même que le bâton de chaise, ni la vue séparée des diverses autres parties de la chaise, ne donneront aucune idée de ce meuble à celui qui n'en aura pas vu un d'avance; de même l'étude séparée des diverses parties constitutives du beau, ne donnera aucune idée du beau, à celui qui ne l'aura pas senti et conçu d'abord.

En effet, je ne sais quel rapport il peut y avoir entre le sentiment que fait naître la vue d'un bel objet, et celui qu'exciteront chez les élèves de M. Pestalozzi ces formes abstraites qu'on leur présente comme les élémens du dessin, ces formes, « les unes rectilignes, dit M. Julien (tom. II, pag. 188), les autres curvilignes, belles, douces, arrondies, capables d'exciter le sentiment du beau. » Ce sentiment est apparemment d'autant plus pur qu'il ne s'attache à rien, car ces formes dont on nous parle ne sont rien, ne sont la copie de rien, d'aucun objet ayant son modèle dans la nature. C'est à ces contours arbitraires cependant que s'appliquera l'idée que l'élève doit se faire de la beauté; après l'avoir exercé long-temps à les tracer, on l'accoutume à les combiner, mais non pas de manière à représenter des objets réels; le goût n'est pas encore assez formé, il faut le bien affermir dans la possession des formes données par la méthode, avant de l'exposer à l'imitation de la nature. « Il » crée lui-même la forme de la figure, d'après » des conditions données, soit en points détachés » qu'il rapproche et combine à son gré, soit en » lignes droites, horizontales, obliques, perpen- » diculaires, parallèles et non parallèles, soit en » angles et en triangles de différentes sortes. » (*Esprit de la Méthode*, tom. II, p. 190.) De ces essais de goût résultent, à ce que nous apprend le rapport des commissaires de la diète, *des dessins de parquets, des arabesques, des roses gothiques, etc.*; des formes du genre de celles qu'offroient les dessins des Méxicains, lors de la découverte, portant tous les caractères *de l'art à sa naissance, et dans sa première foiblesse* (1), et l'on conçoit aisément que cela doit être ainsi.

―――――――――――
(1) Voy. pag. 151.

C'est cependant à ces formes sans idées, que selon M. Julien, l'élève est instruit à donner un *caractère doux et gracieux, majestueux, énergique* (1). Mon ami, tout cela paroît bien étrange.

C'est après deux ans d'exercices de ce genre, qu'enfin l'élève aura la permission de commencer à rendre ce qu'il voit, qu'on l'appliquera à la perspective; ensuite viendra le dessin mathématique, ensuite la figure; en sorte que, comme l'observent les commissaires de la diète (p. 153), *les plus jeunes élèves doivent inventer, et les adolescens ne font que des copies*, ou du moins des imitations. L'invention est prescrite à celui qui n'a encore rien vu, qui ne connoît rien sur quoi puisse se régler son imagination, à qui sa mémoire ne fournit rien de vrai à combiner, rien de beau à rappeler, et les objets d'imitation lui sont ensuite présentés après qu'il s'est accoutumé à des formes qui lui sont propres, et qui se placeront toujours dans son esprit entre lui et l'objet offert à ses regards. N'est-ce pas lui fermer le livre de la nature avant qu'il ait pu l'ouvrir, le prémunir contre la vérité avant qu'il ait été capable de la sentir? quelle force naturelle d'observation ne lui faudra-t-il pas ensuite pour écarter ce qu'il a appris, et mettre ce qu'il voit à la place de ce qu'il sent? M. Pestalozzi paroîtroit avoir entrevu lui-même cette fâcheuse tendance de sa méthode; l'un des

---

(1) *Esp. de la Méth.*, pag. 190.

maîtres (1) formés par lui, et les plus passionnés pour cette méthode de dessin qu'il avoit eu d'abord beaucoup de peine à comprendre, nous rapporte qu'il se livroit apparemment un peu trop vivement aux conséquences qu'elle entraîne. « M. Pestalozzi s'échauffa tellement sur le danger » de mettre de côté la nature pour l'amour des » lignes, qu'il s'écria : *Dieu me préserve pour ces* » *lignes et pour l'art tout entier, de gâter l'esprit* » *humain, et de le rendre insensible au spectacle* » *de la nature!* » N'y a-t-il donc pas nécessairement quelque chose à réformer dans les principes d'une méthode d'éducation qui court le risque d'anéantir les impulsions de la nature ; et n'est-ce pas là une de ces applications trop absolues, résultats d'une première vue que n'a pas encore assez éclairée l'expérience ?

Parmi les vues qui pourroient avoir besoin d'être mûries, je vous citerai, mon ami, celles qui, d'après le peu que nous en apprend M. Julien, me paroissent présider à l'instruction des filles, placées comme de raison, dans des écoles séparées de celles des garçons, mais tenant au même établissement. Cette instruction me semble fondée sur des principes absolument contraires à ceux qui sont selon moi le grand avantage des méthodes de M. Pestalozzi. Au lieu que l'instruction des garçons

_____
(1) M. Burs., voy. l'Histoire de cet homme vraiment intéressant, dans l'ouvrage de M. Chavanne, pag. 131 et suiv.

procède par l'analyse et la connoissance exacte et détaillée des objets auxquels elle s'applique, en sorte que chacune des notions qu'il acquiert, devient le fruit de son expérience personnelle et le résultat d'un raisonnement qu'on sait lui faire trouver de lui-même, on a soin d'écarter de l'éducation des filles, ce travail de la raison, ces opérations créatrices qui font des connoissances et des idées de l'enfant, un bien qui lui est propre, et qu'il sait de quelle manière augmenter, parce qu'il sait comment il les a acquises. « La méthode » de M. Pestalozzi, dit M. Julien (tom. I, pag. » 319), donne sous la forme la plus immédiate » et la plus absolue, tous les objets des connois- » sances présentés aux filles. » On ne veut pas leur laisser la possibilité du doute, ce moyen de réflexion; *la forme de leur instruction doit être entièrement positive ; savoir doit être pour elles un acte de croyance* en même temps que de *conviction*. (*Ibid.*) « Croire, se confier, s'abandon- » ner dans sa confiance avec la candeur et la pu- » reté de l'âme, telle est, nous dit M. Julien » (pag. 316), l'essence du vrai caractère de la » femme. » Et c'est pour cela précisément que je voudrois accoutumer les femmes à se méfier un peu, non pas tant des autres que d'elles-mêmes. Je voudrois qu'elles n'imaginassent pas savoir, parce qu'on le leur a dit, ce qu'elles ne comprennent pas parfaitement; enfin, je voudrois qu'elles pussent user de leurs idées et de leurs connoissances, et on n'use bien que de ce qui nous appartient. Vous le savez, mon ami, quoi qu'en dise Rousseau, dont l'opinion me paroît avoir été adoptée par M. Pestalozzi, je crois qu'on doit cultiver la raison des filles comme celle des garçons. L'instrument est de même nature, quoique moins fort, moins étendu, destiné à soulever et à porter de moins pesans fardeaux; les ressorts en sont pareils, quoique dans une moindre dimension; il faut les exercer de même, quoique dans un moindre cercle, et sur des objets moins importans; c'est en connoissant bien ce qui se trouve dans ce cercle, qu'on ne court pas le risque de se tromper sur ses limites; c'est en sachant bien ce qu'on sait, qu'on évitera le danger de s'imaginer savoir ce qu'on ne sait pas. Les commissaires de la diète qui approuvent beaucoup cette réserve imposée à la raison des filles, semblent croire qu'on l'exerce encore un peu trop. C'est aux hommes, disent-ils, que la nature a donné le raisonnement; elle a appelé les femmes à *la croyance plutôt qu'aux discussions* (1), et ils pensent que si on leur apprenoit à discuter un peu, et à croire un peu moins sur parole, « la science » chasseroit la timide pudeur, nos berceaux se» roient désertés par le bel esprit, et les femmes » perdroient, avec leur partage, le bonheur de » leur vie. » Je crois au contraire, mon ami, que c'est en accoutumant les femmes à ne s'imaginer savoir que ce qu'elles comprennent, et à ne parler que de ce qu'elles savent, qu'on leur fera perdre

---

(1) Voy. pag. 18.

la tentation de s'occuper de matières au-dessus de la portée de leur intelligence; il est aisé de croire, il est difficile de comprendre; c'est leur rendre la confiance en leur savoir beaucoup trop aisée, que de la fonder sur une simple croyance; c'est les forcer à la modestie et au silence, que de les réduire à la nécessité de comprendre avant de parler. Mon ami, plus mon esprit s'éclaire et s'étend par la réflexion, plus il m'arrive souvent de me concentrer sur mon ourlet que j'entends bien, plutôt que d'entrer dans des discussions que je commence à m'apercevoir que je n'entends pas.

Au reste, l'institut des filles dans l'établissement d'Yverdun, « n'est encore, nous dit M. Julien » (tom. I, pag. 309), qu'un germe à demi déve- » loppé, qu'une ébauche imparfaite, un premier » essai, etc. »; et les essais de M. Pestalozzi doivent nécessairement le conduire à la vérité, par ce qu'il la veut constamment, et qu'il la cherche où elle se trouve, dans les simples notions de la raison appliquées à l'observation. « Nous ne » prétendons pas à l'honneur de l'invention, disoit- » il aux commissaires de la diète, un soir qu'il cau- » soit avec eux entouré de ses enfans; mais nous » cherchons à mettre en pratique ce que le bon » sens avoit appris aux hommes depuis des milliers » d'années » (1). Le bon sens est certainement d'une bien ancienne origine, mais il se trouve souvent avoir perdu les titres qui servoient à le faire recon-

---

(1) Voyez le rapport des commissaires, pag. 91.

naître; c'est une assez digne occupation que de travailler à les découvrir, et c'est un bien rare mérite que de ne pas chercher à se les approprier; que de rejeter la routine sans viser à la nouveauté; de s'attacher uniquement à ce qu'on trouve bon et vrai sans s'inquiéter de la date ou de l'auteur de la découverte. Voilà le parfait désintéressement de l'esprit, non moins indispensable à celui qui veut faire le bien, que le désintéressement de caractère; et telle paroît être la tendance générale de l'institut, bien prouvée par les changemens qui s'y sont opérés et s'opèrent encore continuellement dans les détails de l'enseignement, qu'on voit souvent se rapprocher sans peine et sans répugnance des anciennes méthodes, dans ce qu'on leur a découvert d'utile et de raisonnable. Des maîtres nombreux, constamment livrés à un même travail, multiplient en se les communiquant sans cesse, le nombre des observations journalières que l'influence respectée du vénérable chef de l'institut ramène sans cesse vers un même centre. Le concours nombreux des étrangers que la curiosité ou le désir de s'instruire amène à l'institut, la libre communication établie avec eux, leurs réflexions toujours écoutées avec l'attention convenable, établissent pour ainsi dire de tous côtés des courans d'air extérieur, propres à préserver les esprits de l'échauffement que pourroit produire la préoccupation de certaines idées adoptées d'une manière trop absolue. Enfin l'institut de M. Pestalozzi me représente un atelier ouvert de partout, où la vérité arrive par toutes les portes, et où la raison, le zèle, la bonne foi s'occupent sans relâche à la mettre en œuvre; où des erreurs de spéculation toujours soumises au creuset de l'expérience, ne sont qu'un chemin un peu plus long pour arriver à des vérités réfléchies. C'est à mes yeux l'établissement d'où doivent sortir le plus grand nombre d'idées utiles aux progrès de l'éducation dans toutes les classes, et à ceux du bonheur individuel, autant que l'éducation peut contribuer à l'assurer.

P. M. G.

VIIIe LETTRE AU RÉDACTEUR.

DES RAPPORTS DES DISPOSITIONS DE L'AME ET DES FACULTÉS INTELLECTUELLES AVEC LE CORPS, ET DE L'INFLUENCE DE L'ÉDUCATION MORALE SUR L'ÉDUCATION PHYSIQUE.

(Continuation.)

C'EST des impressions reçues que naissent les désirs, et la passion n'est qu'un désir constant, un état habituel d'impressions renaissantes et excitantes. L'enfant à qui l'on a fait goûter le lait ne tarde pas à étendre ses mains pour saisir le sein, et ensuite tout ce que ses sens peuvent apercevoir. Ses désirs sont conformes à la vivacité des impressions qui les font naître; ils sont constans ou passagers, forts ou foibles. Il veut tout indistinctement, ou il commence bientôt à faire un choix dans les objets. Il est vrai que les enfans sont tous inconstans; mais celui qui en observe plusieurs, et les compare, parvient assez promptement à apercevoir en eux des différences individuelles.

Les véritables désirs sont souvent expansifs; mais lorsqu'ils dégénèrent en une passion violente, ils laissent de l'abattement, et dans leurs effets ils approchent de l'effroi, qui naît du sentiment de l'impuissance. Il y en a d'ailleurs de diverses espèces; il en est qui tiennent au désir de l'indépendance, à la haine, à l'attachement; mais au fond, c'est toujours de la même disposition que naissent les goûts et les desirs qui se développent par les impressions de divers sens; et dans la vie sociale ils ne diffèrent que par les objets sur lesquels ils se portent. Comme leurs excès prêtent mieux à l'observation, si nous prenons en partie nos exemples dans l'adulte, nous en ferons mieux ressortir les effets physiques. Ici, nous allons parler en particulier de la colère, du courage, et du désir de l'indépendance.

Beaucoup d'enfans sont sujets à l'emportement. L'impression d'une contrariété qu'on cherche à vaincre par la force les exalte, les détermine, et jusque-là il n'y a rien de nuisible. Mais tout le monde a eu l'occasion de voir quelquefois l'emportement dégénérer en colère, en desir de se venger : les cheveux se dressent, le front s'élève, les yeux s'ouvrent et deviennent étincelans; une inspiration forte ouvre les narines en même temps que la bouche se ferme, et qu'on grince les dents; les extrémités et tous les muscles en général se roidissent, les poignets se ferment, la figure est rouge, la circulation s'accélère, les crispations, la force avec laquelle le pied frappe la terre, les cris enfin montrent un état extrême de convulsion. Cet état se rencontre plus fréquemment encore dans l'enfance; et ce n'est que quand l'effroi y entre pour beaucoup, que les forces se paralysent, et qu'on observe la pâleur et l'impuissance de la foiblesse. La colère est souvent accompagnée d'un débordement de bile, qui occasionne des vomissemens. En général, c'est la passion d'un corps vigoureux, d'une âme forte; ce qui n'empêche pas que ses mouvemens, portés à l'excès, n'amènent parfois la foiblesse et l'abattement. Il n'y a pas de doute que ce ne soit à l'éducation morale à remédier à cette malheureuse disposition, en tant qu'elle appartient à l'âme; nous n'avons dû en faire ressortir ici les effets sur les nerfs, sur la circulation, sur le système du foie, que pour montrer combien les rafraîchissans, les délayans, sont nécessaires dès le premier moment, et combien les excitans ainsi que les spiritueux et les échauffans seroient propres à augmenter la force de l'accès.

L'emportement n'est qu'une manifestation de force momentanée et involontaire. La haine, le renouvellement continuel de la colère, la prolongation du désir de nuire, peuvent quelquefois aussi ne pas être plus volontaires que l'effroi, et méritent alors quelqu'indulgence : il semble que le débordement de bile produise chez certaines personnes un effet semblable à celui de l'ivresse. Si la haine naît décidément d'une mauvaise volonté, on ne lui doit plus aucun ménagement; la méchanceté n'est bonne à rien dans le monde. La colère peut encore avoir sa source dans une disposition physique. Les peuples des contrées méridionales passent pour être colériques, et tout le monde sait que les climats chauds favorisent la sécrétion de la bile. Il importe donc de distinguer quand la colère est due à cette disposition, et quand elle est purement morale; c'est à ses effets physiques qu'on peut le reconnoître, et surtout à l'abondance de la bile qu'il faut examiner afin de diminuer ce qui pourroit contribuer à la faire naître. Ceux qui en sécrètent beaucoup ne sont pas pour cela tous colériques; il faut encore, pour les rendres tels, qu'elle agisse sur quelques parties plus susceptibles, dont l'action influe davantage sur le cerveau.

Nous avons déjà eu occasion de dire quelque chose du courage en parlant de l'exercice en général. Le désir de se battre, de mesurer les forces du corps n'est pas plus rare entre les enfans que celui de mesurer leurs forces morales. Il y a un certain caprice tenant à l'amour-propre sans régulateur, et à la foiblesse d'âme et d'intelligence, dont personne ne voudroit faire l'apologie, et qui vient de certains états maladifs: mais il y a peut-être aussi un certain caprice qui naît du sentiment de ses forces, qui dispose à l'énergie, et qu'on peut distinguer de l'entêtement par le plus ou moins de durée. La force des désirs en général, est d'un effet plutôt salutaire que dangereux pour le corps. Aussi les personnes d'ailleurs foibles de corps supportent-elles de grandes fatigues lorsqu'elles sont mues par des désirs forts et constans; il faut seulement que la morale les dirige vers un but utile, et que le jugement ou les circonstances y mettent des bornes. Supprimez tous ces mobiles, il ne reste en l'homme qu'un être passif, sujet à la foiblesse et à l'engourdissement.

On a vu comment les désirs peuvent se porter vers les objets sensuels de la gourmandise ou de la volupté; les autres sens, surtout celui de la vue et de l'ouïe, peuvent faire naître des désirs à l'infini, et même il s'en forme de très compliqués lorsque les forces d'imagination sont très vives, lorsque les facultés intellectuelles se développent, et que l'état social est plus avancé. C'est ainsi que naissent l'envie, l'avarice, l'ambition et l'amour du bien, selon les différentes instigations de l'égoïsme et de la sympathie. Toutes ces modifications apportent aussi des variétés dans les effets physiques. Les désirs, comme nous l'avons dit, ne cessent d'être expansifs, et en quelque sorte salutaires, qu'en devenant outrés au point de ne laisser à l'individu que le sentiment de son impuissance : c'est alors seulement que leurs effets ressemblent plus ou moins à ceux de la crainte et du chagrin.

Si l'homme n'avoit que des sentimens et des désirs pour régler ses actions, il ne seroit dépendant que de l'instinct; le jugement lui a été donné pour discerner l'importance des objets, et le degré auquel il doit s'en affecter, ainsi que sa volonté libre, afin de proportionner ses forces physiques et morales, à ses désirs, à la justice de ses prétentions, et afin d'établir ainsi le juste équilibre qui seul peut conserver au milieu des agens qui les entourent, et les individus et l'état social. L'enfant né dépend que des sentimens et des désirs, ainsi que du jeu libre de ces perceptions que la mémoire conserve, et auxquelles l'imagination donne presque toujours plus ou moins de vivacité. L'instituteur est là pour suppléer en partie à la raison, et pour exercer peu-à-peu les forces de la volonté, par lesquelles avec le temps l'élève doit se gouverner seul. On rencontre quelquefois des êtres bien nés, et heureusement organisés, dont les sentimens et les impressions sont toujours proportionnés à leurs forces organiques, à la valeur du sujet qui les produit, à leurs prétentions, et à leurs désirs toujours mesurés : sans rien ôter au mérite d'un naturel si raisonnable et si aimable, qui n'a pour ainsi dire besoin d'aucune éducation, on sera loin d'en vouloir aux sentimens et aux passions plus fortement prononcés qui ont besoin d'être tempérés, pour qu'il s'établisse enfin cette harmonie si désirable. Le caractère n'en est que plus beau, lorsque l'intelligence exerce et modère à la fois les dispositions énergiques de l'âme. Sans passions, la nature seroit languissante et monotone. Il n'y a pas de doute que les affections vives ne soient l'âme de la vie ; leur énergie augmente le nombre des idées, et remplit la mémoire et l'imagination de mille combinaisons nouvelles.

Ce sont les impressions des sens externes et les désirs du sens interne, qui fournissent les matériaux de la mémoire: l'enfant qui vient de naître l'a naturellement vide et très forte, et il la meuble involontairement de tout ce qu'il aperçoit. On n'observe pas que cela produise le moindre effet sur le corps; il n'y a que le cerveau qui paroisse souffrir lorsqu'elle est surchargée, et que les images papillotent, pour ainsi dire, dans l'imagination; comme il arrive à l'homme dans un état d'ivresse, ou lorsque les facultés n'ont pas été assez exercées pour faire un bon emploi des matériaux accumulés.

Nous avons déjà dit que l'on voit les enfans rêvasser continuellement pendant leur sommeil; la moindre atteinte de fièvre, des vers intestinaux, le plus petit dérangement dans le genre de vie, comme une trop longue veille, suffisent pour occasionner des délires. Le sang se porte trop à la tête, et la susceptibilité nerveuse y est très prononcée. Quoique la vivacité de l'imagination soit peut-être d'un bon augure pour l'intelligence, il est pourtant à craindre que cela ne nuise au physique, en diminuant la force des autres fonctions du corps. Dans tout le perfectionnement de la mémoire et de l'imagination, il faudra donc examiner jusqu'à quel point cet état du cerveau s'accorde avec le reste. Il est sans doute heureux d'être entouré dès l'enfance de tous les objets intéressans de ce monde, qu'un jour on pourra mettre en œuvre; mais tous ces matériaux seront perdus, si l'on vient à manquer des forces accessoires. On sera quelquefois dans la nécessité de diminuer le nombre des objets environnans, et d'appauvrir ainsi les idées, afin de mettre plus d'harmonie entre le cerveau et le reste du corps. Il sera bon surtout d'éviter pour cela les spectacles publics, et ceux qui offrent, en général, à l'imagination de l'enfant trop d'objets à la fois, l'exaltent ou la paralysent. On a vu des personnes ayant peu de dispositions naturelles, parvenir à un haut degré de supériorité intellectuelle, parce qu'un corps robuste leur a permis de supporter beaucoup d'exercice et de longues fatigues de l'esprit; tandis que des dispositions très remarquables en ce genre, sont malheureusement restées sans effet, faute de forces physiques pour les soutenir; et la précocité de l'esprit n'a que trop souvent quelque chose d'effrayant aux yeux de celui qui en connoît le danger. Quelquefois aussi la nature détourne d'elle-même dans les temps critiques, les sucs nourriciers qu'elle envoyoit en abondance vers une partie, et c'est ainsi qu'on voit décliner avec l'âge des êtres dont l'enfance donnoit les plus belles espérances.

Presque jamais l'enfant n'est fatigué par les perceptions que, dans l'ordre des choses, le hasard amène à sa connoissance. La nature connoît très bien ses forces; elle ne fait pas observer ce qu'elle ne peut saisir. L'exercice involontaire, sans autre direction, paroît même salutaire au mouvement vital du cerveau, comme au reste du corps. Le danger ne commence qu'au moment où l'éducation et l'art trouvent leur intérêt à attirer l'attention sur trop d'objets, ou sur un objet en détail; car, de tous les exercices, c'est celui de l'*attention* et de l'*abstraction*, qui coûte le plus à l'enfant, et qu'il est le plus difficile d'obtenir de lui. Aussi me semble-t-il que c'est seulement dans les villes, et parmi les enfans auxquels on fait beaucoup donner de ces sortes de leçons, qu'on entend parler de maux de tête, qui se déclarent surtout vers l'âge de la puberté. Les exercices intellectuels devront être alors moins longs et plus variés, quoique ce soient les meilleurs moyens dérivatifs que puisse employer l'éducation morale, pour détourner des sentimens et des passions qu'on veut gouverner. C'est ainsi qu'on est continuellement en lutte contre les écarts, louvoyant comme un vaisseau, tantôt à droite, tantôt à gauche, pour s'approcher du but dans des momens favorables. Heureux de ne pas heurter contre des écueils quelquefois inconnus!

L'art des combinaisons paroît moins fatigant pour une jeune tête que celui des analyses; l'imagination est plus disposée à produire qu'à disséquer avec méthode. La bonne éducation tâche naturellement de faire marcher de front toutes les facultés physiques et intellectuelles, ou de leur donner alternativement de l'exercice et du repos; mais cela suppose qu'on connoît la force respective de toutes ces parties, pour les maintenir en équilibre, et qu'on n'a pas l'intention de faire ressortir l'une ou l'autre pour un certain but social. Nous sommes obligés de répéter sans cesse que la société exige en effet d'autres développemens que ceux auxquels parvient la nature entièrement livrée à elle-même, et que cette opposition peut facilement troubler l'harmonie que l'éducation a tant d'intérêt de conserver, si elle ne veut pas sacrifier l'individu aux entraves du monde civilisé.

Dans les forces intellectuelles proprement dites, on peut également distinguer une faculté pour ainsi dire passive, la mémoire involontaire, et des forces actives, le souvenir volontaire, l'attention et l'abstraction; d'un côté, la rêvasserie, où le jeu involontaire des images; et de l'autre, le jugement volontaire, servant à faire paroître ou disparoître dans le sens interne les impressions et les idées; à les faire succéder dans un certain ordre, d'après une certaine logique, d'après un mécanisme nécessaire, afin d'imaginer et de créer; enfin, à les mettre en quelque sorte sur la balance, pour peser et reconnoître leurs rapports. Ce sont là des actes qui fatiguent à la longue. Recevoir les objets qui se prêtent naturellement à la mémoire, se livrer au jeu libre de l'imagination, voilà ce qui ne paroît nullement affecter le corps. Les sentimens et les désirs ont une influence plus directe sur les autres fonctions, notamment sur la circulation et le système du foie; les organes qui servent à les faire naître sont plus rapprochés de la moelle épinière, et situés peut-être dans le cervelet, ce qui est même probable. Les forces proprement intellectuelles, opèrent plus directement sur le cerveau, où elles augmentent l'activité des forces vitales; et les longs efforts de méditation y attirent le sang au point de causer aux jeunes gens des congestions, des saignemens de nez, qui exigent des bains entiers, des bains de pieds, ou des exercices corporels pour ramener les fluides dans les autres canaux qu'ils sont appelés à nourrir.

Il entre en quelque sorte dans notre sujet d'examiner la différence des têtes, et les diverses facultés qui dominent dans un individu ou dans l'autre, pour en calculer l'influence physique ; une faculté d'apercevoir vive et prompte, sera le partage de l'un ; une mémoire prompte et fidèle, sera celui de l'autre. Celui-ci naîtra avec une imagination semblable à celle de Platon ou de l'Arioste; celui-là avec le jugement d'Aristote ou de Bâcon. Tel aura de l'esprit comme Voltaire, ou la sagacité de Bayle; tel autre excellera dans l'art des combinaisons ou de l'analyse abstraite. Il seroit utile de savoir dans le plus grand détail, tout ce qui a rapport au physique des têtes extraordinaires, non-seulement pour un individu, mais pour ceux de la même trempe, afin de voir d'après quelles lois se trouvent réunies dans leurs opérations diverses, les facultés du corps et celles de l'esprit. Une prédominance extrême du jugement, sans mouvement de l'âme, une tête froide, un cœur sec, comme en produit quelquefois l'étude soutenue, ne donnera pas beaucoup d'énergie au corps, qui de temps en temps a besoin que la circulation augmente, que la bile soit mise en mouvement par des impressions subites et par des désirs plus forts. Une vie constamment employée à l'exercice du corps, contribuera peu de son côté au développement du cerveau; la vie du savant, comme celle du militaire, a donc ses inconvéniens aussi bien que ses avantages. Dès que l'enfant sait parler, et qu'il lie un certain nombre d'idées, on reconnoît par son babil de quel côté se tournent les facultés intellectuelles; comme on juge par ses mouvemens, de la vivacité des forces vitales. Manifeste-t-il des volontés, on peut quelquefois deviner si la raison sera assez forte pour maîtriser les sentimens et les passions, ou si elle ne sera point trop forte pour le degré des sentimens et des désirs. Nous devons cependant répéter qu'il s'opère de grands changemens à cet égard dans les différentes époques et circonstances de la vie, et que ces jugemens ne peuvent acquérir une certaine justesse que vers un âge plus avancé. C'est l'objet de l'étude des tempéramens.

FRIEDLANDER.

LETTRES D'UN PÈRE À SA FILLE,

SUR L'ÉTUDE DE L'HISTOIRE NATURELLE.

Neuvième Lettre.

MA dernière lettre, Amélie, ne ressembloit-elle pas un peu à une petite revue de l'Arche de Noé? Je me souviens qu'étant très-jeune (j'avois, je crois, six ou sept ans), j'aimois beaucoup les images; je les découpois, les enluminois, j'en faisois de mauvais calques à la vitre; et je régalois mes petits amis très émerveillés de mon grand talent. Une bonne grand'tante qui m'aimoit beaucoup, excellente femme d'un esprit très sage, et d'une piété fort éclairée, me fit alors présent d'un grand et magnifique exemplaire des figures de la Bible. On vouloit le garder précieusement pour ne me l'abandonner que quand je serois plus grand; mais elle déclara qu'elle vouloit que j'en fisse ce qui me plairoit, et me dit que quand il seroit usé, elle sauroit m'en trouver un autre. Me voilà donc en possession de ce beau livre; il me fit un extrême plaisir. On vit bientôt qu'il n'étoit pas du tout nécessaire de me recommander de le ménager, le prix que j'y mettois me rendoit très soigneux de sa conservation. Ses belles estampes m'amusoient beaucoup, mais il me falloit lire et relire une grande partie du texte pour bien savoir ce que chacune d'elles représentoit: j'appris ainsi de moi-même les principaux traits de l'histoire de la Bible, et je ne pouvois pas les oublier, car je les répétois sans cesse à mes camarades qui venoient voir ce beau livre, et auxquels je me plaisois beaucoup à le montrer, à la condition que moi seul pouvois y mettre la main. Hélas! je l'avois encore en 1793 assez bien conservé, mon cher livre, quand les Brutus et les Démosthènes de ma section vinrent, pendant ma captivité, faire la visite et l'épuration de ma bibliothèque, dont ils firent disparoître beaucoup d'ouvrages suspects. Les estampes qui m'amusèrent le plus d'abord, furent celle de la création, et celle de l'entrée des animaux dans l'arche. Cette multitude d'animaux, de formes si diverses, excitoit vivement ma curiosité, et me suggéroit une foule de questions auxquelles mon bon père répondoit avec une patience inaltérable; mais ce qui me charma plus que tout, ce fut l'exécution en relief de cette procession d'animaux arrivant dans l'arche. J'imaginai d'employer ainsi utilement mes découpures: mon père applaudit beaucoup à cette idée qu'il m'avoit peut-être donnée lui-même, sans que je m'en doutasse. Cet excellent ami de mon enfance s'empresse de m'aider dans ce grand travail. Une grande boîte un peu déguisée avec du carton, nous sert à figurer l'arche avec sa toiture; nous l'établissons sur ses chantiers; un plan incliné d'une pente fort douce va servir aux animaux pour se rendre dans l'arche. Puis nos découpures sont assez artistement appliquées par le bas sur un léger ruban de quelques aunes. Le tout se déroule mystérieusement de dessus un cylindre artistement caché au point de départ, et va s'enrouler dans l'arche sur un autre cylindre caché, que le petit démonstrateur faisoit mouvoir avec un fil par-dessous la table (comme les moulinets dont s'amusent les enfans), pendant qu'il débitoit sur chaque bête sa petite science. Mon amour-propre satisfait de pouvoir ainsi réunir et charmer pendant une demi-heure une assemblée de petits camarades, m'encourageoit à enrichir chaque jour ma provision des remarques que mon père savoit placer à propos; mon petit spectacle prenoit ainsi de l'intérêt, et j'eus la satisfaction de voir quelquefois des mères prendre place à côté de leurs filles, et me suivre avec au moins autant d'attention. Voilà l'origine de mon goût pour l'histoire naturelle : cette petite invention réunissoit les deux avantages si grands de faire entrer les connoissances par les yeux, et de les mêler à nos amusemens.

Revenons à nos insectes : vous avez vu qu'ils font partie de la division des animaux à sang blanc; mais une considération dont je ne vous ai pas parlé, a donné l'idée d'une autre distribution en deux grandes classes bien tranchées, celle des animaux à vertèbres, et celle des animaux sans vertèbres. La première est composée des animaux à sang rouge, la seconde des animaux à sang blanc : tous les animaux de la première classe, mammifères, oiseaux, reptiles, serpens, poissons, ont une charpente osseuse ou cartilagineuse intérieure ; ils ont tous une colonne vertébrale, traversée dans toute sa longueur par la moëlle épinière, prolongement du cerveau, et qui donne naissance à plusieurs paires de nerfs. Dans les animaux invertébrés, mollusques crustacés, vers, insectes, zoophytes, la partie solide à laquelle s'attachent les muscles est toute extérieure. Beaucoup même parmi les insectes n'ont pas de parties solides : les zoophytes, madrépores, tubipores, éponges, etc...... ne doivent pas être regardés comme faisant exception, car vous vous rappelez qu'on les considère comme des assemblages d'animaux, des espèces de ruchers ou polipiers. Les rameaux calcaires qui traversent et soutiennent les habitations de ces colonies, ne paroissent pas plus appartenir aux animaux qu'ils portent, que les rayons des abeilles ne leur appartiennent ou ne font partie d'elles mêmes, à la différence pourtant que les abeilles ne sont point attachées à leurs ruches, au lieu que les animaux des madrépores, coraux, etc..... en sont inséparables. Dans plusieurs corallines on voit des espèces d'articulations ou d'emboîtemens qui leur donnent quelque ressemblance avec la colonne vertébrale des animaux à sang rouge, mais ce n'est qu'une apparence légère, qu'un examen attentif a bientôt démenti.

Aux caractères que nous avons déjà donnés pour distinguer les insectes des autres animaux, nous pouvons ajouter qu'à l'état parfait un insecte n'a jamais moins de six pattes articulées, tandis que les animaux à sang rouge, qui ont des pattes, n'en ont jamais plus de quatre. De plus ceux des insectes qui vivent de substances solides, ont des mâchoires dentées pour les ronger; mais ces mâchoires ont leur disposition et leur mouvement dans un sens tout opposé à celui des mâchoires des autres animaux; celles-ci se meuvent de haut en bas, tandis que celles des insectes sont placées perpendiculairement à la ligne des yeux, et se meuvent latéralement. Les yeux des insectes, chez ceux qui en ont, sont toujours à découvert; ils n'ont pas de paupières, et ne sont pas susceptibles de mouvement. Enfin, tous les insectes ailés, et plusieurs même de ceux qui ne doivent point avoir d'ailes (1), passent par plusieurs états, où ils paroissent sous des formes très différentes; et ces changemens ont été appelés métamorphoses, parce qu'on croyoit qu'il y avoit en effet transformation d'un animal en un autre, jusqu'à ce que Swammerdam eût fait voir le papillon existant dans la chenille.

A mesure que nous entrerons dans les détails particuliers aux différentes familles et aux différens genres, nous aurons à remarquer des singularités dont l'histoire des grands animaux n'offre pas d'exemple; mais dans ce moment, je me contenterai d'un petit nombre de faits généraux tout-à-fait propres aux insectes.

D'abord ce n'est que parmi eux qu'on trouve des exemples d'une extrême abstinence et d'une extrême voracité. Les voyageurs nous parlent bien de quelques habitans d'Afrique, capables de vivre pendant un assez

---

(1) Parmi les insectes aptères ou sans ailes, il n'y a que la puce et les neutres des fourmis ou les ouvrières qui subissent des métamorphoses.

grand nombre de jours de suite, avec quelques boulettes de farine de riz, même de subsister, dans des momens d'une extrême disette, une semaine entière, avec quelques fragmens de vieux cuir. Pendant ce jeûne excessif ils diminuent la capacité de leur estomac, en se serrant fortement avec une ceinture, et semblent pouvoir ainsi commander en quelque sorte à leur appétit : leur survient-il tout-à-coup une nourriture très-abondante, une vache à dévorer entre une douzaine d'hommes, chacun d'eux est capable de manger dix à douze livres de viande dans un repas sans en être autrement incommodé ; mais comparons cela avec l'abstinence de l'araignée et du fourmilion qui, sans manger, attendent des mois entiers, l'une, que quelque proie vienne se prendre dans ses filets, l'autre que quelque gibier roule au fond du précipice qu'il leur a préparé. Il est vrai que tous deux, si la proie est abondante, sont capables de consommer plus en une heure qu'ils n'auront fait dans un mois. D'autre part, voyez l'énorme voracité de cette chenille qui en vingt-quatre heures consomme une masse d'alimens qui pèse trois fois autant que son corps.

Il y a loin sans doute de la taille de ce petit chien qui vient de naître, à celle qu'il aura, quand, devenu aussi grand et aussi fort que sa mère, il sera capable d'attaquer les grands animaux, d'être attelé à une petite voiture et de traîner d'assez grands fardeaux ; mais cet accroissement est-il comparable en rien à celui de la grande chenille du saule, qui au moment où elle va se métamorphoser, est devenue soixante-douze mille fois plus pesante qu'elle n'étoit au sortir de l'œuf ? et comme cet accroissement est rapide ! au bout de vingt-quatre heures la larve de la grosse mouche bleue de la viande, cette espèce de ver qu'on voit dans la chair corrompue, pèse déjà cent cinquante fois plus qu'au sortir de l'œuf. L'abdomen ou le ventre du termite (1) femelle fécondée, acquiert un volume deux mille fois plus grand que celui qu'il avoit avant la fécondation.

Il y a des insectes qui paroissent doués d'une force de muscles prodigieux. Parmi les animaux sauteurs, les écureuils, les gerboises (2), il n'en est pas qui fassent de si grands sauts, relativement à leur taille, que les puces et les podures (vulgairement puces de terre).

Les organes qui séparent le plus les insectes des vers, ce sont les yeux et les antennes : les yeux des insectes sont de deux sortes, les uns lisses, les autres chagrinés, à réseaux ou à facettes. Beaucoup d'insectes ailés ont de ces deux sortes d'yeux. Il paroît que les yeux à réseaux sont composés d'une multitude de cornées; on en a compté plus de trente mille sur ceux d'un papillon. Dans l'abeille, le microscope les fait voir hérissés de grands poils. Si nous réfléchissons sur la structure de nos yeux qui ne nous montrent qu'une image de l'objet, quoiqu'ils soient doubles, nous pourrons concevoir comment l'insecte ne voit aussi qu'une image simple avec cette multiplicité d'yeux, qui apparemment lui ont été donnés pour remédier à leur fixité.

Les antennes sont ces espèces de cornes mobiles qu'on voit en avant de la tête de presque tous les insectes, placées tantôt entre les yeux, tantôt au-devant des yeux, tantôt sur les côtés; quelques-uns les ont dirigées en avant, d'autres en arrière; beaucoup peuvent les cou-

---

(1) Les termites sont ces insectes si connus et si redoutés dans toute la zône torride par leurs dégâts. On les appelle communément *fourmis blanches*.

(2) Espèces de lièvres sauteurs du Cap. Le kanguroo de la Nouvelle-Hollande, est mis dans le même genre, ou formera un genre voisin.

cher et les cacher le long des côtes de la tête : elles sont de formes extrêmement diversifiées, les unes en chapelet composées de petites graines, d'autres formées d'un petit nombre d'articulations; celles-ci d'un nombre incalculable, celles-là velues ou plumeuses; il y en a de terminées par des lames, commes celles du hanneton, ou par un bouton formé de plaques superposées et comme enfilées : telles sont celles des *nécrophores*, etc. Tous les insectes ont des antennes; excepté les araignées, les scorpions, et quelques autres genres dont on a formé la famille des anareïdes, qui n'ont point d'antennes proprement dites, mais ce que les naturalistes ont appelé des palpes ou des antennules, leur en tiennent lieu. A quoi sert cet organe, c'est ce qu'on ne peut que conjecturer. On a pensé qu'il pouvoit servir au toucher. On ne trouve pas chez les insectes d'organes particuliers qui paroissent appartenir à l'ouïe ou à l'odorat; on ne peut cependant pas douter que les insectes ne jouissent de ces deux sens; plusieurs rendent des sons qui doivent être entendus par les individus de leur genre. Tous les jours nous voyons les corps en putréfaction attirer des insectes qui n'ont pu être guidés que par leur odorat. On est donc réduit à penser que les sons et les émations odorantes leur arrivent par l'entremise de l'air, et que les mêmes organes qui servent à la distribution de l'air dans leur intérieur, servent aussi à leur donner la sensation des odeurs et des sons.

On a partagé les insectes de plusieurs manières; j'en choisis une des plus généralement adoptées. Suivant cette méthode les insectes forment huit ordres distincts, ou sections.

1°. Les lépidoptères (du grec *lepis*, écaille, et *ptera*, ailes) à quatre ailes membraneuses recouvertes d'écailles qui ont l'apparence d'une poussière colorante, et qui s'attache aux doigts, ils comprennent les papillons de jour et de nuit, les teignes, etc. Chez la plupart, la bouche est garnie d'une trompe roulée en spirale, qui se déroule et se plonge dans l'intérieur des fleurs, ou dans les substances liquides dont l'insecte se nourrit.

2°. Les névroptères (de *nevron*, nerf, *ptera*, ailes) ont quatre ailes nues, membraneuses, presqu'égales, réticulées, c'est-à-dire que les nervures y forment une sorte de réseau. Leur bouche est munie de mâchoires et de mandibules propres à couper, déchirer les substances solides dont ils se nourrissent : telles sont les sibellules, vulgairement demoiselles, qui dévorent des insectes, les friganes, hémerobes, fourmilions, etc....

3°. Les hyménoptères (de *umên*, membrane, *ptera*, ailes) ont quatre ailes nues, membraneuses, variées, inégales, dont les principales nervures sont dans le sens de la longueur. Leur bouche est munie de mandibules et d'une trompe souvent très-petite ; on y trouve les abeilles, les guêpes, les ichneumons, les fourmis, etc. Plusieurs de ces insectes ont l'abdomen terminé par un aiguillon rétractile qui introduit dans la piqûre un liquide capable de l'envenimer et de causer une douleur vive.

4°. Les hémiptères (de *émisu*, moitié, *ptera*, ailes) ont deux ailes croisées sous des élytres ou étuis plats, demi-coriaces et demi-membraneux, les jolies punaises de jardin, panachées de noir, de rouge et de blanc, vous donneront l'idée de cette structure. Cet ordre renferme les insectes qui ont la bouche garnie d'un bec articulé qui contient une espèce de lancette. Ce suçoir a fait comprendre dans cet ordre les pucerons, les cochenilles et quelques autres genres analogues, quoique ces insectes aient quatre ailes semblables non croisées; mais les véritables hémiptères sont les punaises, les cigales, etc.

5°. Les orthoptères, (du grec *orthos*, droit, *ptera*, ailes) ont deux ailes pliées longitudinalement en éventail sous deux étuis plats ou élytres molles presque membraneuses. La bouche est garnie de mâchoires: cet ordre comprend les sauterelles, grillons, blattes, mantes, etc... On y place aussi les forficules ou perce-oreilles dont les ailes diffèrent de celles des genres précédens, en ce que logées sous des étuis fort courts, elles sont repliées trois fois sur elles-mêmes dans leur longueur, par un mécanisme charmant, à l'aide duquel elles s'étendent et se plient très rapidement.

6°. Les coléoptères (de *coleos*, gaîne, étui, *ptera*, ailes) ont deux ailes pliées transversalement sous des élytres dures et coriaces: leur bouche est garnie de mandibules et de mâchoires. Cet ordre renferme le plus grand nombre des insectes connus. C'est-là que se trouvent les scarabées, les buprestes, les hannetons, les coccinelles, les capricornes, les cerfs-volans, les taupins, les bousiers, etc...

7°. Les biptères (de *bis*, deux, *ptera*, ailes) ont deux ailes nues, membraneuses, veinées. Leur bouche n'a point de mâchoires, mais une trompe droite ou coudée rétractile. La plupart, outre les deux gros yeux à facettes ou à réseaux, ont sur le sommet ou sur le derrière de la tête trois petits yeux lisses. Cet ordre comprend les mouches, les cousins, les tipules, etc...

8°. Les aptères (de *a*, privatif, et *ptera*, ailes) n'ont jamais d'ailes. Parmi eux, la plupart ont des mâchoires, comme les araignées, les millepieds, iules, scolopendres, forbicines, cloportes, etc. D'autres ont la bouche armée d'un bec ou suçoir; tels sont le pou, la puce, la tique, que nous appelons parasites, parce qu'ils s'attachent ordinairement à nous ou aux animaux, pour vivre à leurs dépens.

Il faut, ma fille, vous laisser respirer après cette énumération un peu sèche, mais que j'ai jugée indispensable. L'ordre est le plus puissant secours de la mémoire. Je crois d'ailleurs vous servir à votre gré : vous vous faites remarquer par votre esprit d'ordre dans vos idées comme dans votre conduite. Vous avez senti qu'il est d'un des principaux élemens du bonheur, et je vous en félicite sincèrement. Vous voyez que j'ai démêlé vos petits reproches, quelqu'adroitement qu'ils fussent cachés ; j'ai compris que vous ne trouviez pas tout-à-fait assez d'ordre dans ces lettres que vous m'aviez demandées ; et comme je désire qu'elles vous soient aussi agréables qu'utiles, je vous promets d'y prendre garde désormais. Bon soir, ma chère enfant.

A.

LES VOYAGES D'ADOLPHE.

(Continuation.)

« Nous allons aujourd'hui, dit M. de Vauréal à son fils, commencer à parcourir la seconde enceinte de Paris, entreprise, en 1190, par Philippe Auguste. » Avant de partir, il la lui traça sur le plan de Paris. Il lui fit voir qu'elle s'étendoit des deux cotés de la rivière. En la prenant au nord de la Seine, elle commençoit entre l'endroit où se trouve aujourd'hui le pont des Arts, et celui où est le Pont-Neuf, passoit entre le Louvre et l'Oratoire, remontoit presqu'en droite ligne vers le nord jusqu'à la hauteur de la place des Victoires, c'est-à-dire de son emplacement qu'elle laissoit en dehors, ensuite tournant à l'est, elle traversoit la rue Montmartre à la rue Platrière ou J.-J. Rousseau, la rue Saint-Denis à la rue du Petit-Lion, la rue Saint-Martin à la rue Grenier-Saint-Lazare, toujours en redescendant un peu vers le midi jusqu'à la Vieille rue du Temple qu'elle traversoit à la rue des Francs-Bourgeois ; là, tournant tout-à-fait au midi avec une légère inclinaison vers l'est, elle alloit regagner la rivière au quai Saint-Paul, pas très loin du pont Marie. Il ne paroît pas qu'elle se continuât dans l'île Saint-Louis, mais elle reprenoit de l'autre côté de la rivière à l'est du pont de la Tournelle, au commencement du quai Saint-Bernard, descendoit au midi en inclinant un peu vers l'ouest jusque derrière Sainte-Geneviève, où est aujourd'hui le Panthéon, traversoit la rue Saint-Jacques à la rue du Foin ; puis se dirigeant au nord-ouest, alloit rejoindre la rivière au quai Conti, en face de l'endroit où elle commençoit de l'autre côté. « Tu entends bien, dit M. de Vauréal à son fils, que la plupart des rues que je t'ai nommées n'existoient pas alors, et que je ne me suis servi de leurs noms que pour t'indiquer plus précisément les lieux. »

Adolphe, joyeusement. Nous aurons beaucoup à courir. Paris commençoit déjà à être grand en comparaison de la première enceinte que nous avons visitée.

M. de V. Sa nouvelle circonférence étoit d'environ trois mille cinq cents toises au plus, le quart à peu près de la circonférence actuelle.

Adol. Mais à présent, on a mis dans les murs des choses qui ne sont pas de Paris, Mouceaux, Chaillot, et tous ces champs qu'il faut traverser pour y arriver comme si on étoit en pleine campagne. Il y en a autant, je crois, du côté du faubourg Saint-Antoine, et puis derrière le Champ-de-Mars.

M. de V. Mais crois-tu donc que toute cette enceinte de Philippe Auguste fût remplie de maisons? Il s'y trouvoit comparativement bien plus de champs qu'à présent. Comme une ville s'étend petit à petit sans aucune règle, et selon le caprice des particuliers qui bâtissent autour, lorsqu'on veut lui donner ensuite une forme qui ne soit pas trop irrégulière, il y faut nécessairement enclore beaucoup d'espaces vides qui se trouvent entre les intervalles des maisons. C'est ce qui est arrivé à toutes les nouvelles enceintes qui se sont remplies ensuite peu à peu, comme nous voyons se remplir les espaces qu'on a renfermés dans Paris il y a vingt-cinq ans. Toute la partie du Marais, toute celle du faubourg Saint-Victor, toute celle du faubourg Saint-Germain qui se trouvoient renfermées dans l'enceinte de Philippe Auguste, plus de la moitié du faubourg Saint-Jacques, une grande partie du quartier Saint-Denis, étoient des campagnes, et le reste de Paris ressembloit très peu à l'idée que nous

nous faisons d'une ville. Au commencement du quatorzième siècle, la rue *de la Planche-Mibrai* par laquelle nous avons dernièrement passé, située au bout du pont Notre-Dame, c'est-à-dire au centre d'un des quartiers le plus anciennement habités, n'étoit qu'un passage formé par une planche posée sur une espèce de fossé ou de ravin rempli de boue que jetoit la Seine en cet endroit. Cette planche servoit à conduire à des moulins placés sur la rivière, et on l'ôtoit le soir. C'est delà qu'est venu son nom *Planche mi bray* (planche au milieu de la boue).

Adol. Mais papa, alors cela ne s'appeloit pas une rue?

M. de V. C'étoit un des carrefours de Paris, comme on le voit dans des vers composés au treizième siècle, où l'auteur a fait le dénombrement des rues de Paris.

Adol. Combien y en avoit-il alors?

M. de V. Trois cent dix; mais l'on juge d'après l'exemple du *carrefour Mibrai*, ce que devoient être la plupart de ces rues. On n'avoit commencé à les paver qu'en 1183 ou 84.

Adol. Aussi sous le règne de Philippe Auguste?

M. de V. Oui, et par ses ordres; car ce ne fut point à ses frais. *Il enjoignit*, dit Mézerai, *au prévôt et principaux bourgeois de Paris de paver leurs rues qui étoient toutes pleines de boue et d'ordure. Ce qu'ils exécutèrent suivant ses ordres, et ils l'eussent fait avec bien plus de joie*, ajoute l'historien, *si ce n'eût pas été à leurs dépens.* Cependant, et malgré les impôts dont ils furent chargés sous ce règne, beaucoup plus que sous aucun des règnes précédens, il paroît qu'ils prirent leur parti de bonne grâce. On parle d'un Gérard de Poissy, homme riche, qui donna pour sa part de cette dépense, et, à ce qu'il paroît, sans y être taxé, onze mille marcs d'argent, ce qui faisoit alors de treize à quatorze mille francs, et en feroit aujourd'hui environ six cent mille. Au reste, malgré cette contribution et les ordres du roi, il y a lieu de croire que la chose ne s'exécuta pas sur-le-champ en totalité ; et comme l'on trouve dans Paris plusieurs rues distinguées par le nom de rue Pavée (rue Pavée au Marais, rue Pavée Saint-André-des-Arcs, rue Pavée près la rue Montorgueil, etc.), on peut penser que, du moins pendant quelque temps et dans certains quartiers, l'avantage d'être pavée ne fut pas commun à toutes.

Après cette explication, M. de Vauréal sortit avec son fils. Ils suivirent les quais jusqu'au pont des Arts qu'ils traversèrent et continuèrent en suivant le quai du Louvre jusqu'au coin de la rue du Petit-Bourbon. « Ici, dit M. de Vauréal, nous entrons dans l'enceinte de Philippe Auguste. C'est une triste manière d'y entrer. »

Adol. Pourquoi, mon papa ?

M. de V. C'est, à ce qu'on assure, de la maison qui fait le coin de cette rue du côté du Louvre, que Charles IX, le jour de la Saint-Barthélemi, tiroit sur les calvinistes, qui essayoient de traver-

DE L'ÉDUCATION. 245

ser la rivière pour se sauver du massacre qu'on en faisoit par ses ordres.

Adol. Ah! mon Dieu, comment en avoit-il le cœur? Quand même on lui auroit tourné la tête au point de lui persuader qu'il faisoit bien d'exterminer les huguenots, comment pouvoit-il tirer lui-même sur ces pauvres gens, quand ils étoient assez heureux pour s'échapper?

M. de V. On ne lui avoit pas persuadé qu'il faisoit bien; aucun de ceux qui avoient contribué à le déterminer ne le croyoient; car sa mère, Catherine de Médicis elle-même, essayoit de se justifier un peu, en disant: *Je n'ai sur la conscience que la mort de six.* Aussi n'avoit-on pu le porter à cette extrémité qu'en le mettant en fureur contre les huguenots, qu'on lui représentoit comme voulant attenter à son autorité. Nous voici dans la rue *des Prêtres Saint-Germain-l'Auxerrois*; ce fut, à ce qu'il paroît, d'une des maisons qui composoient alors le cloître Saint-Germain-l'Auxerrois, et qui donnaient sur cette rue, que Maurevert (qu'on appeloit *le tueur du roi*, parce qu'il avoit déjà assassiné plusieurs personnes dont la cour vouloit se défaire), tira sur l'amiral de Coligny, trois jours avant la Saint-Barthélemi, un coup d'arquebuse, qui lui cassa un doigt de la main droite et le blessa au bras gauche.

Adol. Ce n'étoit pas le roi qui avoit ordonné cet assassinat?

M. de V. Non; mais on s'en servit pour le déterminer.

Adol. Voilà, par exemple, ce que je ne comprends pas.

M. de V. La colère que montrèrent les huguenots, les mesures qu'ils parurent vouloir prendre pour leur défense l'effrayèrent, et chez lui toutes les passions se tournoient en colère. C'est ce qui arrive souvent aux gens foibles dès qu'ils ont peur; comme ce sentiment lui étoit désagréable, il n'y eut plus de bornes à sa haine contre ceux qui le lui causoient.

Adol. Mais, mon papa, puisque Catherine de Médicis prétendoit n'avoir sur sa conscience que la mort de six, comment se fait-il qu'il y ait eu un si horrible massacre; car il périt, je crois, à Paris, plus de six mille personnes?

M. de V. En supposant que Catherine ait dit la vérité, et qu'elle n'ait voulu que la mort de quelques chefs, elle n'en avoit pas moins à se reprocher la mort de tous ceux qui périrent, car elle étoit la cause de tout. Les gens qui veulent faire le mal sont toujours obligés d'en permettre beaucoup plus qu'il ne leur est nécessaire; car tu conçois bien que pour engager les gens dont ils ont besoin à les aider, il faut leur permettre de profiter aussi pour leur compte des crimes qu'on leur fait commettre. Il faut échauffer leurs passions au point de leur faire trouver plaisir à ces crimes, afin qu'ils oublient leur conscience, et les passions une fois échauffées vont toujours plus loin qu'on ne veut; ainsi quand on eut fait consentir Charles IX à la mort de l'amiral, il s'é-

cria, en jurant à son ordinaire, qu'il falloit tuer aussi tous les huguenots de France, afin qu'il n'en demeurât pas un qui lui pût reprocher après; de même les compagnies bourgeoises de la ville qu'on avoit commandées pour cette horrible exécution, retenues par la peur et la conscience, refusèrent d'abord de s'y prêter, mais quand on les eut menacées de la colère du roi : « *Hé ! le prince*
» *veut ça*, dirent les chefs, *nous vous jurons que*
» *vous en aurez nouvelles, car nous donnerons si*
» *bien des mains à tort à travers, qu'il en sera*
» *mention à jamais.* » On prit aussi tous les moyens possibles pour échauffer le fanatisme du peuple, afin qu'il crût que ces horreurs se commettoient pour la religion. Mézerai raconte que le jour même de la Saint-Barthélemi, sur le midi : « Une aubespine, qui étoit plantée dans le cime-
» tière des Saints-Innocens, demi-sèche et dé-
» pouillée de ses feuilles, poussa des fleurs en
» quantité; cette merveille, dit-il, charma encore
» plus fort la phrénésie du peuple. Les confraires s'y
» rendoient tambour battant », et ces pèlerinages étoient marqués par un redoublement de fureur contre les huguenots qu'on rencontroit.

Adol. On prenoit donc cela pour un miracle en faveur des catholiques?

M. de V. Sans doute; si le fait est vrai, il est aisé de supposer qu'on aura trouvé moyen de substituer une aubépine en fleurs à cette aubépine sèche.

Adol. Mais la Saint-Barthélemi est, je crois,

le 24 d'août; comment auroit-on eu à cette époque une aubépine fleurie? elles fleurissent au commencement du printemps.

M. de V. Toujours en supposant le fait vrai, on peut imaginer que le hasard qui aura fait trouver quelque part une aubépine fleurie, à cette époque de l'année où elles ne fleurissent pas ordinairement, aura donné l'idée de ce singulier miracle. Au reste, on n'avoit pas besoin de tout cela. Ce temps-là étoit si dépourvu de vertu, d'humanité, de tous les bons sentimens, qu'il suffisoit de donner la facilité du crime pour qu'une foule de gens s'empressassent d'en profiter. On saisissoit l'occasion de faire périr ses ennemis ou ceux dont on devoit hériter, soit protestans, soit même catholiques. Les courtisans de Charles IX pilloient dans les rues et dans les maisons comme des brigands, et venoient faire présent au roi et à la reine des bijoux qu'ils avoient volés de cette manière. On dénonçoit comme protestans ceux qui avoient échappé au massacre, pour avoir leurs biens. Brantôme rapporte que, parmi les gentilhommes de sa connoissance, il y en eut qui, soit par les confiscations, soit par le pillage, gagnèrent jusqu'à dix mille écus.

En finissant sa phrase, M. de Vauréal s'arrêta. En sortant de la rue des Prêtres-Saint-Germain-l'Auxerrois, ils avoient suivi la rue de la Monnaie, et ils se trouvoient alors au commencement de la rue de Bétizi. M. de Vauréal montra à son fils la seconde maison de cette rue à gauche, en entrant

par la rue de la Monnaie : « C'étoit là, lui dit-il,
» la maison de l'amiral Coligny ; c'est là qu'il a
» été tué. »

« Le vilain quartier, s'écria Adolphe : » Tu
n'es pas au bout, reprit assez tristement M. de
Vauréal, et ils continuèrent de marcher. Ils suivirent la rue Béti*z*i, et en sortirent par la rue des
Bourdonnais, puis suivirent cette rue jusqu'à la
rue Saint-Honoré, dans laquelle ils tournèrent à
droite. Adolphe songeoit à tout ce que lui avoit
dit son père ; et en passant dans toutes ces rues
qui étoient celles où l'on avoit massacré le plus
de huguenots, parce qu'ils s'étoient presque tous
logés autour de la maison de l'amiral, il ne pouvoit s'empêcher de se représenter une partie des
horreurs qu'on y avoit commises, et qu'il avoit lues
dans l'histoire. M. de Vauréal s'arrêta de nouveau,
et Adolphe levant les yeux, vit le nom de la rue
de la Féronnerie. « Bon Dieu, dit-il, la rue où
Ravaillac a assassiné Henri IV ! Je ne peux pas y
passer sans que cela me fasse un chagrin terrible. »
Ils avancèrent le long de la rue ; mais comme ils
arrivoient au milieu, vers l'endroit où s'est commis
le meurtre, des voitures qui arrivoient sur eux,
les forcèrent de passer rapidement. Adolphe en
fut bien aise ; il avoit le cœur serré de tout ce qui
l'avoit occupé, et craignoit le redoublement de
tristesse qu'il auroit éprouvé en s'arrêtant à cet endroit-là. « Je ne voudrois pas, dit-il, à son père,
» lorsqu'ils furent sortis de la rue, me promener
» souvent dans ce quartier-ci. »

M. de V. Il ne faut sûrement pas chercher à s'appesantir sur le souvenir des crimes ; cela rendroit trop malheureux, et d'ailleurs cela pourroit conduire à haïr les hommes, ce qui n'est pas juste ni raisonnable, parce que même les plus criminels peuvent avoir eu quelques bonnes qualités ; mais il n'est pas non plus permis d'éviter tout-à-fait ces sortes d'idées.

Adol. Eh ! pourquoi donc, mon papa ?

M. de V. Parce que si on y pensoit trop légèrement, on n'auroit pas assez d'horreur des crimes, et on n'en recevroit pas l'instruction morale qu'on en peut tirer.

Adol. Et quelle instruction morale peut-on tirer de là, mon papa ? personne n'est tenté de faire des choses pareilles.

M. de V. Non, sans doute ; mais ce sont souvent les mêmes erreurs, les mêmes faux principes qui font commettre les grands crimes et les fautes moins odieuses ; ainsi pense à tout ce que nous venons de nous rappeler, et cherche quel est le faux principe qui a pu faire commettre tant d'actions abominables à des gens qui, peut-être, n'étoient pas au fond des scélérats.

Adol. Mais il me semble que Ravaillac croyoit que Henri IV étoit encore huguenot, et que par conséquent il lui étoit, en conscience, permis de le tuer.

M. de V. Oui, mon fils ; c'étoit aussi ce que pensoit Jean Châtel, qui peu de temps auparavant avoit tenté la même chose, mais sans succès.

Lorsqu'il fut condamné à mort, il se regarda comme un martyr; il étoit dans de grands sentimens de piété, et disoit à son confesseur, quand on le tourmentoit pour lui faire avouer ses complices: *Je m'accuse de quelques impatiences dans mes tourmens; je prie Dieu de me les pardonner.* Mais loin de demander pardon d'avoir voulu assassiner le roi, il croyoit que c'étoit cela qui le feroit aller en paradis. Ravaillac paroit avoir été moins simple et moins ferme dans ses idées; il avoit naturellement un caractère plus violent et plus féroce, mais il étoit aussi de bonne foi. Il y avoit sûrement aussi des gens de bonne foi parmi ceux qui contribuèrent aux massacres de la Saint-Barthélemi, et qui croyoient agir pour le bien de la religion et la gloire de Dieu; ils ne faisoient que se tromper, et tu vois où cela les a conduits.

Adol. Personne ne se trompe plus comme eux.

M. de V. Non; mais on peut se tromper d'une autre manière: personne n'en est à l'abri, et personne ne peut répondre qu'une fausse opinion ne lui fasse commettre de grandes fautes.

Adol. Comment donc faire?

M. de V. Ne jamais se permettre une mauvaise action quand on croiroit la faire par un bon motif; car on ne peut juger si un motif est entièrement bon, que quand l'action qu'il demande est d'accord avec la morale. Supposons, par exemple, qu'un méchant homme t'eût confié un secret sur ta parole d'honneur de ne le pas révéler, que ce secret pût lui faire tort, le révélerois-tu pour empêcher personne de se fier à lui ?

Adol. Non, certainement.

M. de V. Ce seroit cependant une action qui ne nuiroit qu'à un méchant, et pourroit être utile à beaucoup d'honnêtes gens.

Adol. Oui, mais elle seroit malhonnête.

M. de V. Tu vois donc bien qu'il y a une règle sûre pour la conduite, quelles que soient les erreurs d'opinions; c'est de ne jamais croire qu'il y ait une occasion qui permette de faire ce que défend la morale. L'Ecriture a dit : *Tu ne tueras point;* c'en étoit assez dans les occasions dont nous parlons, pour diriger la conscience, même de ceux qui avoient l'esprit le plus égaré.

P. M. G.

NOUVELLES

CONCERNANT L'ÉDUCATION.

DANEMARCK.

La nation et le gouvernement danois font de grands efforts pour améliorer, dans leur pays, l'état de l'éducation, et en particulier de celle des pauvres. La nécessité d'éclairer le peuple pour le soustraire aux malheurs et aux dangers de sa situation, y est généralement sentie. Un journal intitulé *Penia*, ou *Feuille consacrée* aux maisons d'éducation, d'industrie, de médecine et de mendicité, rend compte annuellement des moyens qui ont été employés, et de leurs effets. Nous allons en tirer quelques

DE L'ÉDUCATION.

renseignemens sur ceux de ces établissemens qui paroissent avoir le plus d'importance.

1°. Une école a été fondée pour les enfans juifs, et le Danemarck est peut-être le pays de l'Europe où l'on a le plus fait pour l'amélioration du sort de cette nation. En 1793, s'organisa une société qui donnoit des prix à ceux qui instruisoient avec succès des enfans juifs dans les différens arts et métiers. En 1808, elle avoit déjà distribué quatre-vingt-dix sept prix, et les juifs avoient fait beaucoup de progrès dans ce genre d'industrie. En 1803, MM. Bing et Calish fondèrent une école, où, en 1808, cent seize enfans juifs avoient reçu, moyennant une très modique rétribution, une instruction assez étendue. Ce fut en 1805 que se forma le plus considérable de ces établissemens, *l'Ecole libre pour les Juifs ;* son fondateur est M. Nathanson, israélite éclairé ; à lui se joignirent cent vingt-cinq personnes, qui s'engagèrent à fournir annuellement entre elles environ 5,000 fr., à quoi la communauté des juifs ajouta aussi annuellement environ 1200 fr. On y reçoit des enfans de cinq à treize ans ; on leur fait étudier la Bible, la religion judaïque, les langues hébraïque, allemande et danoise, le calcul, la géographie, l'histoire naturelle et le Talmud. On leur donne huit heures de leçons. L'école est divisée en cinq classes : on y fait quatre examens par an. En 1808, elle avoit quatre-vingt-quatre enfans, dont cinquante-un, à leur arrivée, ne savoient pas lire, et au premier examen ils lisoient et comprenoient tous bien le danois. En rendant compte de cet établissement, le rédacteur exprime l'espérance qu'on cherchera à rapprocher l'éducation des juifs de celle des chrétiens, et qu'on y introduira les exercices de gymnastique les plus propres à améliorer la race juive. Il désire aussi qu'il se forme de pareils établissemens pour les jeunes filles ; et les numéros suivans du même journal nous apprennent que le projet en a été exécuté. Un fonds de plus de 50,000 fr., et un revenu annuel d'environ 7,000 fr., assurent la durée de cette nouvelle école, qui a été ouverte le 28 janvier 1810, jour de la naissance de la princesse royale Caroline.

2°. Un rescrit du roi, du 5 août 1808, a fondé à Kioege, dans la Sélande, une école populaire, dont l'organisation est excellente.

3°. *La Société de Bienfaisance* de Drontheim, en Norwège, qui publie un journal intitulé *Aurora*, fait de grands efforts pour répandre les lumières parmi les classes pauvres, et accélérer les progrès de l'industrie.

4°. La cinquième année du journal danois dont nous empruntons ces détails, contient un long rapport sur l'état de la gymnastique dans le Danemarck, de 1799 à 1809. En 1799, M. le professeur Nachtegall fonda un institut de gymnastique, où furent admis vingt-cinq enfans, entr'autres les princes d'Augustenbourg et le prince Ferdinand de Danemarck. En 1804, cet institut comptoit déjà cent cinquante élèves. En 1809, se forma, sous la direction de M. Nachtegall, *la Société de Natation*, et l'été suivant, le roi donna vingt prix aux meilleurs nageurs. La gymnastique s'est introduite peu à peu dans tous les établissemens d'éducation danois; et le résultat d'un voyage entrepris, en 1806, par M. Nachtegall, aux frais du gouvernement, a été qu'aucun pays ne pouvoit être comparé au Danemarck sous le point de vue des exercices gymnastiques, si ce n'est la France, où l'art de l'escrime et celui de la natation étoient portés à un plus haut degré de perfection. Depuis cette époque, l'art de la natation a fait de grands progrès en Danemarck. Dans un exercice d'essai, un sous-officier, nommé Hansen, parcourut à la nage, tout armé, un espace de plus de six cents vingt pieds; et nu, à un second essai, un espace de plus de quarante-six mille pieds en quatre heures vingt-cinq minutes, sans s'arrêter. Un autre sous-officier, nommé

J. Spenner, nagea de même pendant trois heures cinquante minutes, et parcourut quarante mille pieds environ.

6°. M. J. Lund a assigné un fonds de 400 fr. pour commencer une *bibliothèque* à l'usage des maîtres d'école qui instruisent les pauvres. Le bureau de direction de l'indigence a fait à cette bibliothèque une rente d'environ 400 fr. Plusieurs libraires de Copenhague lui ont donné même des livres de leur fonds, qui pouvoient y servir, et l'utilité de cet établissement se manifeste chaque jour davantage.

7°. L'*Ecole d'Industrie* fondée à Lyster, dans le district de Bergen en Norwège, par le pasteur Quale, a déjà puissamment contribué à améliorer l'industrie dans cette province; et, ce qui est peut-être plus utile encore, elle a inspiré au peuple le désir de s'instruire des progrès qu'ont fait les arts et métiers dans les autres pays de l'Europe.

(*Extrait de la Gazette Littéraire de Halle*, Mars 1813, pag. 233-252.)

FRANCE.

— Le vi° numéro du *Manuel des Amateurs de la Langue française*, par M. Boniface, a paru; il renferme quelques dissertations assez intéressantes et quelques synonymes.

— M. J. S. Flotte, professeur de philosophie et secrétaire de la Faculté des Lettres à l'Académie d'Amiens, a publié des *Leçons élémentaires de Philosophie*, destinées aux élèves de l'Université impériale, qui aspirent au grade de bachelier ès-lettres. Deux vol. in-12. Prix: 6 fr. et 7 fr. 50 c. A Paris, chez Brunot-Labbe, libraire de l'Université impériale, quai des Augustins, n°. 33.

Nous rendrons compte de cet ouvrage.

— La seconde édition de la *Physique mécanique*, par E. G. Fischer, traduite de l'allemand, avec des notes de

M. Biot, membre de l'Institut, paroît chez J. Klostermann fils, libraire de l'Ecole Polytechnique, rue du Jardinet, n°. 13. Prix : 7 fr., et 8 fr. 50 c. par la poste.

Cet excellent ouvrage, où les lo.s de l'équilibre et du mouvement, les phénomènes particuliers à la statique et à la mécanique des corps, soit solides, soit fluides, etc. sont exposés d'une manière rigoureuse et mathématiquement démontrés, est indispensable pour ceux qui veulent connoître tous les avantages que peuvent tirer les sciences naturelles de leur union avec les sciences exactes.

— *Essai de géométrie analytique*, appliquée aux courbes et aux surfaces du second ordre ; par J. B. Biot, membre de l'Institut, etc. ; 5e édition. — A Paris, chez Klostermann, et le Normant, prix : 5 fr. 50 c.

Ce Journal, composé de quatre feuilles *in-8°*, paroît le 15 de chaque mois.

Le prix de l'Abonnement est de 18 fr. pour l'année, et de 10 fr. pour six mois.

On s'abonne chez LE NORMANT, Imprimeur-Libraire, rue de Seine, n°. 8, près le pont des Arts.

Les lettres et les envois doivent être adressés francs de port.

ANNALES DE L'ÉDUCATION.

LETTRE

D'UN PÈRE DE FAMILLE, RICHE ET HOMME DU MONDE, A UN JEUNE HOMME QU'IL DÉSIREROIT DONNER POUR PRÉCEPTEUR A SES ENFANS. (1)

Je sais bien, mon jeune ami, qu'il y a dans le monde beaucoup de choses qui ne sont pas comme elles devroient être; les hommes dans la plupart de leurs actions, sont conduits par des passions ou des préjugés. Les circonstances extérieures, les habitudes régnantes, l'état de l'ordre social, souvent même la nécessité et les besoins de la vie, agissent si puissamment sur eux, que les meilleurs ne peuvent échapper complètement à toutes ces influences; ils s'accommodent insensiblement à l'esprit de leur temps; et c'est déjà

---

(1) Cette lettre est tirée d'un ouvrage allemand intitulé : *Principes de l'Education et de l'Enseignement (Grundsætze der Erziehung und des Unterrichts)* ; par A. H. Niemeyer. 3 vol. in-8°. sixième édition; Halle, 1810. Elle paroît être la suite d'une conversation où le père de famille a exprimé au jeune précepteur, son éloignement pour certaines idées qu'il croit funestes au bonheur de ceux qui les adoptent, et où le précepteur n'a pas été tout-à-fait de son avis.

beaucoup s'ils ne perdent pas tout ce qui fait leur caractère personnel, et la faculté de sentir ce qui est éternellement bon et juste. De temps en temps, à la vérité, s'élèvent quelques voix contre l'esprit du siècle : les plus foibles se plaignent; les plus courageux donnent le signal du combat, et s'exposent ainsi à soulever contre eux une puissance qui, malgré l'absurdité de ses préjugés, et l'odieux de ses travers, finit toujours par être victorieuse. Nous voyons chaque jour que ces efforts servent bien peu, et que le *mauvais esprit*, en apparence chassé un moment, revient bientôt avec sept *esprits* plus puissans encore. Il auroit peut-être mieux valu le laisser en repos.

Je désire deux choses pour mes enfans : il faut qu'ils soient utiles à la société; il faut qu'ils passent leur vie heureuse et tranquille. Atteindre à ce but, dépend en partie, je le sais, d'une puissance supérieure, qui tient en sa main leur vie, leur santé, leur situation; mais tant qu'elle ne décidera pas le contraire sur leur compte, tant qu'elle leur conservera ce fonds de santé, de dispositions heureuses, et cette aisance dont ils jouissent à présent, c'est à l'éducation surtout à faire le reste, et je veux à l'avenir y travailler en commun avec vous.

L'utilité dont ils pourront être pour la société, dépendra de leur habileté dans la carrière qu'ils auront à parcourir un jour; je désire qu'il soit possible de déterminer d'avance cette carrière, nous pourrons alors y conformer bien plus sûrement notre plan d'éducation; nous épargnerons à nos enfans la peine d'apprendre beaucoup de choses que l'incertitude de leur destination les mettroit dans la nécessité d'étudier, et dont probablement une grande partie leur seroit complètement inutile, si tant est qu'elles ne leur fussent pas nuisibles. J'ai souvent observé combien les supérieurs voyoient de mauvais œil, que leurs inférieurs s'occupassent d'objets étrangers à leur emploi; combien ils préféroient celui qui suit tranquillement une routine sûre, qui, sur l'échelon où il est placé, et au-dessus duquel sa naissance, peut-être, lui interdit l'espoir de s'élever, n'est que l'instrument des ordres et des vues qui viennent d'en haut, et travaille en général d'autant mieux, que sans s'inquiéter de ce qui pourroit et devroit arriver, il demande simplement ce qu'il y a à faire dans la situation bornée des choses. Nous nous garderons donc, au moins, d'inspirer aux enfans un trop grand intérêt, pour ce qui, dans leur carrière à venir, ne leur seroit pas d'une utilité immédiate. Pour mes filles en particulier, dont le sort est encore plus incertain que celui de leurs frères, nous bornerons le développement de leur esprit plutôt que de l'étendre; je tâcherai, autant que je le pourrai, qu'elles ne tombent pas entre les mains d'hommes sans mérite; mais le degré de lumières de leur futur mari, ne peut être ce qui déterminera leur choix. Donnons-leur ce dont une femme a besoin pour être une bonne femme, et contentons-nous de cela; le développement de leur esprit les rendroit moins propres à remplir leur destination, et leurs bonnes qualités suppléeront, même auprès du mari le plus distingué, à ce qui leur manquera de connoissances.

Nous donnerons à mes enfans des principes, qui, s'ils y conforment leur conduite, puissent les mettre en toutes occasions, en état de paroître bien aux yeux du monde. Je ne crois pas qu'il soit sage de perfectionner leurs sentimens, et d'aiguiser leur esprit au point qu'ils puissent reconnoître facilement les travers et les défauts des individus ou des institutions sociales; ils sauront ainsi ne pas vouloir redresser tout ce qui est tortu, rectifier tout ce qui est injuste; ils entreront dans le monde avec une certaine tolérance pour ce qu'on ne sauroit changer, sauront se taire quand il seroit inutile de parler, et réprimer leur activité quand elle n'aboutiroit à rien. Ils feront peut-être en silence plus de bien que n'en font les plus déterminés champions du vrai et du juste. Que gagnent ceux-ci à se rendre suspects par un zèle désintéressé pour le bien, que leur siècle est hors d'état d'apprécier; et qu'y gagne le monde? Ils veulent s'opposer directement au torrent, et leur carrière est violemment arrêtée; on les repousse dans un cul-de-sac où l'inaction les dévore, ou bien ils usent leurs forces à gravir un rocher à pic, qu'ils auroient pu éviter si on le leur avoit signalé d'avance. Les hommes ne peuvent souffrir qu'on fasse plus qu'eux, et quand on demeure en

DE L'ÉDUCATION.

paix avec eux, on obtient ce qui, au bout du compte, est le plus important.

En accoutumant ainsi mes enfans à se contenter du monde tel qu'il est, et à se plier à ses travers, nous travaillerons avec succès à leur propre bonheur, car ce n'est qu'ainsi qu'ils pourront passer leur vie sans trouble.

Un développement de l'esprit trop étendu, est presque toujours, excepté dans des cas fort rares, une source de chagrins et de mécomptes; il y a dans notre ordre social mille emplois, où un certain travail mécanique est inévitable. Pour mille et mille roues qui se meuvent plus ou moins lentement dans des cercles exactement tracés, il n'y a qu'une roue principale qui dirige le tout, et qui souvent est elle-même tantôt arrêtée, tantôt poussée par le hasard. Plus de la moitié de ceux qui prennent part aux affaires, ne sont que les aveugles exécuteurs d'ordres étrangers; il ne leur convient pas, il ne leur est pas même permis de suivre leurs idées souvent meilleures. Mais quand même leur raison viendroit à se convaincre que cela ne peut pas être autrement, et que pour le bien de l'ensemble ils doivent s'acquitter du monotone emploi dont ils sont chargés, trop de lumières leur inspireroient pour cet emploi un dégoût qu'ils ne pourroient cacher; leur esprit une fois animé du besoin de s'enrichir d'idées nouvelles et de les appliquer, regretteroit amèrement de si beaux jours consacrés à une routine obscure, et qu'il auroit pu employer à accroître ses connoissances; cela feroit naître en eux pour ce qu'ils ne sauroient changer un éloignement tel, qu'ils seroient infiniment moins heureux que des hommes de vues plus bornées; ceux-ci font leurs affaires chaque jour, et de bon cœur, sans en sentir le poids; ils se reposent le soir sans avoir besoin de dédommagement. Eveillez en eux l'idée qu'on peut trouver les moyens de s'élever au-dessus de toutes ces formes gênantes, de déployer dans leurs occupations mêmes, et plus de talens et plus d'activité, d'y mettre beaucoup plus du sien, et vous leur rendrez leur dépendance insupportable, ou bien leur humeur éclatera en un besoin d'innovation qui deviendra aisément une passion dangereuse.

Enfin, il importe beaucoup pour l'agrément de la vie, d'être bien reçu et bien vu dans la société: pour la trouver bienveillante, il faut ressembler à ceux qui la composent, la prendre comme elle est; ne pas s'y donner des airs de maître et de frondeur, ne pas y porter une activité, un besoin d'aller en avant qui paroisse une insulte aux voies ordinaires, et fasse naître dans les autres l'idée d'une comparaison désavantageuse. Les hommes savent bien qu'il y a beaucoup à leur pardonner; ils ne demandent point qu'on les croie parfaits, mais ils pensent qu'au bout du compte, les forces de l'homme ne passent guères une certaine mesure, et ils redoutent dans celui qui paroît vouloir faire plus qu'il ne faut, un secret frondeur de leur foiblesse, sans le croire pour cela au-dessus d'eux. Aussi je désire peu que mes enfans se distinguent des autres;

ce qu'ils y gagneroient en réputation, ils le perdroient au centuple en tranquillité et en agrémens dans leurs rapports de société. La plus légère faute est imputée à crime à ceux qui veulent réaliser les rêves de leur imagination; tandis que ceux qui se contentent d'être ce que sont, en général, les hommes, sont jugés avec d'autant plus de bienveillance, que cette bienveillance est nécessaire à tous.

Supposez, je le veux, que mes enfans parvinssent à se mettre au-dessus de ce jugement, s'applaudiront-ils à la fin d'avoir suivi une route solitaire, qui les aura écartés de la route commune? Que nous apprend à ce sujet l'expérience de tous les jours? Qu'ont fait les enthousiastes de tous les temps, avec leurs projets d'amélioration pour l'espèce humaine? Je ne nie pas que dans le monde beaucoup de choses ne soient par degrés devenues meilleures qu'elles n'étoient, et que beaucoup de choses ne deviennent un jour meilleures qu'elles ne sont à présent; mais ce mieux a été amené par les circonstances, et souvent par des causes qui paroissoient devoir produire un effet opposé. C'est au temps à développer plus tôt ou plus tard les germes confiés à ses soins. C'est là ce que ne peut attendre l'enthousiasme, toujours disposé à confondre ce qu'il désire avec ce qui est. Il réussit quelquefois par l'excès d'une chaleur factice, à faire pousser une plante malade qui se fane presqu'aussi rapidement qu'elle est née, et le germe d'où auroit pu sortir un tronc robuste, se trouve ainsi détruit.

Au fait, les hommes, comme la nature physique qui les environne, demeurent les mêmes dans tous les temps, et l'on perd son bonheur et ses forces, quand on se consacre à leur service avec une ardeur que personne ne demande, et dont personne ne vous sait gré. Tous ces jeunes héros qui ont voulu attaquer les vices et les malheurs du genre humain, sont tombés victimes prématurées de leur zèle, ou ont terminé leur carrière en se désespérant d'avoir été méconnus, et de n'avoir rencontré que des ingrats.

Si vous êtes convaincu de la vérité de ces réflexions, ou si vous voulez en croire ma vieille expérience, nous pourrons dans l'éducation de mes enfans partir des mêmes principes: pensez-y bien, je ne demande point qu'on soit de mon avis, mais dans une chose de cette importance, il ne peut m'être indifférent que nous agissions en sens contraire ou que nous marchions d'accord. J'entends répéter de tous côtés une maxime, qu'un philosophe célèbre a reproduite il y a peu de temps, comme étant d'une sagesse supérieure, c'est que les enfans doivent être élevés, non pour le monde tel qu'il est, mais pour le monde tel qu'il doit devenir en s'améliorant, non pour qu'ils conviennent à leur siècle, mais pour que toute la perfection dont ils sont susceptibles en qualité d'hommes, soit développée en eux. Si vous êtes épris de cette haute maxime, nous resterons amis, mais vous ne pourrez m'aider dans l'éducation de mes enfans. J'estimerai la vivacité de votre amour pour le bien, mais je désirerai que vous acquériez plus d'expérience, plus de connoissance des hommes et des choses, avant de vous charger d'un élève, qui, conduit d'après ce principe, ne seroit ni utile à ses semblables, ni heureux lui-même.

JOURNAL

ADRESSÉ PAR UNE FEMME A SON MARI, SUR L'ÉDUCATION DE SES DEUX FILLES.

Numéro XXVIII.

J'AI eu à décider ce matin une question très délicate, qui s'étoit élevée entre mes deux filles. Elles avoient rencontré aux Champs-Elysées une petite fille qui avoit beaucoup de cheveux fort longs et fort bouclés, mais assez roux, beaucoup trop volumineux, et produisant au total un effet assez ridicule. Malgré cela elle avoit l'air très vaine de sa coiffure, et paroissoit très animée contre une autre petite fille qui s'éloignoit dans le moment, et lui avoit apparemment dit à cet égard quelque vérité dure. « Mes cheveux sont plus beaux » que les siens, » répétoit-elle en colère. Louise, qui va toujours en avant, s'étoit approchée de la société d'enfans dont la petite fille rousse faisoit partie. Elle l'écoutoit et la considéroit en silence, quand celle-ci, l'apercevant, la prend à partie et lui dit, en lui montrant la petite fille qui s'éloignoit: « N'est-ce pas que j'ai de plus beaux cheveux » qu'elle? » Louise, déjà étonnée de cette singulière quantité de cheveux roux, encore plus interdite de la question, demeura quelques instans la bouche béante devant celle qui la lui faisoit, puis se sauva du côté où j'étois en courant de toute sa force. Sophie qui, plus circonspecte, s'étoit moins avancée que sa sœur, avoit entendu la question assez à temps pour pouvoir s'éloigner sans affectation et sans danger. Cependant, à une certaine distance, elle se mit à courir aussi. Arrivées près de moi, elles me racontèrent avec toute la vivacité de l'effroi ce qui venoit de leur arriver, mais sans oser jamais tourner leurs regards vers le lieu qu'elles venoient de quitter, et elles me prièrent de diriger ma promenade d'un autre côté, tant elles avoient peur de rencontrer encore cette petite fille avec ses terribles cheveux et ses terribles questions.

Lorsqu'elles furent hors de péril, Sophie dit qu'elle étoit bien heureuse que la question ne se fût pas adressée à elle, car elle auroit été fort embarrassée. « Aussi, dit Louise, enchantée de son expédient, je m'en suis allée sans répondre. »

« Cela n'étoit pas trop poli, dit Sophie, la petite
» fille aura bien vu que tu trouvois ses cheveux
» laids. »

Louise soutint que cela étoit beaucoup moins impoli que de rester et de le lui dire. Et Sophie, embarrassée entre l'impossibilité de mentir et les idées de politesse qui commencent à s'introduire dans sa tête, se contentoit de répéter qu'il n'étoit guère poli de s'en aller sans répondre. Louise se sentant accusée, s'est adressée à moi pour me demander si elle n'avoit pas beaucoup mieux fait de s'en aller sans répondre, que de dire à la petite fille que ses cheveux étoient laids.

— « Il ne falloit certainement pas lui dire qu'ils » étoient laids. »

— « Mais, maman, pouvois-je donc lui dire » qu'ils étoient beaux ? »

Ici mon emploi de casuiste devenoit embarrassant, aussi m'en suis-je tirée comme les casuistes, en biaisant. J'ai dit à Louise que, dans ces occasions, il falloit chercher quelque réponse qui ne fût pas désobligeante, et qui en même temps ne fût pas contraire à la vérité, et qu'ainsi, par exemple, elle auroit pu répondre à la petite fille qu'elle avoit beaucoup de cheveux.

« Mais, maman, elle auroit donc cru que je » les trouvois plus beaux que ceux de l'autre. »

— « Il auroit fallu qu'elle fût une imbécille » pour le croire, car, en ne répondant pas direc- » tement à la question, tu lui prouvois que c'est » que tu craignois de la fâcher par une réponse » directe. »

« Si c'étoit une manière de lui faire entendre » que ses cheveux étoient laids, il valoit donc » autant le lui dire ? »

« Non, parce qu'en disant aux gens tout crue- » ment une vérité désagréable, non-seulement on » leur fait le chagrin de leur apprendre cette vérité, » mais on leur prouve encore qu'on s'embarrasse » fort peu de leur déplaire : au lieu que par le

» soin qu'on prend d'éviter de la leur dire, quand
» même on ne pourroit s'empêcher de la leur faire
» comprendre, on leur fait du moins connoître
» qu'on craint de les fâcher. »

« Aussi la petite demoiselle rousse aura-t-elle
» bien vu que c'étoit de peur de la fâcher que je
» m'enfuyois sans lui répondre. »

Je n'avois rien à dire; ce que Louise avoit trouvé étoit, dans toute la force du terme, une réponse évasive, et la seule qui soit encore à la portée de son esprit. Je me rejetai sur le ridicule qu'il y avoit à faire une semblable question, nous en convînmes toutes les trois, et notre conversation sur ce sujet me sauva l'embarras d'avoir à donner un précepte que je crois impossible de rendre positif. C'est à la sincérité, à la bonté à trouver dans l'occasion les expédiens dont elles auront besoin pour se sauver l'une et l'autre. Mes filles sont convaincues qu'il est impossible de parler contre sa pensée, et conviennent que c'est un très grand tort que de dire une chose désobligeante; je suis donc sûre qu'elles ne mentiront point, et qu'elles ne blesseront jamais par leur faute. De long-temps encore peut-être elles n'auront assez d'esprit pour se tirer de certaines circonstances difficiles; mais si alors leur embarras, leur gaucherie devient une réponse trop claire, ce sera tant pis pour la sottise qui l'aura provoquée; il faut bien qu'elle porte quelquefois sa peine, quelque soin que prenne la bonté de la lui épargner.

Quant aux devoirs que prescrit la politesse dans

les occasions ordinaires, vous savez que les formes et même les déguisemens sous lesquels ils cachent quelquefois notre pensée ou notre sentiment, ne me paroissent nullement pouvoir être regardés comme mensonges, non plus que je ne regarde comme un mensonge de mettre du rouge qui cache la pâleur, mais que personne ne prend pour des couleurs naturelles. Ce n'est pas, au reste, l'avis de Louise. Notre conversation étoit finie depuis un quart d'heure quand elle l'a reprise, en me disant qu'être poli c'étoit presque toujours mentir. Elle avoit de la rancune. L'autre jour à table, son petit cousin, redemandoit une seconde fois des fraises : avant de lui donner ce qui en restoit, on l'avoit proposé à mes filles; je leur avois fait signe de dire qu'elles n'en vouloient plus. Louise avoit obéi, mais en m'assurant tout bas qu'elle en auroit bien voulu encore, et je lui avois répondu qu'il falloit être polie. C'étoit ce mensonge, très forcé assurément de sa part, qu'elle me reprochoit encore ce matin avec une certaine amertume. J'eus beaucoup de peine à lui faire comprendre que ce n'en étoit pas un, puisque sa réponse ne signifioit pas qu'elle ne désirât plus de fraises, mais simplement qu'elle étoit trop polie pour vouloir en priver son cousin. Je me suis rappelée, à cette occasion, une lettre écrite par ma grand'mère à un de nos jeunes parens, et qui, sous un air de paradoxe, me paroît contenir un grand fond de vérité. Je l'ai cherchée dans mes papiers, et je vous l'envoie pour savoir si vous êtes de mon avis.

LETTRE.

Est-ce par une suite de votre système de franchise, mon cher Edouard, qu'il a été impossible l'autre jour de vous arracher un compliment pour Mad. de B***, qui le sollicitoit de toutes les manières? Oh bien, mon pauvre ami, jamais franchise n'a plus parfaitement manqué son but; car les soins que vous avez été obligé de prendre pour empêcher qu'elle ne parût trop brutale, ont bien plus trompé Mad. de B*** que vous n'auriez pu la tromper en lui disant qu'elle étoit jolie, quand elle le vouloit absolument. Je conviens qu'après toutes les tournures qu'elle avoit prises pour obtenir de vous un mot aimable sur sa figure, le lui refuser c'étoit lui dire positivement que vous la trouviez laide, et sur ce point votre franchise a fait son effet; car cela étoit si clair, que le silence que vous avez gardé à toutes ses attaques nous a embarrassés comme si vous lui aviez dit une injure; vous l'avez vu, et vous avez été embarrassé vous-même. Quant à elle, elle a fini par être si déconcertée que vous en avez eu pitié; et que pour la consoler, vous avez saisi la première occasion de louer ses mains, qu'elle a assez bien. Vous vous êtes ensuite jeté sur son esprit; et en vérité, mon cher Edouard, le remords vous emportoit, car vous avez eu l'air de lui trouver de l'esprit. Enfin, comme un cœur généreux ne croit jamais assez réparer ses fautes, pendant deux jours vous vous êtes occupé d'elle avec un air de soin et de complaisance, qui a tout-à-fait charmé cette pauvre Mad. de B***. Croyez-vous maintenant qu'elle suppose encore que vous ne la trouvez pas jolie? Il importeroit peu, au reste; elle commence à se croire tant d'autres moyens de vous plaire! Elle a déjà avec vous le ton de confiance d'une

DE L'ÉDUCATION.

personne sûre de son fait, cette confiance et les prévenances dont elle vous accable, vous imposent tellement l'obligation d'être aimable avec elle, que son erreur s'en augmente à chaque instant. Ainsi, à moins de rompre une seconde fois en visière à Mad. de B***, vous voilà engagé dans un mensonge d'actions, que vous auriez évité par quelques mots de cette galanterie bannale qui ne persuade jamais rien aux femmes que ce qu'elles veulent absolument se persuader sans qu'on le leur dise, et qui est tellement devenue envers elles une chose d'usage, qu'on ne peut pas plus la regarder comme une fausseté que la politesse, qui n'en est une envers personne.

Mon cher Edouard, un honnête homme doit sans doute attacher une grande importance à ses paroles, mais cette importance doit être en raison du sens qu'elles renferment; et des paroles qu'on prononce dans la société, il y en a beaucoup qui renferment si peu de sens, qu'on peut les donner sans rien dépenser, et qu'il ne vaut pas la peine d'en être avare; ce sont celles-là qu'enseignent la politesse. Elles sont destinées à l'usage des personnes vraies qui, pour éviter de mentir, ne parleroient pas, et à qui elle donne le moyen de parler sans rien dire. Voilà le véritable objet de la politesse; pensez-vous que les gens faux en ayent besoin? à quoi leur serviroient les termes de la politesse, quand, pour cacher le fond de leurs pensées et de leurs sentimens, ils ont la faculté d'affecter des pensées ou des sentimens contraires? Leur sera-t-il nécessaire, pour être convenablement vis-à-vis de quelqu'un qu'ils n'aiment pas, d'employer ces formules d'affection et d'empressement que prescrit la politesse? Non, car elles ont pour objet de dispenser à la fois et de sentir l'affection et de la feindre, et ils la feindront. Ils ne seront pas obligés de dire à celui dont la visite doit les contrarier, je suis enchanté d'avoir le plaisir de vous voir, car ils auront l'air enchanté. *La politesse*, a dit Duclos, *est l'expression ou l'imitation des vertus sociales, l'homme qui les possederoit toutes auroit nécessairement la politesse au souverain degré.* L'homme faux n'a pas besoin des formes de la politesse, car il sait feindre les vertus, et les sentimens qu'elle se contente de représenter.

Les hommes ne s'aiment pas assez mutuellement pour pouvoir vivre ensemble sans fausseté, s'ils n'avoient pas inventé la politesse : ils ont trop besoin les uns des autres pour n'être pas obligés souvent à la fausseté, si la politesse ne les en dispensoit pas. Un homme avec qui vous devez conserver des liaisons éprouve un malheur, sa femme meurt ou un de ses enfans tombe malade, vous n'avez pas pour lui un attachement qui puisse vous intéresser vivement à ses peines; cependant si vous ne lui témoignez aucune sensibilité, vos liaisons se rompront ou deviendront désagréables. Faudra-t-il donc lui témoigner des sentimens que vous n'avez pas, une affection qu'il ne vous a jamais inspirée? Non, la politesse vous oblige à lui faire une visite, à vous faire écrire à sa porte, à envoyer savoir des nouvelles de ceux qui l'intéressent; c'est un devoir qu'elle prescrit envers les indifférens; vous le remplissez, et il n'en conclut pas que vous soyez indifférent, car cette démarche ne prouve pas l'indifférence; il n'en conclut pas le contraire, car elle ne prouve rien de contraire, il conclut seulement que vous êtes poli. En cela le trompez-vous? La politesse a cela de bon, qu'elle ne prouve pas autre chose qu'elle-même, et tient lieu de ce qui vaut mieux qu'elle. Vous croit-on autre chose que poli quand vous offrez votre place, qui est la meilleure, à quelqu'un dont les commodités vous importent beaucoup moins que les vôtres? Non; cependant vous agissez comme vous le pourriez faire par un sentiment de bienveillance. Vous faites l'action d'un homme bon, sans acquérir une autre réputation que celle d'un homme poli. C'est peut-être là ce qui vous déplaît ; la politesse vous paroît alors une gêne en pure perte ; mais prenez donc garde que si elle vous gêne, c'est comme la lisière de l'enfant qu'elle dirige. Combien elle vous épargne d'indécisions et de réflexions ! êtes-vous toujours bien décidé entre le prix que vous attachez à un petit avantage, et le plaisir que vous aurez à en faire jouir un autre qui y tient autant ou plus que vous ? dans les mille petites occasions qui se présentent journellement dans le monde d'obliger les autres aux dépens de sa propre satisfaction, vous sentez-vous toujours bien déterminé entre votre intérêt et votre bonté ? Il faudroit peser exactement ce qui vous coûte le plus du sacrifice ou de la désobligeance, et après avoir choisi, vous regretteriez peut-être votre choix. La politesse vous décide, elle vous présente une nécessité qui écarte l'incertitude et les regrets. Etes-vous bien sûr de mériter cette préférence de société, sur laquelle naturellement vous soutiendriez vos droits ? Vous est-il bien prouvé que votre prétention ne soit pas un ridicule ? La politesse vous l'épargne, en vous obligeant à vous désister ; elle prononce où vous n'étiez pas partie compétente pour juger les autres, et où personne ne pourroit vous juger à votre gré.

« Que l'on a bien fait, dit Pascal, de distinguer les
» hommes par l'extérieur plutôt que par les qualités in-
» térieures ! Qui passera de nous deux, qui cédera
» la place à l'autre ? Le moins habile ; mais je suis aussi
» habile que lui. Il faudra se battre sur cela ; il a quatre
» laquais, je n'en ai qu'un ; cela est visible, il n'y a qu'à
» compter ; c'est à moi de céder, et je suis un sot si je

» conteste. Nous voilà en paix par ce moyen. » Et qui vous y auroit mis, si ce n'est une règle qui ne dépend ni de vous ni de lui, à laquelle vous cédez sans relâcher de vos droits, sans rien laisser présumer de vos sentimens? C'est l'avantage de toutes les bienséances, qu'elles sont hors de vous, tiennent à des lois que vous n'avez pas faites, vous laissent comme elles vous ont pris, n'exigent rien sur vos sentimens, et vous dispensent du sentiment que vous ne pouvez éprouver, en se chargeant de vous indiquer seulement l'action que vous êtes obligé de faire. Vous perdez un parent dont vous vous souciez peu; cependant il étoit votre parent; peut-être est-il regretté de gens que vous aimez, peut-être les torts qui vous ont empêché de l'aimer aussi, sont-ils un reproche que vous devez épargner à sa mémoire; que faire, dans cette occasion pour prouver que vous savez rendre ce que vous devez, et ne pas prouver davantage? Votre conduite est simple, vous prenez le deuil. Le deuil est obligé, tout le monde le prend en pareil cas; ainsi il ne sera point une marque de l'affliction que vous ne sentez pas; il dispense votre franchise d'une affectation de sentimens que demanderoit peut-être la décence, si elle n'avoit pas d'autre moyen de se satisfaire. Sans tromper sur votre douleur, sans étaler votre indifférence, tout ce que vous apprenez au public, c'est que le parent que vous avez perdu est à tel ou tel degré, et exige par conséquent telle ou telle durée de deuil; et le public, informé que vous remplissez les devoirs de la bienséance, ne vous demande pas de le mettre plus avant dans le secret de vos affections.

Obligés de vivre dans le monde, sans nous communiquer à lui trop familièrement, nous avons inventé les bienséances et la politesse pour les mettre à la place de l'expression des sentimens ou des pensées qu'il seroit imprudent ou inconvenant de lui révéler. Reconnues indépendantes de ces sentimens et de ces pensées, elles ne sont jamais censées régir que nos actions; et l'homme poli ne cessera pas d'être vrai, quand il parlera et agira la moitié de sa vie sans prouver autre chose, sinon qu'il sait bien ce que la politesse l'oblige à dire et à faire.

P. M. G.

VIIIᵉ LETTRE AU RÉDACTEUR.

DES RAPPORTS DES DISPOSITIONS DE L'AME ET DES FACULTÉS INTELLECTUELLES AVEC LE CORPS, ET DE L'INFLUENCE DE L'ÉDUCATION MORALE SUR L'ÉDUCATION PHYSIQUE.

(Continuation.)

LA connoissance approximative du rapport qui existe entre les parties constituantes et les organes du corps de l'homme, dans leurs combinaisons et leurs proportions différentes, avec les forces vitales d'un côté, et les forces de l'âme et de l'intelligence de l'autre, est d'une trop grande importance pour que nous ne devions pas en parler. C'est à l'histoire de la médecine qu'il appartient de rappeler les travaux qu'on a faits depuis l'origine de la science jusqu'à nos jours sur les tempéramens et la physionomie. Les anciens classoient les individus dans l'un ou dans l'autre des quatre tempéramens, fondés sur l'hypothèse de quatre humeurs, regardées comme les élémens des corps, et dont la prédominance passoit pour la cause des différences. Les phénomènes qu'avoit trouvés l'expérience, et qu'on avoit rattachés à ces élémens, base de cette division, étoient si bien puisés dans la nature, que cette classification a servi plus ou moins à presque toutes les hypothèses et théories qu'on a inventées depuis pour en chercher la cause. Les anatomistes et les physiologistes, surtout à commencer du temps de Staal, ont cherché dans leurs sciences d'autres principes plus exactement déterminés que les élémens des anciens. M. Hallé a, à la fin, examiné si la prédominance des solides et des fluides, des systèmes musculaire, lymphatique et sanguin, les rapports des systèmes nerveux et musculaire, la susceptibilité, la successibilité, la durée des impressions et l'état partiel des fonctions et des dispositions de quelques viscères, ne pouvoient pas fournir des élémens plus solides pour base de classification. D'autres avant lui ont cherché dans les diverses nations, dans l'état de la société, ou dans l'idéal, des rapports entre l'esprit et le corps ; ils ont établi un tempérament attique, lydique, romain, phrygien, ou rustique et béotique, et ainsi de suite ; Apollon et César, Vénus et Alcibiade, ont été cités comme des modèles auxquels on pouvoit comparer les individus que l'on viendroit à connoître. De tous ces travaux il est résulté des classifications ou mixtes dans le principe qui sert de base à la division, ou incomplètes et arbitraires, ou enfin très compliquées ; il est assez difficile d'y en trouver une qui rende aisées, dans la pratique, la distinction et la détermination des tempéramens. Ce qui convient le mieux à notre but actuel, c'est de chercher la première base de division dans la manifestation prédominante des forces primitives de l'âme et de l'intelligence, d'indiquer leurs rapports les plus ordinaires avec les élémens, les organes, les systèmes, les fonctions du corps en santé, tels que nous les font connoître les meilleures expériences, et de laisser ensuite à chaque individu le soin de comparer les enfans avec cette espèce d'idéal, pour en tirer les conséquences qui doivent le guider dans la pratique.

Dans tout le cours de notre travail, nous n'avons parlé que des forces vitales, de la prédominance des forces sensitives et des forces motrices. Pour ne pas entrer dans trop de détails anatomiques sur les parties du corps, nous avons trouvé plus utile de faire simplement ressortir les proportions des grandes cavités qui contiennent les organes les plus importans aux fonctions de la vie. Ce qui nous importe ici, c'est de faire d'abord remarquer qu'il y a des enfans dans lesquels le corps prospère, et chez lesquels l'âme et l'intelligence ont trop peu de pouvoir sur le reste pour qu'il y ait lieu à examiner leur influence. Il y a, en second lieu, des enfans dont l'intelligence prédomine sur la force de l'âme ou la force de l'âme sur celle de l'intelligence, et chacune de son côté sur le reste du corps; ce sont là les individus que l'éducation physique a intérêt à examiner de plus près.

Quant à l'âme, nous découvrons d'abord clairement deux grandes classes d'hommes aisées à distinguer; ce sont le tempérament *sentimental* et le *passionné*. Dans l'un domine le sentiment ou la faculté de retenir les impressions; dans l'autre les impressions se manifestent aussitôt par les désirs. Les impressions morales comme les impressions physiques ne produisent pas toujours un mouvement fort; on peut être vivement affecté du bien sans le vouloir fermement, ou du mal sans faire des efforts pour le repousser. Le dégoût n'est pas dans tous accompagné de répugnance; la haine, du désir de se venger et de la colère. Le sentiment de l'amour se manifeste parfois sans l'envie de posséder l'objet que l'on chérit, et l'on prétend que Pétrarque déclara qu'il ne voudroit pas épouser Laure, qu'il chantoit cependant avec tant de vivacité. Lorsque cet état sentimental se trouvera uni à une grande sensibilité de corps, ou lorsque des désirs violens se joindront dans le même individu à une grande mobilité, cette réunion sera fort à craindre; elle consumera les forces, et ce sera à la sagacité de l'instituteur à voir comment il pourra les émousser mutuellement par le régime physique et moral, ou comment il pourra réveiller les qualités opposées qui servent à maintenir l'équilibre; le sentiment dans l'homme trop actif, et l'activité dans l'homme sentimental. Un corps très sensible et très mobile, plein de sentimens et de passions durables et vraies, a besoin d'être fort heureusement constitué pour supporter la vie.

Quant aux facultés de l'intelligence, il paroît

qu'il y a également des enfans qui brillent principalement par leur mémoire; il en est d'autres qui se distinguent surtout par une imagination capable de combinaisons ou d'observations. L'ensemble de ces qualités constitue ce qu'on appelle des têtes fortes, pour lesquelles il seroit désirable d'avoir toujours une force de corps proportionnelle. Mais les facultés intellectuelles, proprement dites, ne prospèrent que par l'éducation; elles ne sont pas, comme les facultés de l'âme, mises fortement en jeu, sans qu'on ait un soin particulier de les exercer; aussi les tempéramens n'ont-ils été le plus généralement examinés que dans leurs rapports avec les sentimens et les désirs, qui sont d'ailleurs contrebalancés par la force de l'intelligence.

L'enfance, nous le répétons, change trop, surtout aux époques dont nous avons parlé, pour qu'on puisse tirer des conclusions sûres des phénomènes qu'elle laisse apercevoir. Pour en concevoir la tendance, il faut encore avoir recours à ce qu'on rencontre dans l'adulte, et c'est dans cette intention que nous tracerons ici en peu de mots les traits les plus caractéristiques des tempéramens, en commençant par ceux dont on rencontre, à ce qu'il nous semble, le plus le modèle dans l'enfance, surtout dans nos régions tempérées.

Qu'on s'imagine un certain équilibre entre la vivacité avec laquelle on est saisi des impressions, et celle qui fait manifester les désirs de l'âme, d'ailleurs prompts, passagers et gais; que cet équilibre s'unisse à un équilibre analogue dans les forces nécessaires à la vie; qu'on y ajoute le teint frais, les formes arrondies, le sang abondant et la circulation naturellement vive, et l'on aura l'idée du tempérament *sanguin*. Au moral comme au physique, il sera souvent nécessaire d'employer une discipline exacte pour diriger cette activité vers un but utile à l'enfant même et à la société, pour qu'il ne soit pas exposé à toutes les chances d'une fougue naturelle. Les calmans seront alors plus nécessaires que les excitans.

Qu'on se figure, au contraire, un équilibre de peu de sensibilité et de peu de désir, avec peu de mobilité du corps, par conséquent une certaine indifférence qui fasse rester l'individu attaché à ce qu'il tient; qu'on y ajoute une disposition à l'embonpoint, beaucoup de fluide blanc dans les excrétions, une circulation peu vive, un teint assez blanc, des yeux peu vifs, etc., etc., on aura, à peu de chose près, l'image d'un tempérament *flegmatique*. A un certain excès il s'éteindroit dans un profond sommeil si l'on ne cherchoit à l'exciter de toutes manières; en revanche il sera susceptible d'une éducation appliquée, soutenue, et par conséquent capable d'acquérir tout ce qu'elle peut donner.

Mais si l'on rencontre un individu qui soit doué des désirs déterminés, fortement prononcés, avec une activité corporelle très énergique, qui soit quelquefois colère et vivement emporté, mais tenace dans l'exécution de ses projets; si l'on y voit de plus une charpente et surtout des fibres musculaires très fortes, un teint d'un rouge foncé tirant sur le jaune, une circulation forte, on aura une idée assez juste de ce qu'on appelle ordinairement le tempérament *colérique*. Ce sont des cordes tendues qui sont sujettes à se rompre. Les emportemens qui sont accompagnés de congestions vers la tête, ou d'une sécrétion abondante de bile, peuvent devenir habituels; sans compter le mal qu'une force énergique mal dirigée peut faire aux autres, on conçoit sans peine celui qu'elle peut se faire à elle-même.

Il peut se trouver enfin un état de l'âme où un sentiment déterminé prenne à la fois un caractère d'énergie et de stabilité. Le corps ordinairement sec, alongé, est profondément attaqué par les objets qui l'affectent ; le teint est en général jaune et grisâtre ; la susceptibilité nerveuse se fait remarquer au moindre désordre, et le foie, ainsi que les voies de la digestion, y participent facilement. C'est le caractère du tempérament *mélancolique*, qui approche souvent de si près d'un état de maladie, que plusieurs physiologistes n'ont pas voulu l'admettre parmi les dispositions qui s'accordent avec un état de santé. On voit quelquefois naître dans un âge tendre un goût pour la solitude, un penchant à la tristesse, une susceptibilité enfin qui sont les précurseurs de cet état mélancolique, état qui a besoin de tout ce qui est contraire au sanguin.

Ces quatre combinaisons ne se présentent pas toujours aussi nettes que nous venons de les indiquer. Une foule de modifications viennent en altérer le caractère. On trouve quelquefois dans certains individus la vivacité de sentimens et de désirs du sanguin, avec des symptômes physiques flegmatiques. Il est des personnes complaisantes par besoin de se mouvoir, chez lesquelles on rencontre peu de sentimens et de désirs, avec une susceptibilité et une mobilité de corps extrêmes. Les mouvemens fréquens de bile peuvent exister sans l'emportement de la colère; une tendance à la pituite, sans des dispositions flegmatiques. La forme du corps et la couleur de la peau, ne varient pas moins que la forme et la couleur des parties intérieures examinées par l'anatomie. On peut surtout distinguer les formes arrondies, ou carrées, ou alongées qui varient aussi dans leurs proportions. Les formes rondes sont plutôt celles de l'enfance, ainsi que du tempérament sanguin et du flegmatique, quoique dans l'un la rondeur vienne des muscles, et dans l'autre de la graisse. La forme carrée paroît plutôt l'apanage du colérique; les formes longues s'allient plus souvent à la délicatesse des nerfs. Dans les enfans, ces proportions changent au moment d'une forte croissance. La ressemblance d'un enfant avec son père ou sa mère, fera pressentir quelle doit être sa taille, quelles seront ses facultés, ses forces prédominantes, etc.

La couleur de la peau, des cheveux, des yeux surtout, a été de tout temps le signe de certains rapports entre le physique et le moral. Le teint blanc, les cheveux clairs, les yeux bleus, ont souvent été pris pour l'emblême de la douceur et de la sensibilité. Le teint brun, les cheveux d'un noir foncé, les yeux vifs et pétillans, sont plutôt l'indice des désirs violens. Le teint blafard, les cheveux sans couleur prononcée, les yeux gris, semblent annoncer le flegmatique. Les couleurs de roses, les yeux brunâtres, les cheveux bruns, se rencontrent souvent avec la vivacité légère de l'âme. Quand on rencontre enfin le teint coloré transparent, rougeâtre, et disposé à prendre des taches de rousseurs, des cheveux et des yeux également rouges, on peut les regarder communément comme les marques d'une disposition à une susceptibilité extrême, ou à l'emportement.

Il nous resteroit à passer en revue les rapports qu'un œil exercé peut présumer entre les formes, la couleur, les mélanges chimiques, et les fonctions des parties qui se trouvent dans l'intérieur du corps. Ici reste encore un champ très vaste de rapprochemens et de découvertes à faire, qui gagneront en exactitude à mesure que l'on comparera plus en grand les individus de différentes constitutions. Cet objet touche au reste de trop près à tous les détails des diverses branches de la médecine pour que nous puissions le traiter ici plus particulièrement.

Les facultés intellectuelles proprement dites, se trouvent dans tous les tempéramens. Les productions des divers peuples de l'Europe civilisée, qui ont tous une certaine tendance vers l'un et l'autre des tempéramens indiqués, en font preuve. Peut-être la force de combinaison est-elle plutôt l'apanage du sanguin et du colérique, et celle d'abstraction, celui du flegmatique et du mélancolique. Le sanguin combine avec plus de promptitude et d'esprit dans la pratique de la vie ; le colérique y trouve peut-être les combinaisons les plus justes ; le flegmatique pèse les analyses générales avec justesse ; le mélancolique démêle les différences avec une sagacité plus profonde. Mais le mélange, l'accroissement des peuples, les climats et les institutions ont amené une variété de combinaisons qui ne permet plus l'application d'un principe trop simple à cette infinité de modifications qu'a fait naître la civilisation. S'il a existé un temps où l'on pût classer tous les êtres selon les quatre tempéramens, ce tems n'existe plus, et on n'en découvre guère les traces que parmi les habitans plus sauvages de la campagne.

Ces tempéramens se rencontrent plus ou moins chez les deux sexes. Les sentimens de l'âme et la susceptibilité vitale appartiennent cependant surtout aux femmes, facilement affectées des impressions qu'elles reçoivent ; il leur manque souvent l'énergie du désir et de la résistance. L'âme l'emporte en elles sur les moyens intellectuels ; le jeu involontaire de l'imagination sur ses combinaisons réglées, la mémoire sur l'intelligence, etc. ; les qualités du corps suivent une marche analogue à celles de l'âme. Le système tant osseux que musculaire, est plus délicat ; le cellulaire moins ferme, la peau plus blanche et plus douce ; les fluides blancs l'emportent ordinairement sur les fluides rouges; la tête est plus petite, le bassin plus large; il y a moins de force dans la circulation, la respiration, la digestion, et ainsi de suite.

Les désirs de l'âme, la force de l'intelligence, la force et la mobilité vitale, prédominent plutôt dans l'homme; les organes ont des formes plus prononcées; les os, les muscles, le tissu cellulaire sont plus compacts, la peau plus rude, brune ou jaunâtre, la tête plus grosse, le cou plus court, la poitrine plus large; le sang, en apparence, plus abondant; les forces de la digestion, de la circulation, de la respiration, sont plus actives. Il ne nous importe pas d'entrer dans tous les détails où la science a cherché à pénétrer; il nous suffit de rappeler à peu près les caractères ordinaires de chaque sexe. Il y a certainement des filles qui ressemblent à des garçons, comme des garçons qui ressemblent à des filles; ces deux déviations donnent les indices qu'on doit suivre dans la pratique; elles avertissent qu'il faut la ramener au type, au caractère propre de chaque sexe. Dès l'enfance, les sexes décèlent ce qui leur est naturel; la fille, facilement affectée, goûte et sent avec patience, reste attachée et sédentaire, obéit avec plus de docilité, crée des formes auxquelles elles s'attache. Le garçon, au contraire, saisit les objets avec vivacité, se plaît à en détruire les formes, commande, se met en colère, aime à courir. Si l'on s'oppose trop à cette pente propre à chaque sexe, on fait des *virago* ou des efféminés, et tôt ou tard le physique s'en ressent.

Une sensibilité prédominante ne paroît pas propre aux exercices de l'intelligence. Les femmes savantes, comme les hommes livrés à des émotions de l'âme trop fréquentes, tels que les poètes et les orateurs, éprouvent à la fin des affections nerveuses qui minent leur santé.

FRIEDLANDER.

SUR LA VACCINE.

MM. Berthollet, Percy et Hallé, ont fait à la classe des sciences physiques et mathématiques de l'Institut impérial de France, un rapport intitulé : *Exposition des faits recueillis jusqu'à présent, concernant les effets de la vaccination, et Examen des objections qu'on a faites en différens temps, et que quelques personnes font encore contre cette pratique.* Une grande quantité de faits très exacts, présentés de la manière la plus lumineuse et soumis à l'examen le plus philosophique, rend ce rapport si intéressant et donne à ses résultats une telle autorité, que nous nous faisons un devoir d'en extraire les plus importans. Nous ne pouvons transcrire ici les preuves sur lesquelles ils s'appuient, mais on peut les trouver dans le rapport même ; le nom des commissaires est un sûr garant de la légitimité des conséquences qu'ils en tirent, et, dans les matières où chacun ne peut pas voir et juger par soi-même, les résultats auxquels sont arrivés les hommes éclairés, sont ce qu'il y a de plus nécessaire à faire connoître. Voici comment les commissaires ont résumé le contenu de leur rapport.

« Nous croyons, disent-ils avoir mis hors de doute que l'insertion du virus de la vaccine n'introduit point dans le corps une matière qui soit de nature à porter dans nos organes un trouble remarquable, et qui doive être rejetée au dehors par des mouvemens comparables à celui qui suit nécessairement l'inoculation de la petite vérole.

» Que les éruptions qui se sont jointes dans l'origine aux effets ordinaires de la vaccination, sont dues, non à la nature du vaccin lui-même, mais à des circonstances le plus souvent connues et déterminables, au milieu desquelles les vaccinations ont été faites.

» Que les événemens malheureux qui ont été observés dans quelques cas, ont dû évidemment être rapportés à des causes étrangères à la vaccine, qui se sont développées pendant son cours, ou qui, déjà existantes, y ont acquis une intensité qu'on doit attribuer, non comme on l'a dit, au mélange du virus de la vaccine, mais à l'état particulier des sujets vaccinés.

» Que les désordres consécutifs qu'on a quelquefois observés après les vaccinations, quand ils ne se rapportent pas à des maladies préexistantes, sont évidemment des cas particuliers dus à des conditions individuelles, et qui n'étant en aucune proportion remarquable avec la somme connue des observations exemptes de toute suite fâcheuse, ne peuvent donner lieu à aucune conséquence générale.

» Que ces observations particulières, en les supposant incontestables, sont avantageusement compensées par les nombreux exemples de maladies chroniques et rebelles qui ont complètement et inopinément cédé à la suite de ces vaccinations; et que ces exemples, si l'on en compare le nombre et les circonstances aux exemples semblables cités en faveur de l'inoculation variolique, si, à cela l'on joint la différence essentielle du caractère propre des deux virus, et celle de leurs propriétés contagieuses, donnent au virus vaccin un avantage incomparable sur le virus variolique, considérés l'un et l'autre comme préservatifs de la variole, et comme remèdes de plusieurs autres maladies.

» Enfin, que l'effet préservatif du virus vaccin, quand ce virus a été pris dans des circonstances déterminées qui en assurent la pureté, quand, en conséquence, il a donné lieu à une véritable vaccine, et quand le développement en a été complet, est pour le moins aussi assuré que l'effet de la petite vérole elle-même, ou que celui qui résulte de l'inoculation variolique; et que, de plus, considérée relativement à la société en général, la vaccine a un effet que ne peut avoir l'inoculation, celui d'arrêter, de circonscrire, de faire disparoître les épidémies varioliques, de diminuer considérablement la mortalité qui menace les premiers âges de la vie, de conserver, en conséquence, à la population des proportions plus avantageuses;

qu'enfin les résultats obtenus jusqu'à ce jour, motivent d'une manière probable l'espérance de voir disparoître du sein de la société le fléau de la petite vérole, l'un des plus déplorables dont gémisse l'humanité. »

Quant aux faits qui prouvent ces différentes assertions, nous ne rapporterons ici que ceux qui nous ont le plus frappé.

1°. Est-il impossible qu'un individu qui a eu la vraie vaccine, contracte une véritable petite-vérole, ou du moins cet individu doit-il en général être considéré comme exempt de contracter cette maladie?

Quant à l'impossibilité *absolue*, elle ne sauroit jamais être prouvée par l'expérience, lors même qu'il n'existeroit pas encore d'observation contraire. Mais il existe maintenant plusieurs observations, d'après lesquelles il n'est plus permis de douter que la petite-vérole ne soit survenue chez quelques sujets qui avoient eu la vaccine. La société Jennérienne de Londres en admet évidemment l'existence dans son rapport. En 1811, l'établissement national de vaccine y a publié deux cas de petite-vérole survenue après la vaccination la plus parfaite (et en même temps, trois cas de petite-vérole naturelle, arrivée deux fois dans un même sujet, après un intervalle de onze ans). A Paris, le comité central a reçu six observations de ce genre, faites par des hommes instruits et exempts de prévention, lesquelles toutefois n'étoient point accompagnées de détails suffisans pour ne laisser aucune incertitude. Mais un fait bien constant a été vérifié par plusieurs membres du comité. Il s'agit d'une enfant vaccinée avec succès le 24 mars 1804, par M. Lanne, médecin, qui avoit conservé le journal de cette vaccination. « Nous avons nous-mêmes, disent les commissaires, vu l'enfant couverte d'une petite-vérole très abondante, mais très régulière et fort bénigne, le 7 décembre 1806. Il est donc bien évident qu'il n'est pas impossible qu'un enfant qui a été vacciné, soit atteint de la petite-vérole; et l'on ne devoit assurément pas compter sur une impossibilité absolue à cet égard, puisque plusieurs observations ont prouvé qu'elle n'existoit pas, même après la petite-vérole, soit naturelle, soit inoculée.

Mais quel est, d'après les observations, le degré de probabilité qu'on sera préservé de la petite-vérole par la vaccine? Suivant le résultat de la correspondance du comité central de Paris, les sept observations mentionnées ci-dessus, supposées toutes exactes, se trouvent en parallèle avec deux millions six cent soixante-onze mille six cent soixante-deux vaccinés; c'est-à-dire dans le rapport de un à trois cent quatre-vingt-un mille six cent soixante. A l'égard des contre-épreuves des différentes sortes connues, les comptes rendus au comité présentent six cent quarante individus éprouvés par l'inoculation; six cents qui, placés au milieu de familles toutes envahies par la petite-vérole, et en recevant les miasmes par toutes les voies possibles, en sont restés seuls exempts; enfin, quatre mille trois cents douze restés à l'abri de la contagion générale, au milieu d'épidémies qui n'épargnoient presque aucun individu : en tout cinq mille cinq cent cinquante-deux individus qui ont été exempts de la contagion dans des circonstances, soit naturelles, soit amenées par l'art, dans lesquelles, sans le secours de la vaccine, ils eussent évidemment été atteints presque tous de l'infection variolique.

A ces observations, joignez celles qui ont été certifiées par des médecins, des préfets, et des hommes publics sur un grand nombre de points de la France et des pays étrangers, d'où il résulte que les épidémies de petite-vérole ont été arrêtées dans leurs progrès par la vaccine ; qu'elles ont été exclues des communes où la vaccination a été généralement pratiquée ; que les retours des petites-véroles épidémiques, qui se reproduisoient régulièrement ont cessé d'avoir lieu ; que plusieurs villes et communes ont cessé de connoître la petite-vérole, etc.

2°. Que penser des éruptions survenues pendant la vaccine ?

Le docteur *Jenner* attestoit, en 1803, que, sur dix mille personnes inoculées en Angleterre, tant par lui que par ses neveux, il n'y avoit pas eu une seule éruption.

En 1807, le rapport du Collége royal des chirurgiens de Londres annonçoit que, sur un relevé de cent soixante-quatre mille trois cent quatre-vingt-une vaccinations, soixante-six seulement avoient donné lieu à l'observation de quelques éruptions ; ce qui donne la proportion d'un seul cas sur deux mille quatre cent quatre-vingt-dix, à une fraction près.

Dans la correspondance recueillie de toutes les parties de la France par le comité de vaccine établi à Paris, on n'a eu d'exemples que d'éruptions sporadiques ; et le nombre des cas où elles ont eu lieu, n'est dans aucune proportion remarquable avec celui des vaccinations pratiquées dans l'Empire : ce dernier nombre depuis le premier juillet 1804, jusqu'à la fin de 1810, s'est élevé à deux millions six cent soixante-onze mille six cent soixante un.

Il est vrai qu'en 1799, sur cinq cent dix vaccinations pratiquées par le docteur *Woodville*, il se trouve deux cent soixante-quatorze cas dans lesquels il s'est manifesté une éruption plus ou moins abondante. On a observé aussi des éruptions survenues pendant la vaccine en divers endroits de l'Angleterre, en Danemarck, dans le Hanovre et à Genève ; et M. *Hallé* fut témoin de la même chose à Lucques, au mois de juillet 1806.

Mais il a été reconnu que ces éruptions ne dévoient pas être attribuées au virus vaccin ; qu'elles ne pouvoient dépendre que de circonstances accessoires, soit générales, soit individuelles ; que ces circonstances, n'étant pas toujours appréciables dans plusieurs cas individuels isolés, étoient néanmoins, dans la plupart, et surtout dans ceux où les phénomènes se montroient à la fois dans un grand nombre d'individus, évidemment en rapport avec les émanations varioliques réunies dans les lieux où les vaccinations s'étoient pratiquées, comme à l'hôpital du docteur *Woodville*, ou avec les contagions de petite-vérole épidémique, comme à Genève.

C'est ainsi que, dans l'hôpital du docteur *Woodville*, les éruptions cessèrent de se montrer quand on eut cessé d'y pratiquer les inoculations varioliques.

3°. A quoi attribuer les accidens qui ont accompagné ou suivi la vaccine?

On cite des accidens fâcheux, quelques-uns même mortels, qui ont eu lieu après la vaccination. Ainsi, selon le rapport du docteur *Woodville* sur le *cow-pox*, il est survenu, chez un enfant à la mamelle, le neuvième jour de la vaccination, une éruption de quatre-vingts à cent boutons, accompagnée de spasmes réitérés, à de courts intervalles, et l'enfant est mort le onzième jour. A Nottingham, en 1801, un érysipèle universel, observé sur deux enfans vaccinés, en enleva un.

Après l'examen de ces faits et de quelques autres, la commission a reconnu que les accidens malheureux survenus pendant le cours de la vaccine, ont eu lieu dans le cas d'éruptions dues à l'influence coïncidente des épidémies varioliques; dans des cas de complications de la petite-vérole elle-même; dans des cas de maladies convulsives; la plupart déjà établies antérieurement à la vaccination; dans un cas de croup; dans des complications d'un marasme déjà avancé, ou d'un virus siphylitique déclaré ; dans le cas d'une complication de gourme d'un mauvais caractère, réunie aux dispositions préliminaires d'une fièvre ataxique.

Parmi les observations parvenues à la connoissance de la commission, et par lesquelles on prétend prouver qu'il existe des maladies qui doivent leur origine à la vaccine, il en est peu qui, considérées isolément, aient le caractère d'observations exactes; aucune ne réunit les conditions nécessaires pour fixer les rapports de la maladie citée avec la vaccine à laquelle on la rapporte.

« En effet, si quelque maladie vient à se développer après la vaccine, pour établir qu'elle ne peut être attribuée à aucune autre cause, il faut connoître quel étoit l'état du sujet avant la vaccination, et savoir si ses dispositions constitutionnelles ou héréditaires ne le préparoient pas aux maladies qui auront eu lieu depuis; il faut montrer que, depuis la vaccination, il n'a point été exposé à des causes capables de les produire;.... enfin, comme dans tous les âges de la vie, plusieurs maladies se développent sans qu'on en puisse assigner les causes sensibles, celles qui surviennent après la vaccine, pour lui être attribuées, doivent d'une part montrer un caractère d'affinité qui accuse une origine commune; de l'autre, offrir, dans leur développement, une liaison plus ou moins sensible avec les effets primitifs de la vaccination à laquelle elles succèdent. »

« Néanmoins, observent les commissaires, si le nombre des faits allégués étoit très considérable, comme il seroit impossible de les rapporter alors à de simples accidens, ou à des circonstances particulières qui ne pourroient être multipliées à ce point, cette condition remplaceroit même des observations exactes, et feroit naître un ordre de probabilités qui pourroit offrir une certaine force. »

Or, sur deux millions et plus de six cent mille vaccinés, on ne trouve que onze morts dans les registres de la correspondance de la Société établie à Paris. L'enfant cité par le docteur *Woodville*, étoit encore le seul, en 1799, qui fût mort, sur six mille vaccinés; et en 1807, au rapport des chirurgiens de Londres, on ne comptoit encore que trois morts sur cent soixante-quatre mille trois cents quatre-vingt-un vaccinés, c'est-à-dire un sur cinquante-quatre mille sept cent quatre-vingt-treize un tiers.

La correspondance de Paris fournit encore les résultats suivans : Des érysipèles au bras, dans la proportion d'*un sur dix mille*; des suppurations prolongées dans les boutons de vaccine, dans le rapport d'*un à six mille*. Quant aux accidens généraux, on n'en a observé que dans des cas d'une multiplication extraordinaire des piqûres, portées jusqu'à trente, et même soixante : ces accidens ont été des mouvemens de fièvres violens, des mouvemens convulsifs, dont aucun n'a eu de suites funestes.

On a déjà parlé des soixante-six exemples d'éruptions sur cent soixante-quatre mille trois cent soixante-un vaccinés, d'après le rapport de la société des chirurgiens de Londres.

M. Odier annonçoit, en 1800, qu'à Genève, sur quinze cents vaccinations, on n'avoit eu connoissance d'aucun accident.

Sur cent quarante-cinq mille huit cent quarante-huit individus, européens (anglais), portugais (créoles), bramines, malabares, gentous, mahométans, demicastes, pariates, marates, canadiens, rajapots, vaccinés par les médecins anglais et indous de la présidence de Madras, il n'a été observé aucun accident. Le compte en a été fait en 1803, et publié en 1804 par le gouvernement de Madras.

Le vice-roi de la Nouvelle-Espagne a attesté que sur cinquante mille vaccinés, dans son seul gouvernement, aucun accident défavorable n'étoit parvenu à sa connoissance.

A Ecatherinoslaff, le duc de Richelieu, gouverneur de Crimée, assure que sur sept mille soixante-cinq individus, vaccinés dans l'espace de six mois, de 1809 à 1810, aucun n'a éprouvé d'accident, à l'exception d'un seul, chez lequel la petite-vérole se déclara le lendemain de la vaccination.

4°. Faut-il préférer la vaccination à l'inoculation variolique?

Quelques personnes ont essayé de faire obtenir

DE L'ÉDUCATION.

à l'inoculation variolique la préférence sur la vaccination, par la considération d'un changement avantageux, de la cessation de diverses infirmités, de l'affermissement de la santé et de la constitution, chez des individus inoculés de la petite-vérole. On cite des exemples de dartres persévérantes, héréditaires même, de cachexies anciennes, scorbutiques, psoriques, et de gales ulcéreuses, qui, diminuant peu à peu pendant la suppuration des parties inoculées, ont fini par disparoître; la suppuration s'étant ensuite tarie, les maladies ne sont pas revenues, et la santé s'est fortifiée.

« Quand on dit que l'inoculation favorise la guérison d'une maladie, il faut d'abord, observent les commissaires, réduire la proposition à la plus simple expression du fait observé. Ainsi, une personne étoit atteinte d'une maladie longue, et d'après le caractère connu de cette maladie et ses progrès, on ne pouvoit pas concevoir un prochain espoir de guérison; la personne a été inoculée, et à la suite de l'inoculation, la guérison s'est opérée d'une manière inattendue; voilà le fait. Pour en tirer la conséquence, et établir la liaison de l'inoculation comme cause, et de la guérison comme effet, il faut que le même fait, ou ses analogues, aient été, sinon constamment, du moins assez souvent observés, pour qu'on ne puisse pas attribuer raisonnablement à une coïncidence fortuite le concours de l'inoculation d'une part et de la guérison de l'autre. »

Mais, en admettant les guérisons attribuées à

l'inoculation variolique, la commission fait voir qu'elles sont, pour le moins, balancées par celles qui ont eu lieu après la vaccination. Sans prétendre déduire aucune conséquence des faits favorables, sous ce rapport, à cette dernière pratique, elle en présente un résumé succinct, et particulièrement celui des faits contenus dans la correspondance de Paris. Les commissaires ont eu sous les yeux les noms des observateurs, les lieux où ils ont observé, et le genre de leurs observations; le tout marqué avec précision dans les notes qui leur ont été remises par le comité. Voici la plupart des résultats.

Guérison de croûtes laiteuses, *d'affections dartreuses*, étendues sur tout le corps et couvrant spécialement les bras; d'*ophtalmies chroniques et rebelles* sur des enfans affectés de dispositions scrophuleuses; des *scrophules*; *rachitisme* modifié d'une manière remarquable, à la suite de la vaccination pratiquée avec des piqûres nombreuses le long du *rachis*, la marche ayant été raffermie, les forces augmentées, la solidité de la station rétablie; *teigne* guérie après la chute de croûtes vaccinales, produites à la tête par douze piqûres; cessation d'une *migraine* de plusieurs années chez un jeune homme de quatorze ans; de *convulsions journalières* durant depuis dix mois, chez un enfant de vingt mois; d'*épilepsie*, dont une héréditaire *du bras gauche*, qui duroit depuis deux mois, dissipée un mois après la vaccination, pratiquée par six piqûres faites sur le membre malade; terminaison des *suites obstinées d'une rougeole supprimée*; disparition d'une *dureté de l'ouïe* croissant depuis dix-huit mois, chez un enfant de six ans; d'un *engorgement du genou*, prenant le caractère de *tumeur blanche*, chez un enfant de huit ans; d'une *douleur articulaire profonde dans l'articulation coxo-fémorale* de la cuisse gauche, avec claudication évidente, chez un enfant de neuf ans, traité par dix-huit piqûres autour de l'articulation affectée, lesquelles produisirent seize boutons vaccins confluens, avec fièvre, suppuration, après quoi, guérison complète; enfin, terminaison de *fièvres périodiques et rebelles*, quartes, double-tierces, quotidiennes; et, sur quatre sujets atteints de fièvres intermittentes et vaccinés, celui-là seul délivré de la fièvre, chez qui seul la vaccine s'est développée.

« Tels sont, disent les commissaires, les faits que nous avons recueillis concernant les maladies existantes à l'époque de la vaccination, et terminées à la suite des effets consécutifs de cette opération. Nous ne pensons pas qu'on doive toujours les regarder comme des guérisons dues à la vaccine; isolément, nous ne verrions dans chacune, que la coïncidence de cette guérison et de l'opération; mais collectivement, il nous semble que le nombre de ces faits, et les circonstances qui ont accompagné ceux que nous avons indiqués spécialement, font naître au moins une présomption qui ne peut être que favorable à la vaccine....

» On demandera peut-être actuellement, et admettant une balance entre les avantages de la vaccine et ceux de l'inoculation, considérées comme remèdes de diverses maladies, s'il ne seroit pas important de conserver, au moins, dans l'inoculation de la variole, un moyen dont on pourroit tirer encore d'utiles résultats. En réponse à cette question, nous dirons qu'il faut bien, dans cette balance, faire entrer les dangers d'une contagion singulièrement subtile, persévérante, comme celle de la petite-vérole.... Il faut aussi compter pour quelque chose l'espérance aujourd'hui fondée d'éteindre les épidémies varioliques. » La commission pense qu'on ne peut se flatter d'obtenir l'extinction de la petite-vérole, si l'on continue à l'inoculer, même en ne pratiquant cette inoculation que dans des maisons établies à cet effet, et où les inoculés seroient séquestrés. « Nous demanderons, dit-elle, si l'on croit que des maisons d'inoculation, même établies sous la surveillance de la police, pourroient être soumises à des lois assez sévères, et à une séquestration assez exacte, pour empêcher efficacement la propagation de la contagion variolique. » De ces réflexions, qui ne tendent pas à moins qu'à faire désormais interdire l'inoculation de la petite-vérole, la commission conclut qu'il ne semble plus possible de balancer entre la vaccine et la petite-vérole inoculée. Nous avons tiré ces détails de deux extraits du rapport de MM. Berthollet, Percy et Hallé, publiés dans la *Bibliothèque médicale*, nos 120 et 121, juin et juillet 1813.

DE L'ÉDUCATION.

LANGAGE.

De l'expression RIEN MOINS.

Rien moins que cela, vous dit un homme à qui vous demandez : « Est-il vrai que par le procès » dont on m'a parlé, vous puissiez perdre toute » votre fortune? » *Rien moins que cela*; c'est-à-dire, il ne s'agit pas d'une chose moins considérable.

Vous dites au même homme : « C'est, à ce qu'on » assure, une rivalité d'amour qui a brouillé ces » deux amis. » Il vous répond encore : *Rien moins que cela*, c'est-à-dire, aucune cause n'a moins contribué que celle-là à leur brouillerie. Ainsi dans le premier cas, *rien moins* est une affirmation ; dans le second, c'est une négation. D'après quelle règle déterminera-t-on si on doit l'employer ou l'entendre de l'une ou de l'autre manière?

Rien moins a toujours un sens négatif renfermé dans le mot *rien*, et un sens comparatif ou relatif renfermé dans le mot *moins*. *Moins* sert donc à déterminer la relation de *rien*, et à faire connoître à quelle partie de la question s'adresse la négation qu'il exprime.

Dans le premier cas, *moins* tombe sur la quantité ou l'importance de la chose ; *rien moins* répond alors à la question : Y a-t-il quelque chose de *moins*? et il se peut exprimer par *rien de moins*, ainsi on demande : *Est-il vrai que vous puissiez perdre toute votre fortune ?* — *Rien moins*, c'est-à-dire, *rien de moins*, il n'y a rien à retrancher à ce que vous dites. — *Est-il vrai que vous ayez eu le ministre à dîner ?* — *Rien moins*, c'est-à-dire *rien de moins*, il n'y rien à diminuer sur l'idée que vous vous êtes formée de l'importance du personnage que j'ai reçu chez moi. *Rien* veut dire ici positivement *tout autant*.

— Dans le second cas, *moins* tombe sur quelque partie ou circonstance de la chose, et indique le rapport d'infériorité qui se trouve entre cette partie ou cette circonstance, et les autres circonstances ou parties qui concourent à l'existence de la chose dont on parle. *Rien moins* répond ici à la question : *Cela est-il en quelque partie moins considérable qu'en celle-là ?* et on pourroit le traduire par : *Il n'y a rien en quoi cela soit moins considérable*. On demande donc : *Est-ce une rivalité qui a brouillé ces deux amis ?* — *Rien moins*, c'est-à-dire, il n'y a dans cette brouillerie aucune partie, aucune circonstance qui soit moins considérable que celle-là. *Il n'est rien moins qu'aimable*, c'est-à-dire, il n'y a rien qu'on trouve moins dans son caractère que la qualité *d'aimable*, ou bien *cela n'est rien moins qu'amusant*, c'est-à-dire, *l'amusant* est ce qu'on y trouve le moins, il n'y a rien qui s'y trouve moins que *l'amusant*. *Rien moins*, dans ce cas, veut dire à-peu-près *le moins possible*, et n'est qu'une expression détournée pour dire *pas du tout*.

Rien et *moins* ont également, dans les deux cas, une valeur négative. Mais dans le premier les deux négations se combattent; dans le second elles s'appuyent. Dans le cas où *rien moins* veut dire *tout autant*, *rien* est employé à détruire la valeur de *moins*. Ce n'est pas *moins*, ce n'est *rien moins*, ainsi *moins* n'existe plus. Lorsque *rien moins* veut dire *pas du tout*, c'est que *rien* augmente en quelque sorte jusqu'à l'absolu la valeur relative de *moins*, en lui faisant désigner le degré le plus bas d'infériorité. Ainsi on peut être *moins* aimable que bon, *moins* aimable que sensible; ce qui n'empêchera pas qu'on ne puisse être *plus* aimable qu'utile, que courageux; et *moins* conservera sa valeur relative, parce qu'en plaçant, dans le sujet dont on parle, la qualité d'*aimable* au-dessous de quelques-unes, il la laisse au-dessus de quelques autres. Mais n'être *rien moins qu'aimable* c'est être, sous le rapport de l'amabilité, dans une situation absolue, puisque si, dans ce cas, l'amabilité est au-dessous de tout, elle n'est au-dessus de rien; et que sa relation ne peut varier du *moins* au *plus*.

Moins sert donc à déterminer à quoi s'applique le mot *rien*, et *rien* à déterminer la valeur du mot *moins*. S'il se trouve quelqu'occasion où *moins* ne puisse s'appliquer que d'une seule manière, le sens de la phrase est clair : *Ne vous demande-t-on pas cent mille francs ? — Rien moins.* C'est-à-dire *tout autant*, parce que *moins* ne pouvant s'appliquer qu'à la quantité, la diminution de quantité est un fait positif, absolu, auquel *rien* ne pourroit pas ajouter; ainsi au lieu de s'y joindre, il le combat et le rend nul. *N'êtes-vous pas bien aise d'aller à la campagne? — Rien moins*; c'est-à-dire, *pas du tout*, parce que comme il ne s'agit pas ici ni d'une quantité ni d'une importance déterminée, dont la diminution soit une chose positive, *moins* n'exprime que la situation d'un sentiment par rapport à quelques autres; alors sa valeur étant relative, *rien* s'y joint pour la rendre absolue. Ainsi, lorsque *moins* doit se rendre par une négation positive, *rien* le détruit, et *rien moins* est une affirmation. Lorsque *moins* ne peut exprimer qu'une négation relative, *rien* s'y joint de toute sa force absolue, et *rien moins* est une négation.

Cependant, il y a des cas où *moins* peut s'entendre absolument et relativement. *Il n'est rien moins que roi*. Etre *moins* que roi, c'est n'être *pas* roi, *rien* peut donc alors s'appliquer à *moins* pour le combattre et le déterminer; et *il n'est rien moins que roi* pourra vouloir dire, *il est roi*, il est tout autant. Mais en même temps *moins* pourra s'appliquer à la situation relative des diverses circonstances ou qualités qui se trouvent dans le sujet; alors il sera *moins* roi que toute autre chose; *rien moins que roi*, c'est-à-dire *il n'est pas roi*. En ce cas, et quelques autres semblables, le sens de la locution, *rien moins* est impossible à déterminer autrement que par l'intention connue de celui qui parle, et qu'auront manifestée les phrases précédentes. Mais ces cas sont rares, parce que le sens affirmatif ne s'attache guère qu'à des choses d'une importance très considérable. Ainsi, *il n'est rien moins qu'excellent* peut présenter les deux sens ; *il n'est rien moins que bon* n'aura que le sens négatif.

P. M. G.

LE DEVOIR DIFFICILE,

QUESTION DE MORALE.

M. de Flaumont, Henri, Gustave, Clémentine.

M. de Flaumont dit un jour à ses enfans : « Je » vais vous raconter une histoire qu'on m'a apprise, » afin que vous m'en disiez votre avis. »

Henri, Clémentine et Gustave vinrent promptement s'asseoir autour de lui, et il leur raconta ce qui suit :

Un ouvrier nommé Paul, père de plusieurs enfans, qu'il nourrissoit de son travail, se promenoit au bord d'une rivière très rapide et grossie par les pluies ; l'eau faisoit un tourbillon sous l'une des arches du pont qui étoit près de là, et y précipitoit avec beaucoup de bruit les débris d'un bateau chargé de planches qu'elle avoit mis en pièces. Paul regardoit le torrent et pensoit ; si je tombois là-dedans, j'aurois peine à m'en retirer ; cependant Paul étoit un habile nageur, qui avoit même plus d'un fois sauvé des personnes prêtes à se noyer dans cette rivière ; mais dans ce moment là le danger étoit si grand, que Paul, malgré son courage, sentoit qu'il y avoit de quoi en être effrayé; et alors il songeoit à ses enfans, qui n'avoient que lui pour les soutenir, à son fils aîné âgé de douze ans qui promettoit de devenir un bon ouvrier, mais qui, s'il perdoit son père, n'auroit plus personne pour l'instruire et le protéger. Il songeoit à sa fille qu'il espéroit pouvoir mettre bientôt en apprentissage, et au plus petit, à peine sorti de nourrice, que sa sœur soignoit, parce qu'ils n'avoient plus leur mère. Il pensoit avec plaisir combien ils étoient proprement entretenus, bien nourris, bien portans, et se disoit : « Cela changeroit bien, si » on me rapportoit noyé ! » et en disant cela il s'éloignoit involontairement du bord, comme s'il y eût eu quelque danger qu'il fût entraîné dans l'eau. En marchant, il vit sur le pont un homme portant sur son épaule un paquet de vieilles ferrailles, qui regardoit dans l'eau, et suivoit des yeux une planche qui paroissoit prête à passer sous le pont. Il se baissa pour regarder si elle enfiloit bien l'arche, il se baissa trop, la tête lui tourna, et le paquet qu'il avoit sur l'épaule l'entraîna; il tomba dans l'eau en poussant un cri horrible. Paul jeta aussi un cri de douleur; car il se sentoit retenu sur le rivage par l'idée de ses enfans, en même temps qu'il auroit voulu secourir le malheureux qu'il voyoit prêt à périr; il regarda autour de lui dans une angoisse terrible ; il aperçut une grande perche, la saisit, et essaya en s'avançant dans l'eau, sans perdre terre, de pousser une planche du côté de l'infortuné qui tâchoit de nager de son côté. Mais tout fut inutile, la rivière étoit furieuse; après quelques efforts le malheureux s'enfonça, remonta sur l'eau, puis disparut tout-à-fait. Paul demeura sur le rivage, immobile, les yeux fixés sur l'endroit où il l'avoit vu disparoître. Il y demeura jusqu'à ce que la nuit fût devenue tout-à-fait noire. Alors, il s'en retourna chez lui pénétré d'une affreuse tristesse, mais se disant pourtant : « Je ne crois pas avoir mal fait. » Il fut plusieurs jours sans manger, sans dormir, répondant à peine à ce qu'on lui disoit; ses voisins, qui le virent dans cet état, lui en demandèrent la cause; il la leur raconta ; la plupart dirent qu'il avoit eu raison, quelques-uns pensèrent qu'il avoit eu tort ; mais lui disoit toujours : « Je ne crois » pas cependant avoir mal fait. » Qu'en pensez-vous ?

Clémentine. Certainement qu'il avoit bien fait de se conserver pour ses enfans.

Henri. Ah, oui ! c'est toujours un moyen commode pour s'excuser de n'avoir pas fait ce qu'on doit.

Gustave. Mais il ne devoit rien à cet homme, qui avoit eu la maladresse de se laisser tomber dans l'eau, et qu'il ne connoissoit pas.

Henri. Papa nous a dit qu'on devoit toujours faire aux autres tout le bien qu'on pouvoit, et Paul pouvoit fort bien essayer de sauver cet homme; il n'étoit pas sûr de périr avec lui.

Clémentine. Ah! cela étoit bien vraisemblable.

Henri. Il y auroit un beau mérite à faire des actions courageuses, si on étoit sûr qu'il n'y a pas de danger.

M. de Flaumont. Mais songe donc, mon fils, qu'en s'exposant à ce danger, qui étoit très grand, et où il devoit probablement rester, il exposoit aussi ses enfans à mourir de misère, ou à devenir de mauvais sujets, faute de moyens honnêtes pour gagner leur vie. Crois-tu donc que ce ne soit pas là une considération assez importante pour contrebalancer le désir qu'il pouvoit avoir de sauver cet homme qui se noyoit?

Henri. Cela est possible, mon papa; mais il est sûr cependant qu'on estimera toujours davantage celui qui aura exposé sa vie pour en sauver un autre, que celui qui aura si bien considéré toutes les raisons qu'il y avoit pour ne pas le faire.

M. de Flaumont. Cela est tout simple; on voit d'une manière indubitable le courage de celui qui fait une action courageuse, et on ne peut pas être aussi sûr des motifs de celui qui s'y refuse; mais suppose qu'il te soit parfaitement prouvé que Paul avoit réellement le désir de pouvoir se jeter à l'eau pour sauver cet homme, et qu'il n'a été retenu que par l'intérêt de ses enfans, ne penses-tu pas qu'il mériteroit l'estime plutôt que le reproche?

Henri. Ce qu'il y a de sûr, c'est que je ne voudrois pas me trouver dans une pareille situation.

Clémentine. En effet, on ne sait pas trop comment s'en tirer.

Gustave. Eh bien ! pendant que tu aurois réfléchi, l'homme seroit resté dans l'eau, et ainsi il en auroit été tout de même.

M. de Flaumont. L'incertitude est bien sûrement dans ces cas là, ce qu'il faut éviter le plus, car elle empêche de tout ; et c'est pour cela qu'il faut s'accoutumer à réfléchir sur l'ordre de nos devoirs, afin de savoir bien positivement ceux qui doivent passer avant les autres.

Henri. Mais quand il s'en trouve à la fois deux qui sont également d'obligation ?

M. Flaumont. C'est ce qui n'existe pas ; car on n'est jamais obligé à ce qu'on ne peut pas ; et penses-tu, par exemple, que Paul pût à la fois se jeter dans l'eau et ne s'y pas jeter ?

Gustave, en riant. Ah ! voilà qui est bien impossible.

M. de Flaumont. Crois-tu donc qu'il pût être obligé en même temps de faire une action, et de faire ce qui rendoit cette action impossible.

Henri. Non, certainement.

M. de Flaumont. Il est donc bien clair que s'il y avoit une de ces deux actions à laquelle il fût nécessairement obligé, son devoir étoit d'écarter tout ce qui pouvoit l'empêcher, même ce qui lui eût paru être un devoir dans un autre cas.

Clémentine. Et vous êtes d'avis, mon papa, n'est-ce pas, que le devoir de faire vivre ses enfans doit passer avant tout ?

M. de Flaumont. Non pas avant tout assurément. Le premier de tous les devoirs est d'être honnête homme, de ne faire de tort à personne, de ne point trahir les intérêts dont on est chargé.

Clémentine. Mais on est bien chargé des intérêts de ses enfans.

M. de Flaumont. On l'est d'abord des intérêts de sa probité; car personne ne peut en être chargé que vous. La première chose qui nous est prescrite, c'est de ne pas faire d'injustice aux autres; mais ce n'est pas leur faire une injustice que de ne pas leur faire tout le bien dont ils ont besoin; et parce que l'homme qui se noyoit avoit besoin des secours de Paul, ce n'étoit pas une injustice que de le lui refuser pour se conserver à ses enfans.

Henri. Parce que ses enfans en avoient besoin aussi. Mais, papa, selon ce que vous dites, ce n'auroit pas été non plus une injustice que de ne pas faire à ses enfans tout le bien dont ils avoient besoin, et ils n'avoient pas plus besoin de lui que l'homme qui étoit là à se noyer, et n'avoit que lui pour le secourir.

M. de Flaumont. Non assurément; mais penses-tu qu'on puisse faire du bien à tout le monde?

Gustave. Il faudroit donc pour cela passer sa journée à courir les rues pour donner à tous les pauvres.

Clémentine. Ou même courir le monde afin de chercher ceux qui pourroient avoir besoin de vous, et y dépenser toute sa fortune.

DE L'ÉDUCATION.

Henri. Il est sûr que c'est ce qui m'a bien souvent embarrassé.

M. de Flaumont. C'est que tu n'as pas songé que chaque homme n'étant qu'une très petite partie du monde, ne pouvoit être chargé spécialement que d'une très petite portion du bien qui doit se faire dans le monde. C'est même le seul moyen qu'il se fasse quelque chose de bon, car si tout le monde vouloit tout faire, on ne sauroit auquel entendre; il faut donc que chaque homme examine quelle est la portion de bien à faire dont il peut être naturellement chargé. Ainsi quand ce ne seroit pas un devoir de justice de s'occuper d'abord de l'existence et du bien-être des enfans qu'on a mis au monde en se mariant, ce seroit un devoir de raison puisqu'il seroit absurde de négliger le bien qu'on peut faire chez soi pour aller faire du bien au dehors. Il faut donc remplir d'abord ce devoir là, et chercher ensuite ce qui reste de moyens pour accomplir ceux qui viennent après, comme la bienfaisance, et le dévouement envers ceux qui n'ont de droit sur nous que parce qu'ils ont besoin de nous.

Henri. Avec tout cela, papa, j'aurai toujours de la peine à comprendre que parce qu'on a des enfans qui ont besoin de nous, il faille renoncer à secourir les autres quand cela pourroit nous exposer.

M. de Flaumont. Tu as raison de ne le pas comprendre, car cela n'est pas vrai; on peut et on doit certainement même dans ce cas-là s'exposer à un danger médiocre pour rendre un grand service. Ainsi, par exemple, si la rivière avoit été tranquille, ou, peut-être, s'il y avoit eu seulement beaucoup de chances pour se sauver, Paul auroit eu tort de ne se pas jeter dans l'eau.

Clémentine. Mais puisqu'il pouvoit périr, c'étoit toujours s'exposer à manquer à son devoir envers ses enfans ?

M. de Flaumont. Sans doute, mais aussi ne couroit-il pas le risque de manquer l'occasion de sauver un homme, quand il étoit vraisemblable qu'il pouvoit le faire sans nuire à ses enfans.

Clémentine. Oui, voilà le cas qui redevient embarrassant.

M. de Flaumont. C'est alors que les devoirs peuvent se comparer et se balancer. Mais si on te disoit qu'en faisant éprouver un petit désavantage à tes enfans, comme, par exemple, d'être quelque temps moins bien vêtus et moins bien nourris, tu peux sauver la vie à un homme, ne croirois-tu pas devoir le faire ?

Clémentine. Certainement.

M. de Flaumont. Dans l'impossibilité où nous sommes de savoir comment tourneront les choses soumises au hasard, je crois qu'il faut s'arrêter à ce qui offre les chances probables du plus grand bien, et regarder un petit danger comme un petit désavantage auquel on soumet ses enfans, pour procurer à un autre un très grand avantage. Es-tu content, Henri ?

Henri. Allons, papa, je vais tâcher de devenir bien adroit, pour que le danger soit toujours petit.

DE L'ÉDUCATION. 313

M. de Flaumont. Cela sera bien fait ; mais laissez-moi vous achever l'histoire de Paul.

Clémentine. Comment, elle n'est pas finie ?

Gustave. Ah, dites donc, papa !

M. de Flaumont. Paul, comme je vous l'ai dit, avoit de la peine à se consoler. Il se disoit quelquefois : « La rivière n'étoit pas si grosse, je me suis » laissé effrayer trop facilement, nous aurions pu » nous en tirer tous deux, » et il n'avoit pas le courage de retourner du côté de cette rivière, il faisoit plutôt de grands détours pour éviter de passer au bord. Il apprit plusieurs fois que des gens qui s'y baignoient s'étoient noyés, ce qui arrivoit assez fréquemment, parce que ceux qui ne la connoissoient pas bien, s'approchoient imprudemment du tourbillon qui étoit sous l'arche, et qui les engloutissoit. Alors Paul se sentoit le cœur déchiré et presqu'humilié ; ce qu'il y a de singulier, c'est que sa dernière aventure lui avoit donné la peur de l'eau, à lui qui étoit si courageux auparavant ; mais il pensoit continuellement : « Si à présent que » j'ai tant fait pour mes enfans, j'allois leur manquer, cela en vaudroit bien la peine » ; et il évitoit tous les dangers avec un soin extrême. On ne le reconnoissoit plus tant il étoit devenu timide et rempli de précautions. Ses voisins disoient : « Cela » est extraordinaire, Paul est devenu poltron », et ils croyoient que c'étoit par poltronnerie qu'il ne s'étoit pas jeté à l'eau. Du reste, il étoit plus assidu que jamais à son travail, ne perdant pas un moment pour mettre ses enfans en état de gagner leur vie par eux-mêmes, comme s'il eût eu peur de mourir avant d'avoir fini. Il réussit très bien à les élever ; son fils devint un bon ouvrier, et alla se marier et s'établir dans une autre ville ; sa fille épousa un marchand qui avoit une boutique assez bien achalandée : et le maître d'école de la ville, qui avoit pris le dernier en affection, parce qu'il étudioit très bien, le demanda à son père lorsqu'il eut quinze ans, pour l'aider à tenir son école, et promit, s'il se conduisoit bien, de la lui laisser au bout de quelques années.

Le jour où Paul eut établi son fils chez le maître d'école, et où il put se dire, par conséquent, que ses enfans n'avoient plus besoin de lui, et n'étoient plus exposés à la misère s'ils le perdoient, il se sentit délivré d'un grand poids, et dans la joie qu'il éprouvoit, il lui sembla qu'il retrouvoit tout le courage que, depuis douze ans environ, il paroissoit avoir perdu ; car il y avoit douze ans qu'étoit arrivé l'événement qui l'avoit rendu si malheureux : il quitta son travail de meilleure heure qu'à l'ordinaire, et alla se promener seul. Pour la première fois depuis douze ans, il tourna ses pas du côté de la rivière, en pensant aux différentes personnes qu'il en avoit tirées avant le jour fatal qui lui avoit ôté sa hardiesse. C'étoit un soir d'automne, le temps étoit sombre et froid, les pluies avoient grossi la rivière ; un vent violent l'agitoit ; elle étoit à-peu-près dans le même état que le jour où Paul l'avoit vue pour la dernière fois. Il s'en approcha, et la considéra attentivement. « La rivière est bien

» grossa, dit-il, eh bien, si je m'y jettois aujour-
» d'hui, je suis sûr que je m'en tirerois; » et il
disoit cela, parce que, n'ayant plus la crainte de
manquer à ses enfans, il ne pensoit pas au danger,
mais seulement à tous les moyens de s'en tirer. En
levant machinalement les yeux sur le pont à l'endroit d'où étoit tombé le pauvre homme qu'il n'avoit
pu secourir, comme il ne faisoit pas encore nuit,
il vit s'approcher du parapet quelqu'un qui lui
parut être un très jeune homme. Ce jeune homme
regarda l'eau quelque temps, et Paul pendant tout
ce temps ne cessa de le regarder. Enfin, il monta
sur le parapet, et avoit l'air de chanceler sur ses
jambes. Paul lui cria: « Vous allez tomber »; mais
dans le même moment le jeune homme prit un élan
et se jeta dans la rivière. Paul, comme s'il en avoit
eu un pressentiment, avoit déjà la main sur son
habit. Il l'arrache, le jette, et est dans la rivière
presque aussitôt que le jeune homme, nageant du
côté où il l'avoit vu tomber, et tâchant de l'atteindre avant qu'il ne fût arrivé au tourbillon, où
il savoit bien qu'ils périroient tous deux; il l'atteint
comme il se débattoit encore sous l'eau: il plonge;
mais par un mouvement naturel à ceux qui se
noyent, même quand ils se sont noyés exprès, le
jeune homme s'accroche à Paul et lui serre les jambes
de manière qu'il ne peut plus nager: ils alloient
périr; mais Paul trouve heureusement moyen de
dégager une de ses jambes et donne au jeune homme
un grand coup de pied qui lui fait lâcher prise. Il
le ressaisit alors par les cheveux, et remonte sur

l'eau. Le jeune homme étoit sans connoissance; Paul l'entraîne en nageant d'un bras; dans ce moment le vent étoit terrible, il s'y joignoit une pluie violente qui lui troubloit la vue; le vent et le courant de l'eau l'entraînoient du côté du tourbillon; Paul redouble d'efforts, il se sentoit animé d'une vigueur extraordinaire. Enfin, il parvient à s'éloigner du tourbillon, gagne le bord, prend terre, et les voilà sauvés.

Le jeune homme étoit comme mort, mais Paul qui avoit sauvé plusieurs noyés, savoit comment on les rappelle à la vie. Il porte le jeune homme sous un arbre très épais, à l'abri de la pluie, et là il lui donne tous les secours qu'il peut lui donner dans un lieu pareil; il parvient à le ranimer un peu, et dès qu'il l'entend respirer il le charge sur ses épaules, et retourne le plus vite qu'il peut à la maison, où, à force de soins, le jeune homme revient tout-à-fait. Il avoit environ dix-sept ans, et paroissoit exténué de misère et de maladie: dès qu'il put parler, Paul lui demanda ce qui l'avoit porté à se jeter dans la rivière. Le jeune homme qui s'appeloit André, lui répondit que c'étoit la misère et le désespoir. Il lui raconta que douze ans auparavant, son père qui étoit un chaudronnier ambulant, s'étoit noyé, à ce qu'on croyoit, par accident, dans cette même rivière, où on avoit retrouvé son corps quelques jours après. Paul frissonna lorsqu'il entendit cela; mais il ne dit rien. André continua à lui raconter qu'il avoit vécu jusqu'à l'âge de dix ans avec sa mère, qui le soutenoit comme elle pouvoit, de son travail; qu'il l'avoit perdue alors, et avoit tâché de gagner sa vie lui-même en travaillant de côté et d'autre, tantôt aux moissons, tantôt dans les granges, tantôt à servir des maçons, qu'il avoit beaucoup souffert, souvent manqué; qu'enfin il étoit tombé malade, et qu'au sortir de l'hôpital, encore convalescent, n'ayant ni argent ni asile, ni travail, il avoit été obligé de coucher dans les champs et de passer deux jours sans manger, et avoit achevé de s'exténuer. Qu'enfin, le soir du second jour, se trouvant sur le pont d'où on lui avoit dit qu'étoit tombé son père, et presque hors d'état d'aller plus loin, le désespoir l'avoit pris, et qu'il s'étoit jeté dans l'eau. Paul en écoutant ce récit pensoit : « Puisque j'ai sauvé celui-là, peut-» être j'aurois pu sauver l'autre. » Mais il pensoit ensuite : « Cependant, si nous avions péri tous » deux, mes enfans se seroient trouvés dans la » même situation qu'André. » Il jouissoit beaucoup de l'avoir sauvé, et se promettoit, après ce nouvel essai de ses forces, de ne plus craindre l'eau et la grosseur de la rivière, puisque d'ailleurs ses enfans n'avoient plus besoin de lui.

Il ne put pourtant pas exécuter sa résolution, car le lendemain du jour où il avoit sauvé André, il fut saisi d'une fièvre violente, avec des douleurs très-aiguës dans tout le corps. En sortant de la rivière, occupé à soigner André, il n'avoit pu se sécher, et même n'y avoit pas pensé, en sorte que l'humidité qu'il avoit gardée si long-temps lui avoit causé un rhumatisme goutteux. Le lendemain et le

surlendemain le mal alla en empirant; on désespéra de sa vie; il avoit des momens de délire où il se tourmentoit pour ses enfans; mais quand il reprenoit sa connoissance, et qu'il pensoit qu'il les avoit tous établis, il paroissoit vraiment heureux malgré ses douleurs. André, qui commençoit à reprendre de la force, le soignoit avec zèle, et pleuroit à côté de son lit quand il le voyoit plus mal. Paul ne mourut pas; mais il demeura sujet à des douleurs qui le privoient quelquefois entièrement de l'usage de ses membres: « Jour de Dieu! disoit-il quel-
» quefois en jurant et en riant quand il se sentoit
» pris par un bras ou par une jambe, si j'étois
» devenu comme cela avant d'avoir établi mes
» enfans! » André, qu'il avoit gardé chez lui, et qui avoit de bons sentimens et de l'intelligence, apprit son métier assez bien pour l'aider quand il pouvoit travailler, et travailler sous sa direction quand il étoit malade. La boutique continua de prospérer, d'autant plus qu'on s'intéressoit à Paul et à André. Et Paul, quand il parloit du père d'André, disoit : « Le pauvre homme, Dieu
» veuille avoir son âme! mais je suis sûr qu'il m'a
» pardonné, car il a bien vu que je n'avois pas pu
» faire autrement. »

M. de Flaumont se tut, et les enfans attendirent un instant en silence pour voir si l'histoire étoit finie. « Ah! dit ensuite Henri, avec un grand
» soupir, je suis bien aise de la fin de cette
» histoire. »

Clémentine. Oui; mais ce pauvre Paul, qui est resté accablé de rhumatisme?

Gustave. Il est sûr que sa bonne action n'a pas été trop bien récompensée.

M. de Flaumont. Elle l'a été comme une bonne action doit s'attendre à l'être, par le sentiment d'avoir bien fait. C'est-là la récompense qui lui revient, et qui est tout-à-fait indépendante des suites qu'elle peut avoir d'ailleurs.

Clémentine. Cela fait pourtant de la peine de voir un honnête homme qui souffre pour avoir bien fait.

M. de Flaumont. Cela feroit plus de peine encore s'il avoit mal fait. Aimerois-tu mieux qu'il n'eût pas sauvé André ?

Clémentine. Oh, non !

M. de Flaumont. Il auroit encore été possible que Paul en mourût. Dans ce cas-là même auroit-on pu regretter qu'il se fût exposé pour sauver André ?

Henri, vivement. Non ; certainement, on n'auroit pas pu le regretter.

M. de Flaumont. Cela vous prouve que la récompense est, comme je vous l'ai dit, tout-à-fait indépendante de l'action ; car enfin, si un ouvrier faisoit de l'ouvrage pour quelqu'un qui ne le paieroit pas, vous regretteriez qu'il eût fait cet ouvrage, parce que son salaire est la récompense naturelle de son travail, au lieu que vous ne regretterez jamais qu'un homme ait fait une bonne action, même quand elle lui auroit mal tourné, parce que vous sentirez toujours qu'il a été payé par son action même.

Au surplus, mes enfans, ajouta M. de Flaumont, ne croyez pas que la vertu soit toujours si difficile. Nos véritables devoirs sont assez ordinairement placés autour de nous, de manière à ce que nous puissions les remplir sans de grands efforts. Mais cependant, comme il peut arriver que les efforts nous deviennent nécessaires, il faut s'être donné de quoi les soutenir. Il faut avoir préparé son âme à regarder le devoir comme aussi indispensable quand il est difficile que quand il ne l'est pas. Il faut en même temps avoir préparé son esprit à n'en point augmenter les difficultés, au point de le rendre impossible. Ainsi il ne faut point s'exagérer un devoir, parce que cela feroit manquer à d'autres; mais après s'être bien dit qu'il ne peut exister en même temps deux devoirs contraires, il faut, dans les cas difficiles, s'attacher au point le plus important, et regretter seulement sur le reste de ne pouvoir suivre ses sentimens, sans regarder comme un devoir ce qu'un autre devoir vous a empêché de faire.

Ce Journal, composé de quatre feuilles *in-*8°, paroît le 15 de chaque mois.

Le prix de l'Abonnement est de 18 fr. pour l'année, et de 10 fr. pour six mois.

On s'abonne chez LE NORMANT, Imprimeur-Libraire, rue de Seine, n°. 8, près le pont des Arts.

Les lettres et les envois doivent être adressés francs de port.

ANNALES DE L'ÉDUCATION.

RÉPONSE
DU JEUNE PRÉCEPTEUR AU PÈRE DE FAMILLE.

(*Voyez* le Numéro précédent.)

Non, monsieur, je n'adopte point dans son entier la maxime du philosophe de Kœnigsberg ; je crois qu'il faut élever les hommes *pour le monde tel qu'il est* (1), car c'est dans ce monde qu'ils ont à vivre, c'est sur ce monde qu'ils ont à agir, c'est à ce monde qu'ils doivent tâcher d'être utiles, c'est de lui qu'ils doivent recevoir l'appui qui leur est nécessaire pour y parvenir. Convaincu que la destination de l'homme sur cette terre est d'y rendre son existence aussi importante que le peuvent permettre ses facultés, je crois qu'on doit travailler à le former de telle manière que son existence, d'accord avec ce qui l'environne, trouve, pour s'étendre et se développer, toutes les facilités dont elle peut avoir besoin. Accommoder les choses à soi, est le talent de l'homme supérieur ; cependant, il faut pour cela qu'il ait une certaine analogie avec les choses ; il faut qu'il marche d'accord avec elles, et non en

---

(1) Voyez le N°. précédent, pag. 264.

sens contraire, afin de pouvoir employer ses talens sur elles et non contre elles.

Mais vous ne désirez pour vos enfans aucune espèce de supériorité; vous regardez la médiocrité comme l'état le plus heureux, comme le caractère le plus utile, et le développement complet des facultés de l'homme vous paroît contraire à son bonheur autant qu'à son utilité dans le monde. Je pense, au contraire, monsieur, que pour être en ce monde utile et heureux autant qu'il lui appartient de l'être, l'homme doit tendre au plus grand développement possible de ses facultés, et c'est dans ce sens que j'adopte pleinement cette partie de la maxime de Kant, que le but de l'éducation doit être *de développer dans les hommes toute la perfection dont ils sont susceptibles* (1).

Je vous demanderai d'abord, monsieur, si vous croyez être le maître de vous opposer à ce développement; si vous croyez pouvoir rendre médiocre ce qui est destiné à devenir supérieur, lent ce qui doit être vif, foible ce qui doit être fort. La nature a son énergie toujours agissante contre les efforts qui tendent à lui opposer des obstacles. L'eau, si vous lui fermez le passage d'un côté, doit refluer vers un autre; la plante perce et pénètre autour de la pierre qui a comprimé son jet naturel. N'auroit-il pas mieux valu le seconder pour le diriger ? Soyez sûr que s'il existe dans votre élève quelque faculté dont vous négligiez ou dont vous

---

(1) Voyez le N°. précédent, pag. 264.

refusiez de vous servir, elle n'existera pas moins comme moyen, et ce moyen ne sera pas pour vous; si vous voulez la comprimer, elle vous échappera et pourra vous devenir contraire. Ainsi, que votre élève ait de l'imagination ; si vous évitez de vous en servir de peur de lui donner trop d'empire, il s'en servira tout seul, et vous aurez seulement perdu la faculté de l'employer au but que vous jugeriez le plus utile, celle de la modérer en la dirigeant, et d'empêcher ses écarts en favorisant ses élans. Si vous voulez l'enchaîner, vous pourrez y parvenir sur tous les points dont vous vous serez rendu maître : ainsi, votre élève ne portera son imagination ni dans ses études que vous aurez conduites, ni dans ses opinions que vous aurez peut-être trouvé moyen d'asservir ; il la réservera toute entière pour ses passions qui ne vous seront pas soumises, et tout ce que vous aurez ôté à la vivacité de son esprit ou de ses sentimens, il le reportera sur l'impétuosité de ses désirs. Beaucoup de bonnes gens vous diront que l'esprit ne sert qu'à faire de mauvais sujets, et ils auront souvent raison ; si l'esprit ou tout ce qu'on entend par là ne sert au bien, il servira nécessairement au mal, car il faut absolument qu'il serve à quelque chose.

Peut-être espérez-vous vous rendre tellement maître de toutes les issues, tellement fermer toutes les grandes voies, que l'activité sera obligée de se répandre par les petites, et que, d'un homme qui eût été capable de suivre avec chaleur des idées élevées ou des projets importans, vous aurez fait un homme content de dépenser son âme et ses facultés dans les petits détails et les petits intérêts de la vie et de la société. Eh! monsieur, que de points de contact ne lui donnerez-vous pas avec les hommes, et par conséquent que d'occasions de choc! Les petites choses sont le domaine de tous; vous le précipitez dans le patrimoine de la multitude: là, il aura chaque jour à combattre pour sa place; là, il ne fera pas un pas sans rencontrer un concurrent: en vérité, il est facile de voir combien, pour son bonheur et son repos, il eût été utile de lui ouvrir une carrière moins fréquentée.

J'ai beaucoup entendu parler en ma vie des jalousies qu'excite la supériorité; mais ce que j'ai vu, ce sont celles qu'excite la rivalité. J'ai vu les hommes jaloux du bonheur des autres, beaucoup plutôt que de leurs talens. Ainsi, j'ai vu naître un sentiment général d'amertume contre celui qui s'élevoit sans aucune qualité marquée qui justifiât son bonheur. C'étoit là une chance fortunée qu'il enlevoit aux autres, puisque d'autres auroient eu autant de titres pour l'obtenir, et qu'ils auroient aussi bien su en profiter, si elle étoit tombée sur eux. Mais j'ai vu un talent reconnu faire taire l'envie qu'auroit pu exciter une fortune brillante, la récompense accordée au talent ne faisant aucun tort à ceux qui ne le possédoient pas et n'auroient pu y prétendre.

Et il ne faut pas croire qu'il soit généralement très pénible et très difficile aux hommes de reconnoître dans un de leurs semblables des talens supérieurs à ceux qu'ils possèdent. On seroit humilié de s'avouer inférieur à tous, on ne l'est point d'avouer avec tous un supérieur. Les distinctions de l'esprit, comme celles du rang, font de celui à qui elles appartiennent un être particulier, auquel les autres n'ont pas l'ambition de ressembler, ni l'idée de rien disputer; elles le placent dans une sphère à part, dont les intérêts n'ont rien à démêler avec ceux des habitans d'une autre sphère; des prétentions d'un genre tout différent écartent toute occasion de comparaison comme de concurrence, et vous verrez l'amour-propre d'un homme ordinaire beaucoup moins gêné, moins tourmenté auprès d'un homme supérieur par ses facultés, qu'auprès de son égal qui le surpassera seulement dans l'art de manier un cheval ou d'amuser les femmes. Les enfans se disputent entr'eux, se cachent leurs joujoux, leurs bonbons; ils les confient aux grandes personnes. Cette sécurité que trouvent les gens médiocres auprès d'un homme supérieur, laisse toute sa place au sentiment de curiosité, d'attrait qui les porte vers tout ce qui n'est pas ordinaire, vers tout ce qui fait variété dans la monotonie habituelle de leurs impressions. On sait gré à un homme distingué du mouvement que produit sa seule présence; mouvement qui n'a donné de peine à personne, dont il a fait seul tous les frais, et où cependant l'amour-propre trouve encore son compte; car celui même qui n'aura mis aucun empressement à briller auprès de celui dont il sait l'esprit très supérieur au sien, aimera à se faire valoir auprès de ses égaux pour avoir joui de sa société, et attachera à ce modeste avantage un prix qui deviendra un motif de bienveillance pour celui auquel il le doit. Si l'expérience vous a paru confirmer ces réflexions, si vous avez vu en général les hommes distingués par leur caractère ou leurs talens recherchés dans la société lorsqu'ils vouloient bien n'y porter d'autre tort que leur supériorité, vous serez peut-être, monsieur, rassuré contre la crainte que cette supériorité, dans le cas où ils y parviendroient, ne fît perdre à vos enfans, *en tranquillité et en agrémens, dans leurs rapports de société, beaucoup plus qu'ils ne gagneroient en réputation* (1).

Mais les rapports de société, quelle que soit leur importance pour l'agrément de la vie, n'influent qu'indirectement, je le sais, sur ce qui doit faire son objet le plus sérieux. Presque tout homme est destiné à contribuer au mouvement de la machine générale, par son activité dans quelqu'emploi où il soit animé du double motif de se rendre utile à soi-même et à la chose dont il fait partie. Il y doit vouloir à-la-fois et faire le mieux qu'il pourra, et se montrer aussi favorablement qu'il lui sera possible. Vous craignez, monsieur, qu'une trop grande étendue d'idées et de connoissances, en portant son esprit au-delà des fonctions dont il sera chargé, ne le jette hors de la route qu'elles l'obligent de suivre ; vous craignez, et la méfiance que pour-

―――――――――――――――

(1) Voyez le N°. précédent, pag. 263.

roient inspirer à ses supérieurs des facultés trop actives et trop développées, et le dégoût qu'elles pourroient lui donner pour un travail trop au-dessous de sa portée. Je crois difficilement, monsieur, à cette humeur des supérieurs contre les talens de leurs inférieurs. Il y a dans la supériorité de rang et de pouvoir une source de confiance bien propre à écarter de ceux qui la possèdent l'idée qu'un subordonné prétende ajouter quelque chose à ce qu'auront dicté leurs lumières ou prescrit leur volonté. Comme rien ne se peut faire sans eux, ils supposent aisément que tout se fait par eux, et toute idée nouvelle, toute amélioration introduite dans les travaux dont ils ont la direction, si elle n'est pas contraire à leurs idées personnelles, si elle n'est pas directement en opposition avec leurs préventions ou leurs préjugés, devient une propriété dont ils pourront tirer vanité tout aussi bien qu'un maître de l'industrie de son esclave, ou un parieur à la course de la légèreté de son cheval. Le maître saura bien néanmoins que ce n'est pas lui qui a couru, que c'est son cheval ; le chef d'une administration ne s'imaginera pas avoir fait le travail qui lui aura été présenté par son subordonné ; ce n'est pas le mérite de l'homme qu'il s'appropriera, ce sera l'homme même, dont les talens en auront d'autant plus de prix à ses yeux. Il n'est même pas impossible que ceux de ces talens qui s'appliquent à des objets étrangers, ne deviennent un mérite aux yeux du supérieur dont ils étendent les possessions. En général, un ministre n'est pas fâché d'avoir un bel esprit dans ses bureaux, pourvu que d'ailleurs le bel esprit fasse bien sa besogne; cette subordination du talent au pouvoir a quelque chose qui flatte l'homme puissant, et lui fait sentir la réalité des avantages qu'il possède. Je crois donc que l'homme de talent a bien au moins autant à compter sur la vanité de ses supérieurs qu'il peut avoir à craindre de leur orgueil, et, la chance fût-elle seulement égale, elle vaudroit encore la peine d'être tentée.

Je le vois, au reste, monsieur, ce n'est pas seulement de la part des autres que vous redoutez pour vos enfans les inconvéniens qui pourroient résulter d'une trop grande étendue de lumières; vous craignez qu'en élevant leur esprit au-dessus des minuties dont se composent la plupart des emplois de la vie, elles ne leur inspirent pour ce qu'ils auront à faire, *un dégoût qu'ils ne pourroient cacher* (1); vous pensez que, pressés du besoin d'aller en avant, ils ne supporteront qu'avec une impatience dévorante et trop mal dissimulée ces chaînes dont les enlaceront de tous côtés la marche routinière des choses et les habitudes ainsi que les préjugés des hommes. Vous ne croyez pas *qu'il soit sage de perfectionner leurs sentimens et d'aiguiser leur esprit au point qu'ils puissent reconnoître facilement les travers et les défauts des individus ou des institutions sociales*, et c'est de l'imperfection de leurs lumières que vous attendez qu'ils *sachent*

---

(1) Voyez le N°. précédent; pag. 261.

se taire quand il seroit inutile de parler, et réprimer leur activité quand elle n'aboutiroit à rien (1). Se taire toujours et n'agir jamais, voilà certainement, monsieur, ce qu'on peut espérer de l'indifférence que vous voulez leur inspirer sur tout ce qui n'est pas en contact direct avec leurs intérêts; mais se taire à propos et s'arrêter lorsqu'il convient, c'est l'effet de la sagesse, et la sagesse n'a jamais été le fruit de l'ignorance et de l'irréflexion. Pensez-vous donc qu'elle doive se séparer des lumières, et le véritable objet de l'éducation n'est-il pas, en éclairant l'esprit, de lui apprendre à distinguer le but d'utilité auquel il doit tendre, et, en fortifiant le caractère, de l'accoutumer à ne se détourner jamais de ce but? Pardonnez-moi, monsieur, de vous faire observer que ce qui vous a fourni et ce qui fournit généralement tant d'argumens contre les lumières de l'esprit, c'est qu'on veut les considérer séparément comme une sorte de développement partiel de l'individu sans aucun rapport avec le reste, une espèce d'excroissance qui n'augmente ni sa force ni son embonpoint, et ne lui donne qu'un poids de plus à porter. Il semble que l'on soit convenu d'attacher au mot *esprit* et à toutes les idées de supériorité qu'il peut réveiller, le sens que lui donne ce vers d'une comédie françoise,

De l'esprit si l'on veut, mais pas le sens commun.

Quant à moi, je n'ai jamais compris ces séparations qu'on établit entre les diverses facultés des

---

(1) Voyez le N°. précédent, pag. 260.

hommes, comme s'ils étoient composés de pièces de rapport, agissant chacune par son énergie particulière et sans le secours des autres. Tout se tient dans l'homme; tissu de fils entrelacés, il ne se donne et ne reçoit pas un mouvement que tous ne s'en ressentent ou n'y contribuent. Les opérations de sa mémoire sont aussi nécessaires à celles de son imagination, que celles de son imagination à son jugement et celles de son jugement à sa conduite. Il faut, dans toutes ses opérations, qu'il compare, combine, devine, suppose, avance par conjecture et par analogie, que sa raison soit là pour ordonner le tout et ranger chaque chose à sa place, que toutes ses facultés soient en activité pour éclairer sa raison et la mettre en état de juger. On vous dira: cet homme manque de raison parce qu'il a trop d'esprit; et moi je vous dirai: pour trouver ce qui manque à sa raison, cherchez ce qui manque à son esprit, cherchez laquelle de ses idées se trouve n'être pas complète, laquelle de ses facultés lui a failli dans l'occasion, et lui a laissé ignorer ou bien oublier ce qu'il falloit qu'il sût ou qu'il pensât pour agir ou juger raisonnablement. Interrogez celui dont la raison vous paroîtra au-dessous de son esprit; vous trouverez une lacune dans ses conceptions, un coin d'obscurité dans sa tête, un point de foiblesse et d'ineptie; il ne lui falloit que plus d'esprit qu'il n'en a pour avoir toute la raison dont il a besoin.

Je n'ai jamais conçu, je l'avoue, un homme véritablement supérieur qui ne fût éminemment raisonnable, et il m'a toujours été impossible de comprendre que l'étendue et le perfectionnement des idées pussent nuire à la conduite de la vie, qui est le but de toutes les idées, de toutes les facultés données à l'homme. Car, de quoi l'homme est-il chargé que de sa propre vie, que de rendre cette vie aussi vertueuse, aussi utile, aussi noble qu'il lui sera possible? Il ne s'agit, monsieur, pour y parvenir, que de veiller à la direction que doit prendre son développement moral; sans doute si nous laissons errer son imagination sans règle et sans frein sur tout ce qui peut la frapper ou la séduire; si nous ne faisons pas servir l'activité de son esprit aux progrès de sa raison, et l'élévation de ses idées à donner de la force et du désintéressement à son caractère; si nous n'avons pas le soin, à chaque sentiment que lui inspirera le bon, le beau, le grand, de lui montrer à quelle partie de sa conduite ce sentiment doit s'appliquer, avec quels devoirs il doit se concilier; si nous ne lui apprenons pas que l'homme doit tout régler, même ses plus nobles désirs, parce que ce n'est pas d'après ses désirs qu'il peut agir, mais d'après ses moyens; si nous ne lui faisons pas sentir qu'il est inutile de s'élever par la pensée au-dessus des idées du vulgaire, lorsqu'on demeure enchaîné dans la foule par la lâcheté d'une âme incapable de supporter les dégoûts, les fatigues, les contrariétés, et toutes les petites charges de la vie; enfin, s'il n'est pas convaincu en sortant de nos mains que le devoir de l'homme qui sait plus et sent mieux que les autres, est de suppléer à ce qui leur manque, de porter dans son commerce avec eux ce qu'ils ne sont pas en état d'y mettre; alors, monsieur, je l'avoue, loin de favoriser les élans désordonnés d'une imagination incapable de le diriger vers le bien qu'ils lui font inutilement entrevoir, il pourroit être bon de la retenir, du moins autant que cela seroit possible, dans cette prudente apathie d'esprit qui ne voit rien au-delà de ce qu'elle peut atteindre, et proportionne si heureusement la foiblesse des idées à la foiblesse du caractère.

Mais en supposant que ce ne fût pas là le résultat le plus désirable d'une bonne éducation, ce que je vous proposerois, ce seroit, au lieu de chercher à borner les idées de votre élève dans un cercle aussi resserré, de lui apprendre à les rapporter à un même centre, de l'instruire à considérer d'un œil ferme et fixe le but de son existence, et à y faire concourir toutes les facultés dont elle se compose. Ce but ne me paroit pas douteux, c'est l'accomplissement du devoir; et pour une raison ferme et éclairée, je ne crois pas qu'il soit plus difficile de déterminer ce qui constitue le devoir. Notre devoir, c'est d'employer au bien tout ce que nous possédons de moyens; il ne peut pas aller au-delà. La raison, guide naturel de la vertu, consistera donc dans la juste appréciation de nos moyens. Nous accoutumerons notre élève à ne jamais arrêter ce qu'il veut avant d'avoir considéré ce qu'il peut. En l'engageant ainsi à entrer dans l'examen de tous les moyens qu'il possède, nous lui apprendrons en même temps à tirer de ces moyens toutes les ressources qu'ils lui peuvent offrir, et à ne pas prétendre au-delà ; nous empêcherons et l'imprévoyante précipitation qui s'embarque sans provisions, et le découragement qui oublie ensuite celles dont on pourroit tirer parti.

Ou je me trompe beaucoup, ou l'homme élevé de cette manière, dirigé dans ce sens, lorsqu'il apercevra quelque bien à faire, au lieu d'exalter son imagination sur les résultats, la portera toute entière sur les moyens ; au lieu de l'amuser à ces rêveries oisives qui ne produisent que l'exagération des espérances, il l'exercera à trouver les expédiens qui assurent la marche de l'action en la poussant aussi loin qu'elle peut aller, et l'arrêtant aussitôt que terre lui manque. Si nous sommes une fois parvenus à donner à vos fils cette sage et utile disposition de caractère, peu importera à la prudence de leur conduite le degré plus ou moins éminent de leurs facultés, puisqu'ils n'agiront que d'après ce que ces facultés leur fourniront de moyens et de ressources, et s'arrêteront au point que leur prescriront la borne de leur talent et celle de leur situation. Ne craignez pas alors que dans une situation subordonnée, l'homme supérieur prenne en dégoût des occupations nécessaires ; quel que soit le cercle d'utilité dans lequel il sera renfermé, il saura que la seule manière qu'il ait de le remplir est d'appliquer ses talens à sa situation ; il sentira que rien n'est au-dessous d'un homme supérieur tant qu'il peut trouver dans sa supériorité les moyens de le faire plus parfaitement qu'un autre ; et occupé d'employer toutes les ressources qui sont à sa disposition, il travaillera sans doute à les augmenter, mais ne s'affligera jamais sérieusement de ne pouvoir les dépasser; les travers du monde et les inconvéniens de l'ordre social n'auront pas plus que ceux de sa position particulière, le droit de troubler sa vie et de détruire sa tranquillité. Bien fermement arrêté sur ce point que son véritable intérêt dans cette vie consiste dans ce qu'il peut faire, plutôt que dans ce qui peut lui arriver, il n'appliquera constamment son attention que sur le mal auquel il peut s'opposer ou apporter remède, supportera ce qu'il ne peut écarter, et trouvera dans l'activité de son esprit de quoi le distraire des agitations extérieures qui viendroient l'assaillir, comme l'homme fortement occupé du lieu où il veut arriver, porte à peine son attention sur les mouvemens de la foule qui se presse autour de lui, et, tout occupé qu'il est à vaincre les obstacles qu'elle lui oppose, ne songe pas même à s'en irriter.

Je pense donc, monsieur, que, dans toutes les situations, l'homme supérieur, celui dont le caractère et les facultés auront été le plus développés, sera à-la-fois le plus heureux et le plus utile à ses semblables. Je ne crois pas la supériorité plus dangereuse pour les femmes. Quelle que soit l'infériorité de l'homme auquel l'aura attachée sa destinée, ce qu'il aura de bon, une femme supérieure le démêlera, et en saura tirer parti. Une femme médiocre s'irritera contre chaque défaut qui pourra la blesser; une femme véritablement éclairée verra l'ensemble du caractère, et ne s'arrêtera qu'à ce qui peut avoir quelqu'importance ; quelques inconvéniens d'humeur qui feroient le malheur de l'une ne seront pour l'autre qu'un de ces désagrémens dont n'est exempte aucune situation ; elle saura les éviter et les adoucir quand une autre ne sauroit que s'en plaindre ou s'y résigner ; enfin, c'est dans ce lien intime plus que dans tout autre, que les lumières, la raison, mises en communauté, ne font, de quelque part qu'elles viennent, qu'augmenter la masse du bonheur ou diminuer celle des peines. Souhaitez, monsieur, à vos filles cette riche dot ; soit qu'elles rencontrent ou non dans celui auquel elles s'uniront la possibilité d'une égale mise de fonds, ce qu'elles apporteront avec elles sera toujours le garant le plus certain du bonheur et du repos de leur vie.

FRÉDÉRIC P.

JOURNAL

ADRESSÉ PAR UNE FEMME A SON MARI, SUR L'ÉDUCATION DE SES DEUX FILLES.

Numéro XXIX.

MON ami, je vais commencer comme un conte de Fée. Il y avoit autrefois une maison, qu'on appeloit *la Maison-Joyeuse*. Cette maison étoit située dans le plus beau climat, sous un ciel presque toujours serein. Elle étoit au bord d'un lac environné de vertes prairies, où divers groupes d'arbres épars çà et là offroient à toutes les heures du jour des ombrages rafraîchissans et de délicieuses promenades. Sur les rives de ce lac on voyoit un grand nombre d'enfans, remplis de vigueur et de santé, s'amuser à courir, à sauter, à lutter entre eux; quelques-uns s'exerçoient à tirer de l'arc; quelques-autres plus grands s'essayoient déjà à monter à cheval; d'autres chassoient, d'autres pêchoient: quelquefois réunis dans les mêmes jeux, ils formoient deux bandes qui se livroient des combats simulés, toujours sans danger comme sans animosité, et toujours terminés par de joyeuses clameurs, où la voix des vaincus se mêloit à celle des vainqueurs. Dans l'intérieur de la maison, on trouvoit des logemens gais et bien aérés, des galeries ornées de tableaux représentant aussi des enfans s'amusant entre eux de différentes manières. Des enfans étoient aussi les principaux habitans de la Maison-Joyeuse. C'étoient ceux qu'on avoit vus sur les bords du lac. Là, dans des exercices plus tranquilles, on remarquoit la propreté de leurs vêtemens, la douceur de leur physionomie, la décence et la grâce de leur maintien. On les entendoit chanter et s'essayer sur divers instrumens, on les voyoit répéter des pas de danse. On les voyoit aussi étudier; mais l'étude ne paroissoit pour eux ni fâcheuse, ni pénible. On entendoit peu de réprimandes, on voyoit couler peu de larmes dans la *Maison-Joyeuse*. Au milieu de tous ces enfans habitoit un maître, tendre pour eux comme un père. On le voyoit sans cesse occupé à les encourager par ses éloges, pour éviter d'avoir à les réprimer par des punitions. On le voyoit pleurer de joie et de tendresse au spectacle des progrès rapides qu'ils faisoient sous ses yeux dans la science et la vertu. Lui-même étoit pour eux le modèle de toutes les vertus, et particulièrement d'une retenue qui eût été suffisante pour une jeune fille, d'une douceur et d'une égalité qu'entretenoit en lui l'habitude qu'il avoit de veiller sur tous les mouvemens de son âme, d'une piété douce autant que fervente, d'une attention continuelle au bonheur et au bien-être de ce qui l'environnoit. Ses élèves apprenoient de lui à aimer leurs semblables, à se dévouer pour eux. L'un de ces enfans se baignant dans le lac, entraîné par les eaux, étoit près de périr; ses camarades se précipitèrent dans le lac pour le secourir, et au péril de leurs jours ils le sauvèrent, et le ramenèrent plein de vie à la *Maison-Joyeuse*, où cet évènement fut consacré par un discours que composa et prononça l'enfant, pour remercier ceux à qui il devoit son salut.

Mon ami, cette *Maison-Joyeuse* étoit une maison d'éducation, établie à Mantoue au quinzième siècle. Jean-François de Gonzague, marquis de Mantoue, ayant appelé auprès de lui pour l'éducation de ses enfans Victorin de Feltre, l'un des plus célèbres professeurs de ce temps, lui donna une autorité absolue sur les jeunes princes, et fit arranger pour lui et pour eux, auprès de Mantoue, une maison où il lui permit de recevoir les nombreux élèves qu'envoyoient à Victorin les meilleures familles, non-seulement de l'Italie, mais de toute l'Europe. Il lui en vint même de la Grèce. Les soins de Victorin, la libéralité du marquis de Mantoue, remplissoient la *Maison-Joyeuse* des meilleurs maîtres dans tous les genres; en sorte que les soins particuliers qu'il prenoit de l'éducation des jeunes princes, secondés de cette manière, ne nuisoient point à ceux que demandoit de lui toute cette jeunesse (1).

Ne pensez-vous pas, mon ami, qu'au temps de Victorin de Feltre, beaucoup de gens durent soutenir que des enfans si *joyeusement* élevés ne pouvoient être que des enfans gâtés? Beaucoup le diroient encore de nos jours, et notre oncle, par exemple, n'y manqueroit pas. S'occuper du bonheur ou du plaisir d'un enfant, faire entrer dans ses calculs ce qu'il peut désirer, ce qui peut lui éviter quelque peine inutile, ou lui donner quelque joie sans inconvénient, paroît à notre oncle un soin

(1) J'ai tiré tous ces détails et ceux qui suivront, ainsi que la description de la *Maison-Joyeuse* (Casa Gioconda), de l'ouvrage de Tiraboschi (*Histoire de la Littérature italienne*), d'un journal allemand (*les Annonces littéraires de Gœttingue*), et de l'ouvrage de M. Julien (*Esprit de la Méthode de Pestalozzi*). Voy. dans Tiraboschi (tom. 6, 3e. part., vol. 9, pag. 925), la notice sur Victorin de Feltre, d'après la vie qu'en a donnée son élève Prendilacqua. Voyez dans les *Annonces littéraires* l'extrait de l'ouvrage intitulé *Victorin de Feltre, ou l'Idéal de l'éducation au quinzième siècle*, par M. d'Orelli. Voyez dans l'ouvrage de M. Julien, tom. 2, pag. 371, la notice sur la marche de l'éducation-pratique dans l'ancien institut de Victorin, d'après sa vie écrite par Charles de Rosmini, qui a aussi servi d'original à M. d'Orelli.

au-dessous de la dignité des parens. Il s'indigne de l'importance qu'on semble accorder par là à ces petits êtres qu'il a regardés jusqu'à présent comme destinés seulement à être grondés, enseignés, endoctrinés, élevés autant qu'il le faut pour que leurs parens puissent un jour se débarrasser d'eux ; du reste, chargés de trouver eux-mêmes leurs plaisirs et leur bonheur, quand ils le pourront, comme ils le pourront, et quand cela ne gênera personne. D'autres, sans s'avouer aussi ingénuement une tranquillité aussi complète à cet égard, se sont arrangés, en quelque sorte, pour regarder le bonheur comme une circonstance à-peu-près indifférente de cette période de la vie des enfans destinée à leur éducation, et sembleroient même croire que ce qu'on en retranchera sur cette première partie de l'existence, sera autant d'amassé pour le reste. J'ai souvent entendu dire que c'étoit rendre aux enfans un bien mauvais service que de les gâter, et je n'avois pas besoin de l'entendre dire pour le croire. Mais j'ai aussi souvent entendu traiter la complaisance de gâterie, comme si la complaisance étoit par soi-même un inconvénient dans l'éducation, et que les privations, les contrariétés fussent des élémens nécessaires de toute éducation raisonnable. J'ai vu des gens sévères blâmer *par principe* la peine que je prenois pour retarder une affaire qui pouvoit se remettre, afin de ne pas déranger le projet qu'avoient formé nos filles de profiter d'un beau jour pour une jolie promenade. Je les ai vus s'étonner de la facilité avec laquelle je cédois à la fantaisie qu'on pouvoit avoir de faire passer la première la leçon qui, dans l'ordre que j'avois établi, ne devoit passer que la seconde ou la troisième. Il leur sembloit que je manquasse au devoir de mes fonctions, en me relâchant des droits de mon autorité, et cette autorité ne leur paroissoit suffisamment établie que quand elle se faisoit sentir.

On croit trop souvent qu'il faut que les enfans obéissent pour apprendre à obéir, tandis que l'obéissance qu'on exige d'eux ne doit avoir pour objet que de les obliger à faire ce qu'ils doivent vouloir; on la prend pour le but de l'éducation, dont elle n'est que le moyen. L'obéissance est la base nécessaire de la conduite des enfans; mais elle ne peut être le fond des principes qu'on cherche à leur inculquer, puisque c'est surtout quand ils n'obéiront plus à personne que ces principes doivent leur servir. Une conduite sévère qui leur rappellera seulement à chaque occasion l'idée de leur dépendance, et leur donnera l'habitude de la soumission, sera donc sans aucun rapport avec le principe et le but de l'éducation. Aussi peut-on remarquer que les principes de sévérité ou d'indulgence qu'adoptent les parens dans leur conduite personnelle à l'égard de leurs enfans, ne se lient en aucune manière aux principes de conduite qu'ils veulent leur inspirer. Tel père, avec une morale assez relâchée, et sans se soucier que ses enfans en aient une beaucoup plus sévère, les astreindra rigoureusement aux devoirs quelconques qu'il leur aura imposés; tel autre les conduira, avec indulgence, à l'adoption des principes les plus austères. J'ai vu gronder, et même punir très-sévèrement, pour une réponse un peu brusque ou un retard d'obéissance, des petites filles dont l'éducation n'étoit d'ailleurs extrêmement soignée ni sous le rapport de l'instruction et des talens, ni sous celui de la morale. J'ai vu des mères beaucoup plus jalouses que moi de leur autorité, beaucoup plus attentives à maintenir la régularité des rapports qu'elles avoient établis entre leurs filles et elles, passer beaucoup plus légèrement sur une foule de petits défauts, tels que les habitudes de babil, d'indiscrétion, d'affectation ou de vanité, auxquelles je crois très-nécessaire de prendre garde. Il y a des gens qui ne savent avertir qu'en grondant, corriger qu'en punissant, mais qui, soit insouciance ou paresse, ou défaut de réflexion, pourront borner à un assez petit nombre les fautes qui seront l'objet de leur sévérité, tandis que d'autres, avec douceur, exerceront une inquisition exacte et une censure inflexible sur tous les mouvemens, sur toutes les dispositions de l'enfant. La sévérité ou l'indulgence ne sont donc absolument que des formes de l'éducation tenant au caractère de ceux qui élèvent, et non à la nature de leurs principes.

Vous avez vu, mon ami, quelles douces formes d'éducation avoit adoptées Victorin de Feltre (1), avec quelle tendresse il témoignoit la satisfaction que lui donnoient les bonnes qualités et les progrès

---

(1) Voyez Tiraboschi, tom. 2, liv. 3, vol. 9, pag. 928.

de ses élèves. Tout nous montre en lui un homme de la sensibilité la plus expressive, du caractère le plus bienveillant et le plus affectueux. Un de ses amis (Ambroise le Camaldule) rend compte à un autre (Niccolò Niccoli) d'une visite qu'il lui a faite. On voit dans cette lettre le besoin de multiplier l'expression des sentimens que lui inspirent la bonté et la tendresse de cœur de Victorin. « Je suis arrivé
» à Mantoue, écrit-il, et j'y ai été reçu avec une
» singulière bonté par Victorin, homme excellent
» en toute chose, et mon ami particulier. Il passe
» avec moi tous les momens que lui laissent ses
» importantes occupations.... Je ne craindrois pas
» de dire que je n'ai jamais vu un homme meilleur
» que lui. Il t'aime et te respecte beaucoup... Il ne
» me quitte jamais un instant qu'avec la plus
» grande peine, et ne peut en me parlant retenir
» des larmes de joie. A l'affection qu'il a pour
» moi, que j'ai si peu méritée, on voit combien il
» aime tendrement les bons. Il me fait continuel-
» lement des présens très-utiles, et tous adaptés à
» ma profession. Enfin, il ne néglige aucun moyen
» de me bien recevoir. » Et dans un second voyage qu'Ambroise fit à Mantoue, il écrit au même Niccolò : « Victorin est venu au-devant de nous
» avec une telle joie, qu'il ne pouvoit retenir ses
» larmes. J'embrassai avec une véritable affection
» de cœur, cet homme si aimable dans son accueil ;
» lui, de son côté, me serra dans ses bras, et nous
» ne pouvions nous rassasier de nous voir et de
» nous parler. Avec lui se trouvoient un grand

» nombre de ses écoliers, et même plusieurs étran-
» gers; tous me rendirent de grands honneurs par
» l'ordre de Victorin, qui leur dit que tout étoit
» commun entre nous; il vouloit nous faire demeurer
» un jour entier; mais comme nous nous excu-
» sâmes sur la nécessité de continuer notre voyage,
» il vint avec nous, accompagné d'une nombreuse
» société, jusqu'à la distance de six milles (1). »
Eh bien! cet homme si bienveillant, si tendre, si
sensible à l'amitié, si facilement ému, étoit un
stoïcien sévère; tous ses soins tendoient à éloigner
ses élèves de l'amour des plaisirs, à leur faire
prendre des habitudes de tempérance, de sobriété,
de dureté pour eux-mêmes, et il y réussissoit au
point que Louis de Gonzague, l'aîné des fils du
marquis, enfant naturellement lourd et gourmand,
étoit devenu entre ses mains singulièrement tem-
pérant et appliqué, et donna, par le goût qu'il conserva toute sa vie pour les lettres, et la protection qu'il
leur accorda, une preuve évidente de l'influence
qu'avoient eue sur lui les leçons de son maître.
Il avoit éloigné des jeunes princes tous ceux qui
pouvoient flatter leurs penchans ou contrarier ses
vues pour leur éducation. Les courtisans le peignoient
comme un homme austère. Cécile, sœur du prince,
élevée aussi par Victorin avec autant de succès que
son frère, voulut absolument se faire religieuse, et exécuta sa résolution malgré les instances de ses parens,
et les sollicitations de plusieurs princes, entr'autres

(1) Pag. 928 et 929.

du duc d'Urbin, comme elle élève de Victorin, qui la recherchoient en mariage. Ses principes religieux n'admettoient aucun relâchement; il veilloit, avec la plus soigneuse exactitude, sur les mœurs de ses élèves, ne leur permettoit ni entretiens secrets, ni lectures capables d'exciter leurs passions; il n'auroit pas pardonné la plus légère apparence d'impiété ou d'immodestie : et avant de venir à Mantoue, nommé professeur de rhétorique et de philosophie dans l'université de Padoue, il avoit quitté au bout d'un an cet emploi honorable et avantageux, à cause du dégoût et de l'indignation que lui causoient les mœurs licencieuses de ses disciples. Dans la *Maison-Joyeuse*, il falloit que la joie fût mâle, active, sans aucun mélange de mollesse. Les élèves ne pouvoient rester long-temps au lit, ni s'approcher du feu en hiver, ni se vêtir chaudement, et par toutes les températures, par tous les temps, leurs exercices se faisoient en plein air. Toujours en activité lui-même, Victorin ne souffroit pas un moment d'inaction; les jeux étoient mis à profit pour le développement soit des facultés du corps, soit de celles de l'esprit; et les études étoient poussées avec une telle vigueur, qu'à dix ans Cécile de Gonzague écrivoit élégamment en grec, et son frère Louis, âgé alors de quatorze ans, récitoit des vers latins de sa composition, et avoit ajouté deux propositions à celles d'Euclide (1). Inexorable pour les vices du cœur et pour l'incapacité de l'esprit, Victorin rejettoit tout

---

(1) Voyez la lettre d'Ambroise le Camaldule, pag. 929.

élève dont le caractère se montroit décidément mauvais, et renvoyoit chez leurs parens ceux qu'il ne jugeoit pas propres à l'étude des sciences, conseillant de leur faire suivre une autre carrière. Le respect pour la vieillesse, les devoirs de la reconnoissance étoient au nombre des principes que Victorin inculquoit le plus fortement à ses disciples. Voilà, mon ami, comme on élevoit les enfans dans cette *Maison-Joyeuse*. Sa réputation se répandit au loin : il en sortit plusieurs savans et littérateurs distingués ; et sans avoir lui-même composé aucun ouvrage, Victorin est compté au nombre des hommes les plus remarquables de son siècle.

P. M. G.

VIII.e LETTRE AU RÉDACTEUR.

DES RAPPORTS DES DISPOSITIONS DE L'AME ET DES FACULTÉS INTELLECTUELLES AVEC LE CORPS, ET DE L'INFLUENCE DE L'ÉDUCATION MORALE SUR L'ÉDUCATION PHYSIQUE.

(Conclusion.)

LE tempérament sanguin s'hérite ; les François en fournissent la preuve ; transportés dans d'autres pays, ils ne changent pas facilement de naturel. Le flegmatique, dit-on, se transmet moins : il perd dans les climats chauds une partie de ses dispositions. Le colérique et le mélancolique, qui paroissent propres aux climats chauds, se transmettent aussi, et ne se perdent qu'après de longs mélanges avec les races des climats plus froids. Si on songe au reste, combien il faut de siècles pour changer le caractère de certaines peuplades, ou seulement de certaines familles, on ne supposera pas que l'éducation puisse effacer entièrement le naturel d'un individu. Il existe en quelque sorte pour chacun une perfection physique et morale, dont les limites ne peuvent être dépassées, sans que ce soit aux dépens de l'ensemble. Le flegmatique, par exemple, qu'on voudroit pousser à une trop grande vivacité, tomberoit dans une susceptibilité et une mobilité nerveuses et maladives. Le sanguin dont on arrêteroit trop la mobilité, deviendroit peut-être pléthore. Une mère qui, pour donner de l'énergie à la volonté de son enfant mélancolique, céderoit à ses caprices, ne lui imprimeroit pas pour cela la force du colérique; la répression excessive de la colère même peut nuire à la secrétion de la bile, nécessaire à certains tempéramens; le flegmatique peut peut-être acquérir la qualité du mélancolique, mais non pas sans laisser apercevoir les effets de la violence. Chaque tempérament est d'ailleurs susceptible d'un beau développement très distinct; et comme on ne peut pas réunir toutes les dispositions, il faut du moins que l'éducation dirige, le plus qu'elle peut, celles qui sont données, vers le bien-être de l'individu et celui de la société.

L'exercice des facultés intellectuelles et de celles de l'âme, consiste dans l'étude des arts et des sciences, et dans celle des sciences morales. En parcourant la série de ces exercices, nous verrons en même temps quels sont ceux qu'il faut choisir pour les divers individus, et quels en sont les inconvéniens. Les arts purement mécaniques, l'exercice des muscles sans aucune modification, aucun calcul, convient à beaucoup d'enfans vifs; mais forcés de faire toujours la même chose, ils perdent l'avantage qui résulte d'un exercice entièrement libre. Ce désavantage augmente lorsque le genre de l'exercice exige une vie sédentaire ou gênante pour les viscères. Les beaux arts qui exigent en même temps le jeu de l'imagination, celui des sentimens et des passions, fatiguent beaucoup les nerfs; aussi les artistes sont-ils très-souvent incommodés par suite de leurs occupations; un enfant délicat aura besoin d'être arrêté dans ces travaux en raison de la foiblesse et de la sensibilité de sa constitution.

Les travaux qui exercent seulement la mémoire semblent convenir de huit à quatorze ans, et l'étude des langues peut s'allier très-bien aux exercices du corps. Faites surtout étudier l'histoire naturelle en plein champ, que l'enfant cherche les plantes, qu'il coure après les insectes, qu'il ramasse les minéraux. Entourés sans s'en apercevoir des objets qui entrent dans presque tous les métiers, vous pourrez sonder ses goûts; vous lui donnerez en même temps beaucoup d'idées sans grande contrainte.

L'imagination des enfans est ordinairement occupée des contes qu'on leur fait, ou de fables de tout genre. C'est à l'éducation morale à juger jusqu'à quel point les compositions imaginaires, à moins qu'elles ne soient intimement rattachées à un but moral, conviennent aux jeunes têtes; et si elles ne servent pas souvent à donner une fausse direction à leur esprit; l'éducation physique ne peut désapprouver ce genre d'exercice qu'autant qu'il s'adresse à des têtes qui paroissent incliner vers l'exaltation; celles-ci ont besoin d'un exercice plus réglé comme celui que présente l'étude de l'histoire.

Nous avons déjà remarqué que toutes les sciences qui exigent non seulement une attention et une abstraction soutenue, mais encore les efforts de l'analyse, comme certaines parties des hautes mathématiques, peuvent devenir nuisibles à un corps foible. L'étude devient cependant plus facile dès qu'elle est accompagnée d'images, et la géométrie a souvent beaucoup d'attrait pour les jeunes têtes. Les sciences physiques, mécaniques et expérimentales offrent un jeu plus varié encore; leur influence directe sur toutes les branches de l'agriculture et de l'industrie, les fera entrer un jour plus particulièrement dans la première éducation, et remplacer bien des choses inutiles dont on amuse ou ennuie actuellement les enfans. On rendra l'étude des sciences exactes moins pénible, en y mêlant des expériences qui exigent l'adresse et le mouvement du corps. On veillera d'abord à ce que le sang ne se porte pas trop au cerveau, ce qu'annoncent les saignemens de nez. L'attention donnée à l'étude ne doit pas non plus faire négliger les fonctions nécessaires auxquelles assujétit la nature. On prétend qu'en général quatre heures d'un travail appliqué suffisent pour un enfant de dix ans; on conçoit cependant que la différence des têtes, celle des corps, et mille autres considérations, peuvent amener une infinité de modifications. Un ouvrage comme celui-ci doit rappeler ce qui mérite d'être considéré; mais la plus grande partie des détails est abandonnée à l'intelligence de celui qui est chargé d'élever les enfans.

L'éducation morale proprement dite, celle qui s'occupe de régler les sentimens et les désirs, a un rapport plus direct encore avec l'éducation physique, parce que les mouvemens de l'âme sont plus immédiatement liés aux fonctions du corps. L'animal quitte ses parens dès qu'il cesse de téter, et se livre à son instinct; l'homme le plus sauvage reste encore avec eux jusqu'à l'âge de douze ans, et leur est souvent soumis jusqu'à la mort. C'est chez les parens qu'il prend les premières leçons dont il a besoin pour se soumettre à sa destinée. Dans l'enfance de la civilisation, la première discipline s'acquiert à coups de verges, et lorsque l'enfant a acquis quelque force pour se défendre, c'est le droit du plus fort qui fait le maître ou l'esclave. A mesure que la société avance, il se forme un état civil, moral et religieux qui règle les intérêts, les droits et les libertés de chaque individu, d'après les sacrifices, les talens et les vertus qu'il apporte à ses semblables. L'enfant comme l'homme ne doit plus alors être dirigé par les châtimens corporels : le droit du plus fort a cédé au droit du plus juste ; il devient nécessaire que chacun reconnoisse sans murmure les lois de la nécessité, et qu'il ne soit dirigé que par l'amour du bien. Ce n'est donc plus la verge qui doit réveiller l'activité, ce n'est plus la force corporelle qui la fait naître ; tout doit au contraire sortir de l'intérieur de l'âme, et, avec le choix le plus libre, il faut encore savoir préférer quelquefois ce qui est pénible, et renoncer à ce qui fait plaisir. On sent bien que si la morale gagne en perfection, elle doit influer sur l'économie animale en général. Les forces corporelles ne sont plus exercées par la résistance ; la sensibilité doit être constamment soutenue, et le désir du bien doit être cultivé jusqu'à la passion. Les nerfs ont besoin de porter le plus promptement possible les impressions de la volonté aux diverses parties du corps, tantôt pour arrêter la colère la plus naturelle, tantôt pour sauver, au risque de sa propre existence, le malheureux prêt à être victime d'un naufrage. L'amour-propre, l'amour du prochain, l'ambition, la crainte de la honte, les douceurs de l'éloge, sont devenus les mobiles de l'éducation morale ; et doivent vaincre tout ce qui est sensuel. On conçoit aisément les écueils auxquels doit exposer cette lutte continuelle d'une perfection morale contre la force corporelle.

L'enfant né dans le monde est tantôt jeté au hasard sans pilote et sans guide, et risque son existence dans ce tourbillon de la société, où il est élevé par des parens et des instituteurs à la manière dont ils l'entendent. On parle souvent du devoir des parens d'élever eux-mêmes leurs enfans : on devroit expliquer d'avance quels parens et quels enfans on a en vue. L'aisance et le loisir sont cause que des parens ne font de leurs enfans que des sujets d'amusement pour dissiper l'ennui. Plus ils sont sensibles, plus ils les nourrissent de tendresse, comme de sucreries ; délicats par leur naissance, vivant parmi des gens qui ne leur offrent que de la condescendance et des mœurs très-douces, ils deviendront plus délicats encore : on ne les expose pas même à la résistance qu'ils pourroient rencontrer de la part des domestiques, et on les prive ainsi de tout l'exercice des forces dont ils auront un jour besoin pour résister à une société qui leur sera étrangère.

On voit aussi des parens qui croient donner du nerf et du caractère aux enfans en leur passant des volontés, même déplacées, ce qui ne peut amener que d'autres écarts et d'autres inconvéniens. C'est par l'exercice continuel des facultés qu'on voit sortir de la classe moins élevée, des hommes plus capables de se distinguer. Le moral a gagné en énergie ; il se trouve en plus grande harmonie avec le physique que dans la plupart de ces autres individus dont les mœurs ne sont qu'une espèce de talent d'imitation, un certain esprit de conduite qui échoue dans toute situation difficile, et qui ne laisse plus rien apercevoir de ce que l'âme a véritablement de sublime.

Que résulte-t-il de ces considérations ? qu'au

milieu de la plus grande civilisation, il devient nécessaire, au physique comme au moral, de retourner vers une nature moins façonnée par la main de l'homme, et que c'est de ce mélange, de cette comparaison continuelle de la marche de la nature et des effets de la civilisation, que peut naître un ordre de choses qui ne s'écarte pas de ce qui est stable, une harmonie du physique et du moral, telle que peut l'atteindre l'éducation, tant pour chaque individu en particulier, que pour le genre humain dans son ensemble. Cette considération seroit peut-être l'un des argumens les plus importans à produire en faveur de l'éducation publique, si l'on osoit espérer qu'il existe déjà une masse assez considérable d'enfans assez perfectionnés, assez soignés dans l'éducation privée, pour ne pas être perdus dans la masse du commun du peuple.

Deux puissances viennent à l'appui de la volonté morale; ce sont la *justice humaine* et la *justice divine*. L'une amène un accord général de la société qui convient de sacrifier la liberté et même la vie d'un individu, lorsque c'est nécessaire pour la sûreté de l'association. L'autre est le fruit de l'éducation de l'homme élevé à reconnoître un pouvoir supérieur, à croire à ce Père Éternel qui voit notre intérieur, qui le juge, et qui nous met à l'épreuve dans cette lutte de la chair et de l'esprit, afin de nous placer, si nous en devenons dignes, dans un monde meilleur, où l'âme épurée n'aura plus de combats à soutenir. La justice humaine fait peu d'attention à la foiblesse de notre pauvre humanité ; elle juge l'action, car elle ne peut guère connoître l'intérieur, et ne pourroit pas même exercer une surveillance aussi rigoureuse, sans paralyser tout développement libre des facultés morales. C'est la justice divine, c'est la crainte d'une puissance éternelle et suprême qui doit servir de police interne, et la conscience devient le régulateur de la volonté dans les actes secrets : cette éducation religieuse offre de nouveaux écueils ; il est des âmes timorées, facilement émues, qui exigent des considérations particulières ; il est des imaginations exaltées par des sujets d'ailleurs sublimes, qui peuvent se perdre dans la recherche de cette majestueuse immensité. On a beau se préparer par des jeûnes et des castigations ; l'Être-Suprême veut que l'homme ne soit réglé que par sa propre raison ; et il est nécessaire que la plus sublime conception de l'homme, celle d'un Dieu qui surveille l'usage des facultés qu'il nous a départies, ne soit pas troublée par de vains efforts. Il n'est pas rare de voir dans les hospices des aliénés, des malheureux dont l'esprit a été égaré par le zèle imprudent ou coupable d'hommes bornés, à qui le fanatisme ne permet pas de saisir le véritable but des institutions religieuses. Plusieurs médecins ont vu un si grand nombre d'hommes égarés par une dévotion mal dirigée, qu'ils ont cru devoir en faire une classe à part sous le nom de *manie religieuse*, comme ils en ont établi une sous celui de *manie érotique*.

En résumant ce que nous avons examiné dans cet article, on verra que nous avons d'abord cherché à connoître l'influence des divers sentimens, des divers désirs et des facultés intellectuelles, tant sur le système nerveux que sur les différentes fonctions du corps. Nous avons ensuite voulu découvrir dans quel rapport se rencontrent ordinairement les facultés de l'âme et de l'intelligence, avec les qualités et les facultés physiques dans les deux sexes, et jusqu'à quel point s'étendent nos moyens de diriger les tempéramens. Enfin, nous avons indiqué les inconvéniens à éviter dans l'étude des sciences et des arts, et dans l'éducation morale et religieuse. Si celui qui s'occupe de l'éducation physique ne devoit penser qu'au prétendu état de nature et aux paysans, nous aurions de beaucoup outrepassé la tâche que nous avions à remplir. Au surplus, on peut dire qu'il y a dans le développement de la nature de l'individu livré à lui-même, un équilibre que l'art peut rarement atteindre; mais sans l'éducation, l'homme ne pourroit jamais se multiplier et former une société nombreuse sans se détruire. Cette possibilité est due à cette discipline particulière que nous avons vu s'opposer partout au développement de la force du corps, et qui a provoqué l'humeur de quelques écrivains contre la civilisation inévitable, lorsque les hommes vivent ensemble. Appelés, au reste, à nous perfectionner sans cesse, nous devons mettre à profit l'expérience de ceux qui nous ont précédés, et songer continuellement à remédier aux nouveaux inconvéniens qu'on rencontre à chaque pas qu'on fait dans la civilisation. La force corporelle cultivée de préférence ne produiroit que le droit du plus fort, tel qu'on le voit dans l'origine de l'ordre social. Les facultés de l'âme exclusivement cultivées ne produiroient que la foiblesse des sentimens, ou la fougue des passions qui brûle comme le soleil de l'équateur, et consume jusqu'à ses plus belles productions. La raison la plus froide enfin, si elle parvenoit à maîtriser d'une manière trop absolue les mouvemens de l'âme et les exercices du corps, dans un âge trop tendre, éteindroit le germe de l'énergie, étoufferoit tout épanouissement du cœur, et ne seroit qu'un soleil d'hiver, ou plutôt une lumière empruntée qui éclaire et n'échauffe point. Il y a cependant pour chaque individu un certain milieu qui met en action toutes ses dispositions dans un accord harmonieux, et c'est l'éducation seule qui peut le produire ; c'est alors un état de santé où le physique prospère ainsi que le moral, où les exercices ont donné de l'adresse, où le cœur ne s'enflamme que pour ce qui est beau et bon, où le jugement donné la juste mesure de l'importance des choses, et où l'imagination enfin s'occupe noblement de la prospérité de ce qui nous entoure, et de celle de la société en général. C'est ainsi que l'homme bien élevé a rempli sa belle destinée, et lègue intacte à la postérité la part de civilisation devenue son partage, et dont il a cherché à reculer les bornes, pour agrandir le domaine de l'humanité.

FRIEDLANDER.

LETTRES D'UN PÈRE A SA FILLE,

SUR L'ÉTUDE DE L'HISTOIRE NATURELLE.

Dixième Lettre.

JE vous ai dit, ma chère fille, que la plupart des insectes subissent plusieurs métamorphoses avant de parvenir à l'état parfait dans lequel seulement ils sont capables de se reproduire. Ces métamorphoses leur sont particulières; aucune autre famille d'animaux n'en offre d'exemple. Le quadrupède naît sous la forme qu'il gardera toute sa vie, seulement elle acquiert plus d'élégance à mesure qu'il croît. L'oiseau sort de l'œuf fait entièrement comme il le sera quand il deviendra père à son tour; il ne lui manque que ses plumes, qui ne tardent pas à le vêtir. Le poisson sort aussi de l'œuf avec la même forme qu'il aura quand son volume sera devenu plusieurs millions de fois plus grand. Mais qui auroit pu soupçonner, si l'observation ne l'avoit fait reconnoître, que ce grand et bel insecte, cette Libellule, nommée aussi *Demoiselle*, sans doute à raison de sa taille svelte et de ses grandes ailes de gaze, plutôt que de ses inclinations cruelles et carnassières, a passé son enfance dans l'eau, qu'elle a vécu là environ un an sous la forme d'un ver aquatique, de la vie des poissons, et avec toutes leurs habitudes, tandis que maintenant cette légère habitante des airs ne pourroit être une minute dans l'eau sans y trouver la mort?

Et ces jolies éphémères, ces mouches à quatre ailes, avec trois grands filets blancs à la queue, que vous avez vues dans le mois de juillet, le soir des jours les plus chauds, voler par millions sur les bords de la rivière, au coucher du soleil, et destinées à ne pas voir son lever le lendemain, puisque leur vie est bornée à cinq ou six heures, après lesquelles elles deviennent la pâture des poissons, ou restent étendues sans sépulture sur le sable du rivage; qui croiroit que ces insectes charmans ont été pendant deux ans de petits vers assez laids, passant leur vie dans la vase, presque toujours étrangers à la lumière du jour?

Enfin, auroit-on imaginé jamais que ce brillant papillon, si richement habillé, volant de fleurs en fleurs, et rivalisant avec elles par l'éclat de ses couleurs; menant une vie toute aérienne, qu'il entretient avec quelques gouttelettes du nectar précieux que les fleurs lui préparent au fond de leurs calices, étoit cette lourde chenille si vorace, se traînant de feuille en feuille, et laissant partout des traces de ses dégâts? Auroit-on jamais pensé que cette chrysalide brune, qui n'a guère plus d'un pouce de longueur et à peine un demi-pouce d'épaisseur, renfermoit ce grand papillon dont les ailes ont plus de cinq pouces d'étendue?

Puisque vous aimez mes souvenirs, Amélie, je veux vous en donner un que me rappellent nos chrysalides. Il y a bien trente-cinq ou quarante ans, qu'un de nos parens me mena passer quelques jours à Versailles pour me faire voir la cour. Toutes les magnificences de ce beau lieu me remplirent d'admiration; mais parmi toutes les particularités de cérémonial et d'étiquette qui piquèrent ma curiosité, une circonstance assez plaisante m'amusa sur tout, et je ne puis m'empêcher d'y penser toutes les fois que je compare nos grands papillons avec leurs chrysalides. C'étoit un dimanche; nous montions au château, et nous allions traverser la dernière cour. Il pleuvoit. De fort beaux équipages s'arrêtoient à la grille de cette cour. Mon parent, au fait des usages du pays, me dit : Il n'y a que les voitures des princes du sang qui puissent entrer dans cette cour ; les deux carosses que vous voyez, sont ceux des duchesses de ...... et de ......; dames attachées à la reine, qui vont assister à son dîner et passer là une demi-heure au fond de l'appartement, à s'ennuyer, assises bien basses sur leurs petits tabourets ; mais il faut qu'elles fassent leur service. Comment, dis-je, vont faire ces dames pour traverser la cour en grande parure par le temps qu'il fait? Vous l'allez voir, me dit-il. Je vis en effet des chaises à porteur, qui n'avoient guère que deux pieds de large, s'approcher des portières. Je ne concevois pas comment se logeroient dans de telles boites les grands paniers de ces dames, qui leur donnoient environ cinq pieds d'envergure, et qui tenoient à peine dans leurs grands carosses. Mais nécessité,

Nécessité mère de stratagème,

leur avoit donné une adresse vraiment curieuse. Elles avaient l'art, en s'élançant légèrement dans la chaise, de rapprocher habilement les deux ailes du panier l'une de l'autre, et de s'y renfermer en quelque sorte, de manière qu'on auroit pu dire que le contenu étoit plus grand que le contenant ; aussi, lorsqu'on voyoit au bas du grand escalier ces grands étalages se développer en sortant des petites chaises qui les renfermoient, on pouvoit, comme je le disois, se figurer de grands papillons sortant de leurs chrysalides. Ces dames montoient, suivies d'un valet-de-chambre qui les accompagnoit jusqu'à la porte de la reine, pour recevoir la pelisse qui leur couvroit les épaules, et attacher le manteau doublé d'hermine qui formoit une queue de plusieurs aunes. Une demi-heure après, pour le retour chez elles, recommençoit le manége de la chaise.

Les insectes à métamorphoses n'en subissent pas tous de semblables. On a distingué les métamorphoses complètes et les métamorphoses incomplètes. Cette distinction exigera des détails qui viendront à mesure que la description de chaque genre l'amènera. Cependant, je puis vous dire déjà qu'on entend par métamorphose complète, celle des insectes qui, dans chaque état successif, prennent des formes toutes différentes. Ainsi, la chenille devient une chrysalide qui ne lui ressemble en rien, non plus que le papillon ne ressemble à la chrysalide d'où il sort. Dans le second état, celui de nymphe ou chrysalide, l'insecte est dans une sorte d'engourdissement; il ne mange point, il donne à peine quelque signe de vie, il est même douteux s'il respire. Le premier ordre, celui des lépidoptères, le troisième, celui des hyménoptères, le sixième, celui des coléoptères, ne renferment que des insectes à métamorphoses complètes. Le quatrième ordre, celui des hémiptères, est composé d'insectes à demi-métamorphose, ou métamorphose incomplète, aussi bien que le cinquième ou des orthoptères. Dans leurs différens états, ces insectes mangent, agissent de même. Seulement à l'état de larve, ils n'ont aucun indice des ailes qu'ils auront un jour; et à l'état de nymphe, ils n'ont que les rudimens de ces ailes qui ne se développeront qu'au moment du passage de ce second état à l'état parfait. Quelques espèces même n'ont jamais d'ailes, comme les punaises des lits, et ne subissent par conséquent aucun changement de forme dans tout le cours de leur vie.

Dans le deuxième ordre, celui des névroptères, se trouvent des genres à métamorphose complète comme les friganes, les hémerobes, les fourmilions... et d'autres à métamorphose incomplète comme les demoiselles, les éphémères provenant de vers aquatiques, qui, à l'état de nymphes, ne diffèrent des larves que par les moignons ou rudimens d'aîles. Ainsi dans le septième ordre, celui des diptères, les mouches passent par trois états très différens; elles sont, à l'état de larves, des vers mous, sans pieds, ayant la bouche armée seulement d'un ou deux crochets; tels sont les vers de la viande gâtée : à l'état de nymphe, elles sont sous la forme de chrysalides cylindriques ou en baril, paroissant inanimées. Dans ce même ordre, les cousins et les petites tipules, espèce de mouches à deux aîles qui leur ressemblent parfaitement, si ce n'est qu'elles sont innocentes, vivent dans l'eau sous la forme de vers aquatiques fort agiles, à l'état de larves et à l'état de nymphes.

Après ces remarques générales, il faut enfin arriver à vos chers papillons, c'est-à-dire entrer dans les détails particuliers au premier ordre des lépidoptères. Mais ces papillons ont été chenilles, et ces chenilles viennent chacune d'un œuf. Or, je ne crois pas déplacé de vous répéter ici que tout est admirable et digne d'observation dans les ouvrages de la nature, et que vous manqueriez l'occasion de voir des choses fort curieuses, si vous négligiez de regarder avec soin les œufs de ces papillons quand vous en trouverez. Tous sont variés de forme ou de teinte plus qu'on ne le croiroit. Pour ne citer que quelques faits des plus singuliers et des moins rares cependant, je vous indiquerai les œufs du papillon du chou, papillon blanc assez commun, qui a le bout des ailes supérieures noir, avec deux points noirs aussi sur chacune de ses aîles. Ses œufs sont faits comme de petits cônes allongés, ayant huit côtes arrondies sur leur longueur, traversées par un grand nombre de stries qui semblent les partager en tranches ou assises parallèles fort minces. Ceux de la grande tortue, papillon qui n'est point rare, et dont les ailes panachées de jaune et de noir, avec quelques taches blanches, ressemblent un peu à l'écaille, sont façonnés à-peu-près de même ; seulement leur forme plus surbaissée approche de celle de la sphère, ils sont presque globuleux. Vers la fin de juin, on peut voir sur les feuilles de l'aubépine, du prunier sauvage ou d'autres arbustes des haies, de petits amas d'œufs fort jolis. Vous sentez bien que pour bien voir les détails précieux de ces charmans ouvrages, il ne faut pas oublier de vous munir de votre loupe de botaniste ; alors vous remarquerez que chacun de ces petits œufs est une pyramide assise sur sa base, arrondie en manière de poire; le sommet est tronqué, et présente une petite étoile à sept rayons, parce que la pyramide a sept cannelures. Au centre de l'étoile est un petit point brun bien marqué, l'extrémité des cannelures est de couleur blanchâtre, et le corps de l'œuf d'un beau jaune. Mais si vous êtes assez heureuse pour pouvoir visiter souvent ces petits œufs, vous ne tarderez pas à y trouver du changement ; leur couleur s'altérera de plus en plus, ce qui annonce que les chenilles ne tarderont pas à éclore; alors redoublez d'assiduité, et vous en serez récompensé en assistant à la naissance de quelques-unes d'elles. D'abord l'enveloppe de l'œuf semble devenir plus mince et plus transparente vers le haut de la pyramide; la petite chenille, non encore éclose, ronge intérieurement la partie de l'enveloppe comprise entre les cannelures, et elle les dispose ainsi à se prêter plus facilement à sa sortie. Le point brun, placé au centre de la petite étoile, se rembrunit de plus en plus, et devient enfin d'un noir assez foncé. Alors paroît à découvert la tête de la chenille naissante, bientôt la plus grande partie de son corps est hors de l'œuf; elle est grise, demi-velue, et a seize pattes. Elle reste sur le paquet d'œufs et paroît fort occupée de celui dont elle vient de sortir; avec de l'attention, il est aisé de voir qu'elle continue à exercer ses petites dents sur ce mets, sans doute friand pour elle; après avoir dévoré leurs propres œufs, les jeunes chenilles vont attaquer aussi les œufs voisins, et on croira, si on veut, que c'est pour aider à naître les chenilles qu'ils renferment; ce qu'il y a de plus probable, c'est qu'elles veulent seulement satisfaire leur goût. Cet aliment, un peu dur, leur plaît dans ce moment, plus que tout autre; car après que toutes les chenilles dont les œufs couvroient une feuille, sont nées, on n'y découvre bientôt plus que les vestiges des bases de quelques-unes des pyramides. Vous trouverez encore des œufs sur lesquels sont tracées de jolies spirales, d'autres terminés par des couronnes même de pointes fort régulières, etc.....

Vous voyez que l'histoire des œufs des insectes peut offrir beaucoup d'intérêt; et si nous voulions entrer dans les détails des soins pris par les mères pour les préserver d'accident, nous verrions celle-ci coller trois ou quatre cents œufs, avec soin, sur l'écorce brune des arbres, puis les revêtir solidement d'un manteau brun, formé de poils soyeux qu'elle portoit à l'extrémité de son ventre, qu'elle arrache et dispose si bien qu'il en résulte une couverture bien chaude, qui abrite à-la-fois sa postérité contre les froids de l'hiver et la dérobe aux regards : une autre, après avoir réuni ses œufs sur l'écorce blanchâtre des trembles, des peupliers, en une plaque d'un pouce de diamètre, la recouvre d'une lame gommeuse qui prend en séchant la consistance d'un vernis, et toute l'apparence des lichens d'un blanc grisâtre, qui sont répandus

DE L'ÉDUCATION. 363

sur l'écorce des arbres; elle préserve ainsi sa lignée des atteintes de la pluie, la cache à tous les yeux, puis sort de la vie, où elle n'a plus rien à faire. On trouve aux pieds de ces arbres la terre jonchée de papillons d'un beau blanc, morts ou mourans. Vous trouverez souvent autour des petites branches d'arbres fruitiers des anneaux d'œufs bruns bien serrés, bien collés, et dont la couleur les rend assez peu distincts de l'écorce même. Examinez ces jolis œufs, qui en valent la peine ; mais ne vous faites pas scrupule de les détruire, il naîtroit de chaque anneau plusieurs centaines d'une chenille des plus nuisibles à nos arbres, la *livrée*, qui vit en troupe sur eux, et qu'on a ainsi nommée parce qu'elle est rayée sur sa longueur de blanc, de rouge et de bleu.

Toutes les chenilles ne sortent pas de l'œuf comme celles de nos petits œufs cannelés, en rongeant l'enveloppe; mais toutes en sortent par une ouverture ronde, qu'elles pratiquent elles-mêmes, en faisant sauter une calotte qui n'opposoit pas plus de résistance que n'en pouvoit vaincre la petite chenille. Il est probable que la nature y avoit pourvu par son admirable prévoyance, en laissant moins d'épaisseur à l'œuf dans le cercle qui joint cette calotte au reste de la coque ; peut-être aussi la petite chenille aide-t-elle l'opération en faisant jouer ses petites dents de manière à faciliter la séparation, puis elle l'achève en faisant effort pour sortir; c'est ce qu'on ne peut que conjecturer. Mais ce qu'il y a de bien remarquable, c'est que ces œufs, pour lesquels il n'y aura pas d'incubation ni de soins maternels, que la température seule fait éclore, et qui sont entièrement abandonnés aux soins de la nature, sont toujours placés de manière que la partie supérieure est celle qui doit s'ouvrir pour laisser sortir l'insecte. En effet, étant toujours collés à la base, et souvent adhérens les uns aux autres, vous sentez que si la partie qui doit s'ouvrir se trouvoit placée en dessous, l'insecte ne pourroit sortir, et il mourroit étouffé. Quoiqu'il soit sage de détruire impitoyablement et les chenilles et leurs œufs, on peut garder, pour les observer à son aise, ces œufs dans son cabinet, dans des cartons qu'on visite de temps en temps à l'époque où on présume que les chenilles doivent naître; vous pourrez ainsi observer leur naissance, et vous trouverez souvent que la petite calotte qui s'est séparée pour laisser sortir la chenille est demeurée attachée par un de ses points, et forme ainsi comme le couvercle d'une boîte ouverte. Il n'y a point à craindre qu'aucune des petites chenilles nées ainsi vienne à bien; ne trouvant pas de quoi vivre dans l'appartement, elles y meurent bientôt.

Nous avons vu naître la chenille; examinons sa structure, non pas dans une chenille naissante où, bien qu'elle soit la même, elle est difficile à détailler; voyons-la dans une chenille qui a pris tout son accroissement. Les chenilles ont toutes un corps allongé, composé de douze parties qu'on nomme anneaux. La tête est écailleuse, formée par deux calottes dures, sur lesquelles on remarque de chaque côté six petits tubercules noirs, hémisphériques, luisans, qui ont l'apparence d'yeux, et qui ont été regardés comme tels par beaucoup de naturalistes; d'autres, d'un grand poids, prétendent que ce ne sont pas des yeux (1), que la chenille ne voit point, ce qui paroît très vraisemblable, à en juger par son allure et ses habitudes, et que les vrais yeux que doit avoir l'insecte à l'état parfait sont cachés sous les calottes de la tête. La bouche est armée

---

(1) Il peut bien en être ainsi de ce qu'on appelle les trois petits tissus des insectes parfaits.

de deux fortes mandibules dures, tranchantes; puis de deux mâchoires qui portent des petites antennules ou palpes; et enfin d'une espèce de lèvre inférieure; à cette lèvre est un petit trou par où sort la soie, et ce trou est justement appelé la *filière*. Plusieurs chenilles ont de plus à la partie antérieure de la tête deux petites cornes ou antennes. Sur les deux côtés de la chenille, on remarque de petites ouvertures obliques en forme de boutonnières, nommées *stigmates*, et qu'on regarde comme les organes de la respiration. Il y en a neuf de chaque côté; c'est-à-dire deux sur chaque anneau, excepté le second, le troisième et le dernier. Les deux premiers stigmates répondent à ceux qui se trouveront au corcelet du papillon; les seize autres, qui sont depuis le quatrième jusqu'au onzième anneau inclusivement, disparoîtront dans le passage à l'état parfait. Les trois premiers anneaux sont pourvus de six *pattes écailleuses* terminées en pointe; elles sont mobiles, étant composées de trois parties coniques rentrant l'une dans l'autre; elles contiennent les six pattes qu'aura un jour le papillon. Outre ces pattes, les autres anneaux en portent qu'on appelle *pattes membraneuses*; elles ont la forme de mammelons, larges, courts, mous, garnis en dessous d'une demi-couronne, et quelquefois d'une couronne entière de petits crochets très nombreux, très fins, qui servent à la chenille à se cramponner. Ces pattes membraneuses sont particulières à l'état de chenille, et disparoissent à l'état parfait. Leur nombre est variable, depuis dix jusqu'à deux, de sorte qu'une chenille ne peut avoir en tout moins de huit pattes, ni plus de seize. Celles qui en ont plus de seize n'appartiennent point aux lépidoptères, on les appelle *fausses-chenilles*; elles se changent en une sorte de mouches nommées *tenthrèdes*, ou *mouches à scie*. Une chenille n'a jamais de pattes aux deux anneaux qui suivent ceux des pattes écailleuses, c'est-à-dire aux quatrième et cinquième, ni aux deux qui précèdent le dernier, c'est-à-dire aux dixième et onzième. Elle peut avoir dix pattes membraneuses; elles seront donc placées aux sixième, septième, huitième, neuvième et douzième anneaux; si elle n'en a que huit, le sixième n'en a pas; si elle n'en a que six membraneuses, les sixième et septième n'en auront pas; si elle n'en a que quatre membraneuses, en tout dix, il y aura cinq anneaux intermédiaires sans pattes, c'est le cas des chenilles *arpenteuses*, parce que pour avancer elles sont obligées de rapprocher le neuvième anneau du troisième, en formant une sorte de coude avec leur corps, jusqu'à ce que les derniers anneaux posés et servant d'appui, la partie antérieure du corps se porte en avant, et cette allure ressemble aux mouvemens d'un compas que l'on poseroit en avant pour prendre une mesure; de là vient le nom qu'on leur a donné. Il y a bien encore de petites chenilles qui n'ont que huit jambes; savoir, les six écailleuses et les deux du dernier anneau, ce sont les rouleuses ou spirales, que vous trouverez renfermées dans des feuilles roulées en cornet.

J'espère que vous ne craindrez point de manier quelques belles grosses chenilles rares, avec vos enfans, pour reconnoître tous ces détails curieux que je viens de vous indiquer; ils ont de quoi vous occuper et vous charmer.

A.

LA VOITURE VERSÉE.

CONTE.

Il faisoit nuit noire; on étoit au mois de décembre, et cinq heures sonnoient à l'horloge de la paroisse, lorsqu'une servante d'auberge vint avertir Mad. de Vésac et sa fille Cécile, que les chevaux étoient mis, et qu'elles pouvoient continuer leur route. Elles étoient parties de Paris en poste, la veille au matin, pour se rendre à cent cinquante lieues, dans la terre de Mad. de Vésac, où elle étoit appellée pour une affaire très pressée. Elles avoient voyagé jusqu'à dix heures du soir, et devoient repartir après avoir pris quelques heures de repos. Mad. de Vésac appela sa fille; Cécile toute endormie ouvrit à moitié les yeux, poussa un grand soupir, et laissa retomber sa tête sur son chevet. Sa mère fut obligée de l'appeller une seconde et même une troisième fois. Cécile s'éveilla enfin, en disant : « Ah, mon Dieu! que » cela est désagréable de se lever à cinq heures » du matin dans ce temps-ci! » Elle auroit dit, si elle l'eût osé : « Mon Dieu, que cela est malheureux! » car une contrariété, une légère souffrance, donnoient à Cécile le sentiment du malheur; il lui sembloit, à la moindre chose qu'elle éprouvoit, que personne n'en avoit jamais éprouvé autant, et elle croyoit de bonne foi que le froid, la faim, la soif, l'envie de dormir, étoient pour elle toute autre chose que pour le reste des hommes. Si l'on se moquoit de la vivacité des chagrins que lui causoient les petits maux de la vie, elle disoit: « Vous ne sentez pas ce que je sens; » et elle le pensoit réellement.

Cependant comme Cécile avoit de la générosité dans le caractère, une ame élevée, une imagination vive et assez d'amour-propre, elle se passionnoit pour les actions belles et courageuses, éprouvoit le désir de les imiter, et disoit quelquefois qu'elle donneroit tout au monde pour avoir l'occasion de devenir une héroïne : « A condition, lui » disoit alors sa mère en riant, que tes actes d'hé- » roïsme ne t'exposeroient jamais à rencontrer » une épine qui t'égratignât, ou à faire cent pas » avec des souliers qui te gêneroient. » Et Cécile un peu impatientée, soutenoit que ces choses-là n'avoient pas le moindre rapport avec l'héroïsme.

Mad. de Vésac n'avoit pu emmener sa femme-de-chambre qui se trouvoit malade au moment de son départ; cela rendoit les arrivées aux auberges, et surtout les départs plus désagréables, parce qu'il falloit soi-même défaire et refaire ses paquets, et s'occuper de mille détails ennuyeux; Mad. de Vésac les épargnoit le plus qu'elle pouvoit à sa fille; elle l'avoit laissé dormir jusqu'au dernier moment, et quand Cécile s'éveilla, presque tout étoit prêt pour le départ; mais encore falloit-il plier et ranger ses affaires de nuit, prendre soin de ne rien oublier; et le froid et la nuit avoient tellement glacé le courage de Cécile, qu'il n'y avoit que la honte qui l'empêchât de pleurer à chacun des mouvemens qu'il falloit se donner, ou à chaque pas qu'il falloit faire dans la chambre. Cécile avoit pourtant treize ans; mais il n'y a pas d'âge où l'on cesse d'être enfant, quand on veut donner de l'importance à toutes les petites fantaisies qu'on peut avoir, et à toutes les petites peines qu'on peut éprouver. Cécile eut beaucoup plus de peine, et mit beaucoup plus de temps à ce qu'elle avoit à faire, qu'elle n'en auroit mis, si elle s'y fût prise plus courageusement. « Allons donc » lui disoit sa mère à chaque instant, et Cécile se hâtoit lentement, comme une personne qui n'a pas de cœur à ce qu'elle fait : il n'auroit fallu pour s'en donner, qu'un petit effort, un petit acte de raison; il n'auroit fallu que se dire : « Les choses dont je » suis obligée de m'occuper en cet instant sont si » loin d'être au-dessus de mes forces, comme j'ai » envie de me le persuader, qu'en y mettant la » plus petite volonté, je les ferois sans la moindre » peine. » Mais Cécile se refusoit à vouloir ce qui lui auroit été si avantageux, et pour s'épargner un seul effort de raison, capable de vaincre sa répugnance et sa paresse, elle s'y laissoit retomber à tout moment, et se soumettoit aux efforts continuels qu'exigeoient chaque action et chaque mouvement.

Enfin, tout fut prêt. Mad. de Vésac et sa fille montèrent en voiture, et partirent, sans que pour cela les chagrins de Cécile diminuassent. La nuit étoit si noire, si froide, et Cécile avoit si peu de courage pour surmonter l'impression de tristesse

qu'elle en recevoit ! elle grelottoit dans sa robe ouattée et sous ses deux ou trois schals ; ses chaussons fourrés ne l'empêchoient pas de se plaindre d'un *froid mortel* aux pieds ; et elle ne pouvoit assez cacher dans sa robe, ses mains couvertes de gants de poils de lapin. Enfin, malgré ses douleurs, elle s'endormit, et dormit profondément jusqu'à ce qu'il fit grand jour. Quand elle s'éveilla, le soleil avoit déjà dissipé le brouillard du matin ; il brilloit dans la campagne couverte de neige et se faisoit sentir à travers les glaces de la voiture ; tout annonçoit une belle journée d'hiver ; le cœur de Cécile commençoit à se ranimer. On s'arrêta pour déjeûner, et l'on déjeûna dans une chambre bien chaude, ce qui acheva de lui rendre son courage et sa gaîté ; alors sa mère se mit à la plaisanter sur ses désespoirs de la nuit. « Je vois,
» lui disoit-elle, que pour les actes d'héroïsme
» auxquels tu te destines, tu auras soin de prendre
» les mois de juillet et d'août ; car le froid est tout-
» à-fait contraire à ta vertu. »

« Mais maman, disoit Cécile, comment voulez-
» vous qu'on remue quand on a les doigts engourdis de froid ? »

« Comme tout en te plaignant, tu es cependant parvenue à remuer, je suppose que cela
» étoit possible ; mais je sens bien qu'un tel effort
» a quelque chose qui passe le plus grand courage ; aussi sans l'épouvantable fatalité qui t'a
» soumise à une pareille épreuve, me serois-je
» bien gardée de te demander rien de semblable. »

« Il est cependant certain, maman, que l'on
» pourroit choisir pour voyager, un autre mo-
» ment que le mois de décembre. »

« On ne le peut pas, ma fille, quand c'est au
» mois de décembre qu'on a des affaires. Tu ap-
» prendras un jour qu'il y a des choses plus im-
» possibles que de supporter le froid, et même
» de remuer les doigts quand on a l'onglée. Tu
» sais bien que César disoit : *Il est nécessaire que
» je parte, et il n'est pas nécessaire que je vive.* »

« On peut bien exposer sa vie dans des occa-
» sions importantes, où cependant, malgré toute
» leur importance, on ne feroit pas des choses
» impossibles. »

« Comme d'attacher une épingle, ou de nouer
» un cordon quand on a froid. »

« Ce n'est pas de cela que je parle, reprit
» Cécile un peu impatientée, et d'ailleurs vous
» conviendrez, maman, que nos affaires ne sont
» pas si importantes que l'étoient celles de César. »

« Qu'en sais-tu ? L'importance des choses est
» relative ; il ne s'agit pas pour moi de boule-
» verser le monde, ce qui ne me feroit nul plaisir ;
» mais il s'agit de terminer un arrangement
» auquel ton père attache un grand prix, de
» répondre à la confiance qu'il m'a témoignée,
» lorsqu'en partant pour l'armée, il s'est reposé
» sur moi de toutes ses affaires ; enfin, il s'agit
» pour moi de le voir content de moi ; ce qui est
» nécessaire au bonheur de ma vie ; pour toi, il
» s'agit de montrer que tu sais supporter coura-

» geusement les contrariétés nécessaires. Tout cela
» a bien son importance; et puis ajouta en sou-
» riant, Mad. de Vésac, je ne crois pas que nous
» courrions les risques d'en mourir. »

« Oh, non, dit Cécile, en riant aussi ; mais je
» vous assure que César lui-même auroit trouvé
» qu'il faisoit bien froid cette nuit. »

« J'en suis persuadée ; mais César étoit un si
» grand homme ! Sais-tu bien que si nous cherchions
» avec soin, je suis sûre que parmi ses grandes
» actions nous en trouverions plusieurs qui ont dû
» lui donner l'onglée aux pieds et aux mains. »

« En ce cas, dit Cécile un peu sèchement, il
» aura été très heureux de se trouver alors des
» choses à faire pour s'empêcher d'y penser, car
» cela est fort désagréable. »

« Bon, reprit négligemment Mad. de Vésac, il
» y a des gens qui savent penser à tout; je suis
» persuadée que toi, par exemple, à la place de
» Clélie, lorsqu'elle traversa le Tibre sur son
» cheval pour se sauver du camp de Porsenna,
» tu aurois trouvé qu'il étoit infiniment désa-
» gréable d'avoir les pieds mouillés. »

« Eh bien, maman, dit vivement Cécile, vous
» devez être enchantée de cela, puisque vous
» me dites sans cesse, qu'au lieu de vouloir être
» une héroïne, c'est bien assez de s'occuper de
» faire seulement son devoir. »

« Certainement ; mais moi qui ne me pique
» pas d'héroïsme, je trouve que le devoir suffit
» quelquefois pour employer nos forces, et qu'il

» est difficile de faire toujours ce qu'on doit quand
» on ne sait pas vaincre le froid, la fatigue, et
» même le malheur de se lever à cinq heures du
» matin au mois de décembre. »

« Il est pourtant certain, maman, qu'il y a
» des choses impossibles, comme de marcher
» vite quand on est fatigué. »

« Et de remuer les doigts quand on a froid,
» n'est-ce pas? Sans doute il y a des choses impos-
» sibles pour tout le monde; mais la différence
» que je trouve entre César et toi, c'est que l'im-
» possibilité arrivoit pour lui beaucoup plus tard,
» et qu'à ce degré de fatigue où tu dirois: *Je ne*
» *peux plus marcher*, il auroit dit: *Il est nécessaire*
» *que je marche*, et auroit trouvé la force de
» continuer son chemin. Tu n'imagines pas tout
» ce qu'on a de forces quand on veut les em-
» ployer. »

« Je vous assure, maman, reprit Cécile avec
» un peu d'humeur, que quand je dis que je
» ne peux pas faire une chose, c'est que je ne le
» peux pas. »

« J'en suis bien persuadée; mais je voudrois
» pouvoir connoître d'où vient l'impossibilité; fais-
» moi le plaisir d'y penser un peu la première
» fois. Il est nécessaire que je sache si tu es réelle-
» ment plus foible qu'une autre. »

Cécile ne répondit rien; elle étoit bien persuadée
que personne ne comprenoit ses souffrances, et ne
s'étoit jamais demandé si elle n'étoit pas faite comme
les autres, et par conséquent en état de supporter

ce qu'ils supportoient. La journée se passa assez bien; quand la nuit vint, elle s'endormit.

Elle dormoit paisiblement, lorsqu'un mouvement violent la réveilla. « Ah, mon Dieu ! qu'est-ce que c'est ? » s'écria-t-elle. « Nous versons, » dit Mad. de Vésac ; en effet, la voiture, qui avoit passé sur une grosse pierre, frappa en ce moment rudement contre terre ; elle étoit complètement renversée sur le côté. Cécile poussa un grand cri, et tomba sur sa mère. « N'aie pas peur », lui disoit Mad. de Vésac, qui, malgré l'incommodité de sa position, ne s'occupoit que de sa fille. La voiture s'étoit arrêtée, le postillon descendit de cheval pour venir à leur secours. Pendant ce temps, Cécile continuoit à crier. — « Où as-tu mal ? » lui demandoit sa mère, tremblante de la crainte qu'elle ne fût grièvement blessée. « Par-tout », répondoit Cécile, sans savoir ce qu'elle disoit ; car la peur lui avoit fait perdre la tête. Quand le postillon ouvrit celle des deux portières qui, par la chute de la voiture, se trouvoit en haut, incapable de s'aider, elle ne savoit comment s'y prendre pour sortir. « Levez-vous, » lui disoit le postillon, qui cherchoit à la tirer de la voiture. « Lève-toi, » lui répétoit sa mère, et Cécile répondoit : « Je ne le peux pas, » sans savoir si elle le pouvoit ou non ; car elle n'essayoit même pas. Enfin le postillon, qui étoit adroit et robuste, étant parvenu à la soulever, la tira hors de la voiture, et délivra ainsi sa mère, qui étoit prête à se trouver mal sous le poids dont elle l'accabloit. Alors Mad. de Vésac sortant à son tour, avec l'aide du

DE L'EDUCATION.

postillon, courut à sa fille, qu'elle fut enchantée de voir debout, bien qu'encore immobile et ne sachant pas s'il lui restoit un membre dont elle pût faire usage. Enfin, un peu remise par la voix de sa mère, elle commença à répondre aux questions réitérées que lui faisoit celle-ci pour savoir où elle avoit mal. Cécile avoit les deux genoux meurtris, le coude écorché, une bosse à la tête, un carton lui avoit pressé le côté, et son pied, qui s'étoit trouvé engagé sous le strapontin, étoit un peu enflé. « Je suis » si meurtrie partout, que je ne peux pas me » remuer », disoit-elle, en se remuant en tous sens pour se tâter. Elle demanda à sa mère si elle s'étoit fait mal. « Je crois, dit Mad. de Vésac, que je me » suis foulé le poignet, car j'en souffre beaucoup, » et je ne puis me servir de ma main. »

« C'est comme mon pied », dit Cécile; et en disant cela elle marchoit. Mad. de Vésac se contenta de sourire sans répondre; elle enveloppa son bras dans son schal, dont elle attacha le bout autour d'elle pour soutenir son poignet, qui lui faisoit beaucoup de mal, et ensuite elle s'occupa de ce qu'il y avoit à faire. Revenues du premier étourdissement de leur chute, et tout en se félicitant d'en être quittes à si bon marché, elles se trouvoient dans une situation extrêmement fâcheuse. Comtois, le seul domestique qui les eût accompagnées, étoit allé devant en courier pour faire préparer les chevaux. Le postillon, qui ne pouvoit à lui seul relever la voiture, étoit obligé d'aller chercher du secours à la poste, dont on étoit encore fort loin. Il falloit que Mad. de Vésac et Cécile, qui ne pouvoient le suivre, parce qu'il étoit à cheval, et qui ne connoissoient pas le chemin par où elles auroient pu se rendre seules à la poste, restassent sur la route à l'attendre. La nuit étoit profondément obscure; le froid, sans être très-violent, étoit pénétrant et désagréable. Il tomboit du givre qui, en arrivant à terre, se glaçoit et couvroit la terre de verglas; la voiture, tout-à-fait renversée, ne pouvoit servir d'abri aux voyageuses, et aux autres inconvéniens de leur position, se joignoit celui de se trouver seules, à dix heures du soir, sur une grande route. Mad. de Vésac, quelque courageuse qu'elle fût, n'étoit pas sans inquiétudes; mais elle savoit qu'il étoit inutile de s'y livrer; et lorsque Cécile, un peu effrayée, lui demanda si elles alloient rester seules. « Tu vois bien qu'il le faut », lui dit-elle d'un ton tranquille, qui fit comprendre à Cécile que, tout en sentant que ce parti pourroit avoir quelqu'inconvénient, elle s'y soumettoit avec calme, parce qu'elle voyoit qu'il étoit nécessaire. Cécile elle-même sentit si bien cette nécessité, qu'elle ne répliqua rien. Mais quand après avoir dételé les chevaux et en avoir attaché deux à un arbre, le postillon monta sur le troisième pour aller chercher du secours; quand elle le vit partir, quand elle l'entendit s'éloigner, lorsque le bruit du galop de son cheval, toujours diminuant, cessa de frapper son oreille, alors son cœur se serra de frayeur; une sueur froide parcourut tous ses membres, et elle se pressa auprès de sa mère. Mad. de Vésac vit son effroi; mais elle ne lui en dit rien, parce qu'elle savoit que rien n'augmente la frayeur comme d'en parler ; elle essaya seulement de lui raffermir un peu le cœur en lui montrant du courage et de la tranquillité.

Le vent devenoit plus fort, le givre augmentoit, et il commençoit à s'y mêler une neige assez abondante. Mad. de Vésac et sa fille passèrent du côté où la voiture pouvoit les garantir un peu du vent et de la neige qui leur souffloit dans le visage ; mais cet abri ne leur suffit pas long-temps. Les tourbillons devenoient d'une telle violence, que deux fois le chapeau de Cécile pensa être enlevé, malgré les rubans qui le retenoient. Elles pouvoient à peine assujétir leurs schals, la neige les assailloit de tous côtés, fondoit sur elles et pénétroit leurs vêtemens ; elles étoient glacées d'un froid humide, que l'impossibilité où elles étoient de faire un mouvement ne leur laissoit pas les moyens d'écarter. Cécile ne songeoit point à se plaindre, personne n'eût pu la secourir ; d'ailleurs, elle ne pouvoit douter que sa mère ne souffrît autant qu'elle, et l'on ne se plaint guères que pour exciter la pitié des autres ; quand on pense qu'ils sont mieux que nous, et peuvent par conséquent s'occuper de nous plutôt que d'eux-mêmes. Cécile éprouvoit alors combien il est faux que les plaintes soulagent : peut-être souffroit-elle moins de sa situation que si elle se fût laissée aller à en gémir ; mais elle ne faisoit pas ces réflexions, et c'étoit naturellement que la nécessité la rendoit plus courageuse.

Cependant Mad. de Vésac, qui craignoit que

l'humidité et le froid qui les pénétroient ne finissent par faire mal à sa fille, lui proposa de tâcher de chercher un abri dans un bois qui bordoit les deux côtés du chemin, et dont les arbres, quoique dépouillés de leurs feuilles, étoient du moins assez serrés pour rompre la violence du vent et des tourbillons de neige. Mais ce bois étoit l'objet principal de la terreur de Cécile. Effrayée de la proposition, elle ne put répondre que ces mots : « Oh, maman, entrer dans le bois! »

« Comme tu voudras, ma fille », dit Mad. de Vésac; « mais, ajouta-t-elle en riant, qui veux-tu qui » vienne nous y chercher par le temps qu'il fait? » il n'y a certainement que nous en campagne. »

Cécile ne répondit point; ses pensées l'effrayoient tellement, qu'elle n'osoit les exprimer, et si elle eût prononcé le mot de *voleurs*, il lui eût semblé qu'elle les appeloit. Mais dans ce moment il vint un tourbillon si terrible, que la voiture en parut ébranlée; le vent s'engouffra dans un des stores qui se trouvoit baissé, les cordons se brisèrent, et le store qui n'étoit plus contenu, soulevé par le vent, alla frapper la tête de Cécile. Saisie d'effroi, elle s'élança hors de sa place : le tourbillon continuoit; elle ne pouvoit y résister, et n'osoit se rapprocher de la voiture. Tout étourdie par le vent, elle ne savoit plus où elle étoit ni ce qu'elle faisoit; sa mère la prenant sous le bras, la fit entrer dans le bois, où elle reprit un peu ses sens : le vent y étoit beaucoup moins fort; et comme il arrive toujours quand on voit les choses de près. Cécile une fois entrée dans ce bois, en eut beaucoup moins de peur qu'elle n'en avoit eu à le considérer seulement du chemin ; un taillis, où se trouvoient quelques arbres verds qui conservoient leurs feuilles malgré le mois de décembre, avoit garanti de la neige quelques pieds de terrain où les voyageuses se trouvèrent à sec ; un double tronc d'arbre leur fournit de quoi s'appuyer, et elles se trouvoient du moins dans une situation où elles pouvoient attendre supportablement le secours qui ne devoit pas tarder à venir, quand tout d'un coup Cécile qui avoit les yeux tournés vers le taillis, voyant probablement le vent agiter quelques branches, s'imagina apercevoir une figure qui remuoit et s'avançoit vers elle ; la frayeur l'égare tout-à-fait, elle saisit le bras de sa mère, et sans rien dire, l'entraîne en marchant aussi vite qu'elle peut, à travers les broussailles, et s'enfonce dans le bois pour éviter les terribles objets dont elle se croit poursuivie. Sa mère étonnée, après l'avoir suivie quelques pas, tâche de l'arrêter. « Où vas-tu, lui dit-elle, qu'as-tu ? » Mais Cécile que la voix de sa mère achève d'effrayer, parce qu'elle a peur qu'on ne l'entende, continue à l'entraîner avec une force extraordinaire, et sa mère qui ne veut pas la quitter, est obligée de la suivre ; enfin, à force de lui parler, elle la fait revenir à elle. Cécile s'arrête un moment, et lui dit d'une voix basse et tremblante : « L'avez-vous vu ? — » Qui ? demande Mad. de Vésac. — Dans les » arbres... un homme.... — Je n'ai vu personne,

» tu t'es trompée, je t'assure. — Oh, mon
» Dieu, j'entends encore... » Et elle veut
recommencer à marcher. Mad. de Vésac la
retint. « Ma Cécile, lui dit-elle, affligée de
» l'état où elle la voit, mon enfant, un peu
» de raison, un peu de courage; il n'y a per-
» sonne, je t'assure; il n'y a rien à craindre,
» fie-toi à moi, qui ne voudrois pas te faire
» courir de danger, et dont la raison est plus
» calme que la tienne. » Un peu remise par
ces paroles, et le ton affectueux dont elles sont
prononcées, Cécile honteuse, s'arrête, et baise à
travers le schal de sa mère le bras qu'elle tenoit
encore. « Retournons sur nos pas, dit Mad. de
» Vésac, de peur de nous égarer. » Cécile n'ose
rien dire, mais elle frissonne de l'idée de repas-
ser auprès du taillis. En ce moment elles s'entendent appeler, et reconnoissent la voix de
Comtois. Cécile respire, et s'empresse de répondre;
mais Comtois est entré dans le bois par un autre
endroit; elles s'arrêtent pour écouter d'où vient la
voix.

« C'est par là, maman, » dit Cécile, en montrant
à sa mère une route un peu plus à droite que
celle qu'elles alloient prendre, et enchantée de
penser qu'elle évitera le taillis. Mad. de Vésac
écoute encore, et la voix de Comtois qui continue
à l'appeler et à lui répondre, lui semble en effet
venir de la droite; elle prend la route que lui indique Cécile, et elles marchent en appelant de
temps en temps Comtois, vers l'endroit où sa

voix continue à se faire entendre. Mais cette voix paroît tantôt se rapprocher et tantôt s'éloigner; il semble que Comtois, selon le lieu où il croit qu'elles doivent être, change de route et de direction; elles-mêmes elles enfilent une route, et puis une autre, sans être bien sûres de prendre la bonne; cette incertitude dure quelques minutes; enfin la voix se rapproche sensiblement, elles entendent marcher à travers les arbres. « Est-ce vous, » Comtois »? « C'est lui; et Cécile, dans le transport de sa joie, est prête à lui sauter au cou; elle oublie le froid, le verglas, le vent; délivrée de sa frayeur, elle ne pense plus qu'elle ait rien de pénible à supporter. Comtois leur dit qu'on a amené du monde, et qu'en ce moment on travaille à relever la voiture, et qu'il va y retourner avec elles; mais il s'agit de retrouver le chemin. Occupés de se chercher, ni Comtois, ni Mad. de Vésac n'ont songé à observer leur route; ils s'arrêtent pour écouter s'ils n'entendent pas le bruit que doivent faire les gens qui travaillent à relever la voiture; mais le vent emporte les sons d'un autre côté, ou lorsque ces sons leur arrivent, c'est si foibles et si incertains, qu'ils en concluent qu'ils sont enfoncés dans le bois plus qu'ils ne l'ont cru. Cependant ils marchent du côté où ils supposent que doit être le chemin, écoutent à chaque pas, si le bruit ne devient pas plus fort; dans certains momens, Cécile s'imagine entendre des voix, et soutient même qu'elle a reconnu celle du postillon; d'autres fois, n'entendant plus rien, elle commence à s'inquiéter; mais la joie d'avoir retrouvé Comtois soutient encore son courage. Enfin elle s'écrie : « Maman, » nous y voilà; je vois du clair à travers les » arbres, c'est sûrement le chemin. » Mad. de Vésac regarde et aperçoit en effet devant elle un endroit où les arbres paroissent s'éclaircir, mais elle ne croit pas reconnoître la route, et s'étonne de n'entendre aucun bruit. Cécile lui fait hâter sa marche en répétant : « Voilà le chemin, voilà le » chemin. » Sa mère l'engage à ne se pas trop réjouir d'avance, mais elle ne l'écoute pas, et arrive la première à un endroit découvert en effet, mais entouré de bois de tous les côtés, et qui n'offre d'issue que par une route presque parallèle à celle qu'ils viennent de parcourir. Elle s'arrête consternée.

» Ce n'est pas là le chemin », dit Mad. de Vésac.

» Ma foi, dit Comtois, je ne sais plus où nous » sommes. »

« Qu'allons-nous devenir ? » demande Cécile, d'un ton craintif et troublé, mais sans ces exclamations qui lui étoient si familières; car dans ce moment de craintes et d'embarras véritables, elle étoit plus occupée de sa situation que du désir d'exprimer vivement ce qu'elle sentoit.

« Nous allons travailler à nous tirer d'ici, » répondit Mad. de Vésac; le chemin ne peut être » bien loin. Seulement il faut suivre une autre » direction que celle que nous avons suivie. »

On s'arrêta encore à écouter et à consulter;

mais on n'entendit plus absolument rien ; et quant à la route qu'ils avoient à suivre, comme ils n'avoient de choix qu'entre celle par où ils étoient venus, et une autre dans le même sens, la consultation ne pouvoit être longue : la seconde route leur sembloit beaucoup meilleure que celle qu'ils venoient de quitter ; c'étoit un sentier assez large et assez battu, d'où l'on conclut qu'il devoit nécessairement conduire à quelqu'endroit fréquenté. On se détermina donc à le suivre, et les voyageuses se remirent à marcher avec un nouveau courage ; seulement Cécile vit que sa mère arrangeoit différemment le bout du schal dont elle s'étoit servie pour soutenir son bras, et qu'elle y portoit quelquefois la main ; d'où elle jugea qu'elle souffroit davantage. Elle lui demanda ce qui en étoit.

« Il ne faut pas penser à cela dans ce moment-ci », dit Mad. de Vésac ; en sorte que Cécile n'osa pas trop se plaindre de son pied, qui commençoit aussi à la faire souffrir ; elle dit seulement : « Mon pied » me fait un peu de mal. » Elle avoit déjà assez réellement souffert dans cette soirée, pour avoir appris à ne plus parler que des maux qui en valoient la peine.

La neige tomboit avec moins de violence, le vent s'étoit un peu appaisé ; en sorte que dans le bois le froid étoit très-supportable. Mad. de Vésac et sa fille, appuyée chacune sur un des bras de Comtois, marchoient sans beaucoup de peine dans un sentier assez uni, et que la neige qui venoit de le recouvrir avoit rendu beaucoup moins glissant. Ranimées par ce moment de relâche, elles firent cette partie de la route assez gaîment ; Mad. de Vésac assuroit même que son bras la faisoit moins souffrir depuis que le froid étoit devenu moins vif; et Cécile se soutint par l'espérance de reposer bientôt son pied dans la voiture. De temps en temps cependant Comtois élevoit la voix et appeloit les gens de la voiture ; on ne lui répondoit pas, et aucun bruit ne parvenoit à leurs oreilles. Les voyageuses recommençoient à s'inquiéter un peu de marcher toujours, sans que rien les assurât qu'elles ne s'éloignoient pas de plus en plus du lieu où elles vouloient arriver ; il falloit pourtant bien continuer, car il n'y avoit pas de raison pour croire qu'en retournant sur leurs pas, elles se trouvassent dans une meilleure direction. Enfin elles arrivèrent dans un endroit où la route étoit croisée par une autre absolument semblable ; à cette vue elles tombent dans la plus grande perplexité ; aucune raison ne s'offroit pour choisir une des trois routes plutôt que les autres, si ce n'est que la route directe les ayant, à ce qu'il paroissoit, si peu rapprochées du chemin, il sembloit raisonnable d'essayer l'une des deux autres ; mais laquelle prendre de la route à droite ou de la route à gauche ?   P. M. G.

(*La fin au prochain Numéro.*)

Errata *du N°. IV*. (Troisième année.)

Pag. 232, lig. 14, artistement ; *lisez* adroitement.
Pag. 234, lig. 16, caché ; *lis.* aussi caché.
Pag. 236, lig. 6, prodigieux ; *lis.* prodigieuse.
Pag. 237, lig. 3, petites graines ; *lis.* petits grains.
Pag. 237, lig. 11, anareïdes ; *lis.* araneïdes.
Pag. 238, lig. 13, Sibellules ; *lis.* Libellules.
Pag. 239, lig. 6 d'en bas, biptères (de bis, *lis.* diptères

Table
pour tome VI

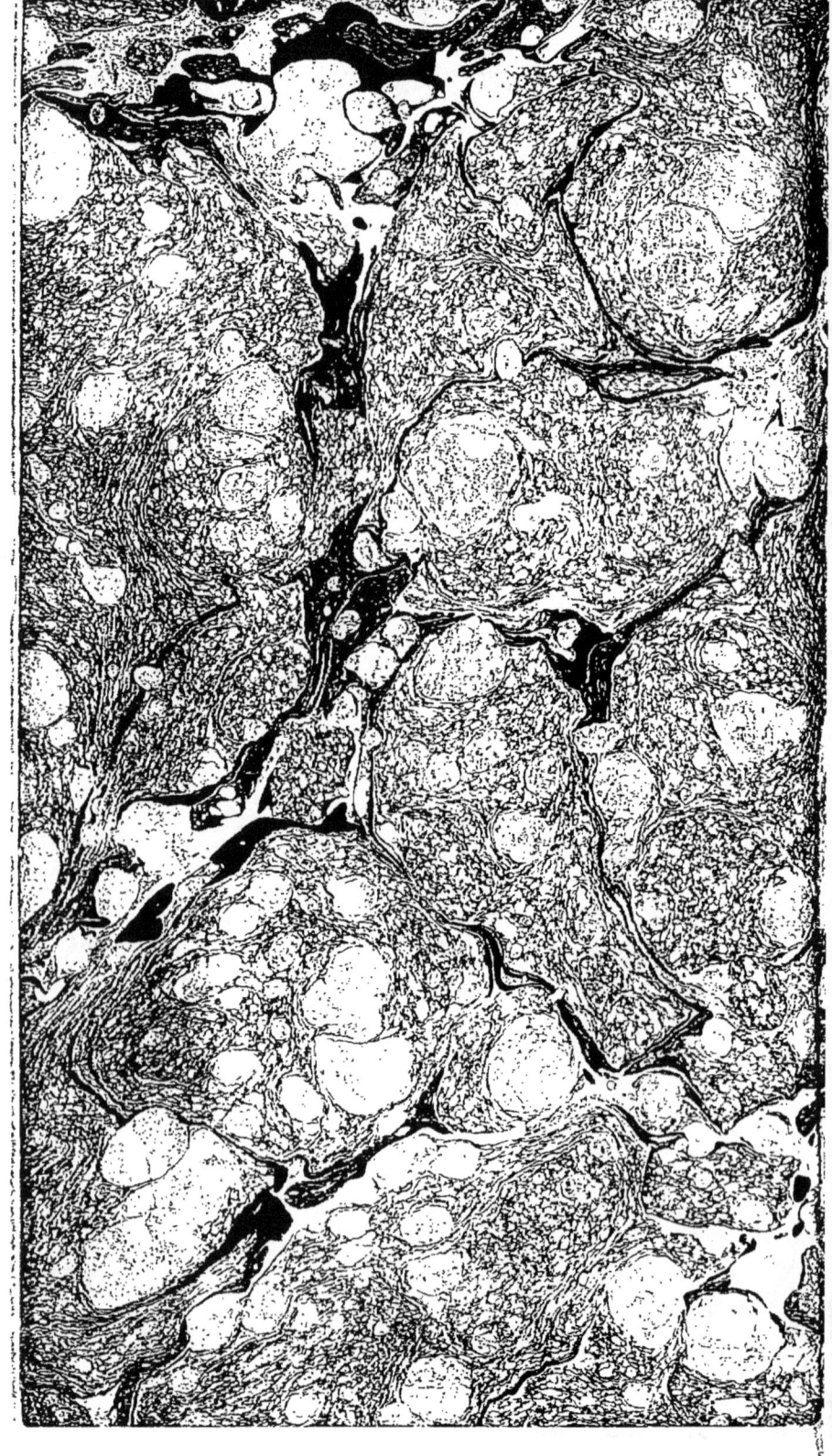

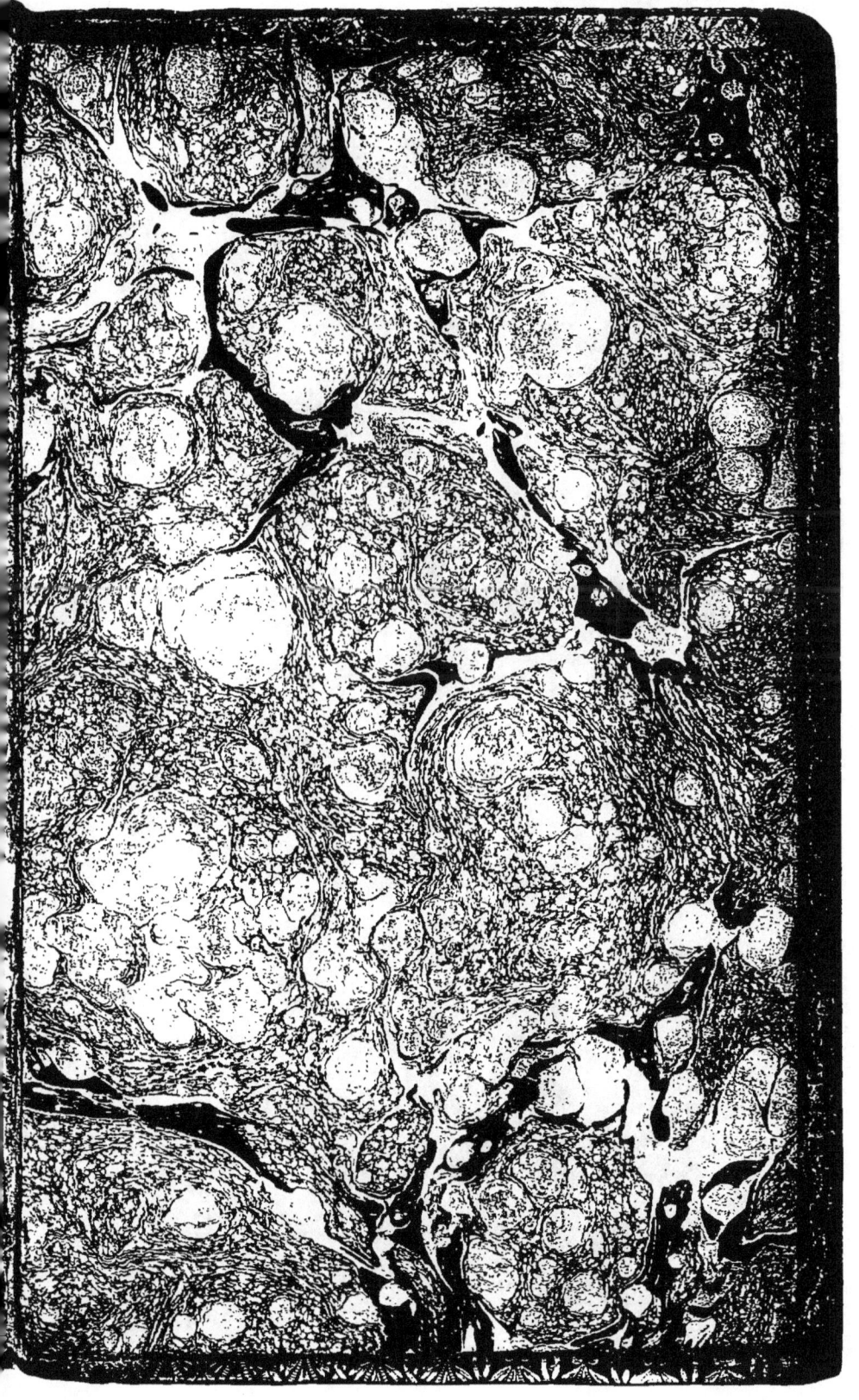

www.ingramcontent.com/pod-product-compliance
Lightning Source LLC
Chambersburg PA
CBHW060050190426
43201CB00034B/639